古代歷史文化研究輯刊

三十編

王明蓀 主編

第2冊

唐五代宣歙及鄂岳地區經濟活動之比較

張淑惠 著

國家圖書館出版品預行編目資料

唐五代宣歙及鄂岳地區經濟活動之比較／張淑惠 著 -- 初版
-- 新北市：花木蘭文化事業有限公司，2023〔民 112〕
序 2+ 目 6+220 面；19×26 公分
（古代歷史文化研究輯刊 三十編；第 2 冊）
ISBN 978-626-344-407-2（精裝）
1.CST：區域經濟 2.CST：比較研究 3.CST：經濟史
4.CST：隋唐五代史
618   112010429

ISBN-978-626-344-407-2

9 786263 444072

古代歷史文化研究輯刊
三十編　第 二 冊
ISBN：978-626-344-407-2

唐五代宣歙及鄂岳地區經濟活動之比較

作　　者	張淑惠
主　　編	王明蓀
總 編 輯	杜潔祥
副總編輯	楊嘉樂
編輯主任	許郁翎
編　　輯	張雅淋、潘玟靜　美術編輯　陳逸婷
出　　版	花木蘭文化事業有限公司
發 行 人	高小娟
聯絡地址	235 新北市中和區中安街七二號十三樓
	電話：02-2923-1455／傳真：02-2923-1452
網　　址	http://www.huamulan.tw 信箱 service@huamulans.com
印　　刷	普羅文化出版廣告事業
初　　版	2023 年 9 月
定　　價	三十編 15 冊（精裝）新台幣 42,000 元

版權所有・請勿翻印

唐五代宣歙及鄂岳地區經濟活動之比較

張淑惠　著

作者簡介

張淑惠，台中人。中國文化大學史學所碩士，現為國立台灣師範大學歷史學系博士候選人，專長為中國中古經濟史。

提　　要

　　這本論文是以唐五代宣歙及鄂岳兩個區域為模型，對此段歷史時期的兩個區域各自具有代表性的產業活動進行比較。長江中游與長江下游的區域經濟史研究，以長期發展趨勢而言，長江下游幾乎是長期處於上風狀態。但若從區域史的細部研究，卻發現與大趨勢的走向不甚相同，有此消彼長的現象。故此論文不僅僅著眼於比較此兩區域的經濟活動優劣，而是期待能在比較區域史的領域中，透過不同角度的切入點，對長江中下游的經濟活動做出不同的詮釋。

　　宣歙，一個位於長江下游，自魏晉南北朝以來便開始逐漸富庶的地區；鄂岳，一個位於長江中游，從三國以來就是軍事重地，兵馬喧騰的地區。即使這兩個地區的城市發展走向並不一致，然而它們卻擁有幾乎相同的緯度、相同的氣候、相似的空間大小。相似的還不止這些，它們在政治上、經濟上，也擁有相同的體制。然而，為何在這麼相似的自然與人文環境下，這兩區在經濟上的發展，似乎南轅北轍？

　　在中國中古經濟史的研究中，近年來針對各區域的研究，如雨後春筍般湧出。然而極少人針對區域與區域之間的經濟活動，進行比較研究。筆者擬透過此兩區主力產業的分析，進而比較其商業活動與科舉教育，以此兩面向做檢測。此意義並不僅僅著眼於比較此兩區域的經濟活動優劣，更針對目前學界所認為的長江中游與長江下游長期發展趨勢，與宣歙及鄂岳地區互相對照，進行闡述與比較。期能透過區域史的細部研究，對大趨勢的走向有不一樣的理解。

自 序

　　本論文為敝人 2010 年碩士論文，經增補近年參考文獻與修改部分字句而成。由於是碩士論文，許多觀點尚不成熟，當中仍有不少待修正之處，還望各位先進不吝指正。

　　此論文從選題至撰寫過程中，得王怡辰老師多次指正，當時我就讀於中國文化大學史學所，因怡辰老師在佛光大學歷史所兼課，老師希望我可以參加他在佛光歷史所開辦的資治通鑑讀書會。每週四下課後，從陽明山到林美山，也因此等機緣，我認識了從碩士班到博士班的許多好友，課餘時彼此互相勉勵、查找資料等，都成為我在博士班期間很重要的力量，而此讀書會，也並未因我們畢業而結束，反而在老師身體抱恙後，轉移至老師家進行，維持了近十年之久。

　　碩士班畢業後，我先進入中正歷史所博士班就讀一年，在中正歷史所就學期間，主要修習毛漢光老師、耿慧玲老師的課。在這段時間裡，兩位老師提供的學術知識與觀念，讓我留下難以忘懷的印象。

　　進入師大後，便開始跟隨陳登武老師學習，登武老師在公務繁忙之餘，仍盡力指導我在博士班的課業。2014 年，更推薦我到北京參加「7～13 世紀出土文獻與歷史學研究博士生工作坊」，之後又勉勵我在高明士老師主持的唐律讀書會中解讀史料與報告，登武老師以及書會中的每位老師，毫無保留地對於我這個初次接觸唐律的門外漢，提供了寶貴的指導，讓我深深感恩。

　　最後，感謝一路以來的所有家人、朋友、老師們的鼓勵與協助，才有了這本專書的出版。

目

次

圖目次

第一章　緒　論

一、研究動機與問題意識

　　長江是中國僅次於黃河的重要航道，千百年來，透過長江所進行的貿易、輸送的物資商品不計其數，經由長江與運河的轉運，所完成的貨品輸送，帶來的獲益金額，逐漸改善了長江沿岸居民的生活品質。其中最為學界所重視的經濟發展重地，就是長江下游。長江下游自魏晉南北朝以來，其經濟地位與影響力逐漸重要，位於長江下游的各州如揚州、潤州、常州、蘇州、杭州等地區，都已有了相當顯著的進步，而同處於長江下游的宣歙地區，若與長江下游同一區塊中的其他州相比較，其經濟發展較為緩慢。宣歙以北的揚州，在唐代時就已成為全國最大的商業城市，而宣歙地區礙於自然環境山脈眾多的阻撓，地狹穀少成為其區域特色，尤以歙州為最，歙州賴其山坡丘陵地生產好茶，雖然歙州的山地造成商人進出的麻煩，卻無損於歙州優質的茶葉品質，還與浮梁並列為全國最重要的茶葉品項。而宣歙地區文具業的重要性更不在話下，金屬礦冶等都是全國重要的產地。

　　相較於長江下游，唐五代長江中游在經濟發展上非常遲緩。長江中游乃古荊州之所在，唐五代的長江中游地區，與兩漢至魏晉南北朝時期大荊州地區的發展相比，完全無法同日而語。尤其在唐五代將荊州獨立成一州之後，鄂岳地區所憑藉的經濟力量，除了傳統農耕之外，僅剩麻織與金屬礦冶業，幸賴唐代士人遊歷鄂岳地區所留下眾多之詩文，可知唐五代地區鄂岳地區之旅遊業興盛之貌。長江中游在經濟活動上所留存下之史料，非常稀少，也連帶影響學界對該地域的研究。雖然鄂岳地區的產業活動資料僅存不多，但以麻織為例，鄂

岳地區的麻織品可是全國數一數二的高級麻織品。

那麼，位於長江下游的宣歙地區，如何在經歷唐五代之後，邁向明清的徽商之路？宣歙經濟發展的轉變現象，對長江下游而言又有何意義？而位於長江中游的鄂岳地區，又如何在古荊州的沒落中，找到屬於自己的經濟領域？如果以宣歙及鄂岳地區，做為長江中游與長江下游之比較的模型，那將會有什麼結果？長江中游是否一如以往學界對它的認識，整個唐五代時期沒落不振？而長江下游是否又如學界對它的評價，認為經濟發展之趨勢不斷上升？區域經濟史迷人之處，便是在同時期、不同區域之間的各自發展，不一定與大趨勢結果相同。筆者將於文中針對宣歙及鄂岳地區的經濟活動進行闡述及比較。

二、研究方法

本論文所使用的研究方法，除了以傳統史學之史料論證法外，另依循「比較經濟地理學」研究方法中的三項原則：「可比性原則」、「動態性原則」與「系統性原則」，以及兩類型：「結構比較類」與「功能比較類」進行研究討論。〔註1〕

首先，所謂「可比性原則」，是指在進行兩個或兩個以上的經濟區域比較時，被比較的區域空間（區域規模或地理尺度）、時間（區域經濟發展階段）、制度安排（經濟體制）三方面具有可比性〔註2〕。以宣歙跟鄂岳地區的空間面來說，兩者緯度相近，故形成的氣候環境也一致，區域空間大小相近、山川水文也差距不大，自然環境的近似，是選擇討論此兩區經濟活動最重要的先決條件，也將對於討論此兩區產業有極大的幫助。而宣歙地區在唐代中期以前被劃歸為江南道，中後期劃歸為江南西道（宣州、池州）與江南東道（歙州），後期設置宣歙觀察使；鄂州在唐代中期以前被劃歸為江南道（鄂州、岳州）與淮南道（蘄州、黃州、沔州、安州），中後期劃歸為淮南道（蘄州、黃州、沔州、安州）與江南西道（鄂州、岳州），後期設置鄂岳觀察使，不僅如此，在唐代

〔註1〕「比較經濟地理學」所使用的原則有五個，分別是：「可比性原則」、「應用性原則」、「動態性原則」、「客觀性原則」、「系統性原則」。而類型也分為所謂「三組六類」：「綜合比較與專題比較」、「結構比較與功能比較」、「動態比較與靜態比較」。但並非每一項原則都能符合每一項研究課題，筆者僅針對符合本論文之三項原則及兩種類型進行說明之。請參閱：陳多長，〈關於比較經濟地理學的幾個問題〉，《山西師大學報（社會科學版）》，第31卷第1期，2004年1月。

〔註2〕陳多長，〈關於比較經濟地理學的幾個問題〉，頁25。

中後期，宣歙及鄂岳地區共同成為唐中央能取得稅賦之八大來源地。兩者不但在自然環境上近似，在人文交通、甚至政治上，都擁有相同的制度與經濟體。在比較經濟地理學中的可比性原則上，完全具有可比較之價值。

其次，「動態性原則」，是指比較對象的經濟區域或區位處於動態演化過程中，特別是在受到不確定因素的影響下，會往完全不同的方向演進，且除了要做條件和結果的靜態比較，更要注意時間和過程的動態比較〔註3〕。在唐五代這麼長時段的時間過程中，宣歙及鄂岳地區的經濟條件、產業條件，都隨著時間的演進逐步改變經濟活動的結果，同時為了更讓讀者更清楚瞭解這兩區域在發展過程中的演化動態，故在討論其產業活動時，加入與同時期全國同樣產業的對比，如此一來便能更清楚掌握宣歙及鄂岳地區的產業，在全國同性質產業發展上所對應的地位，當然也能更清楚的瞭解，每一段時期該產業的轉變起伏。

最後，所謂「系統性原則」，是指在比較的過程中，常把待比較的區域看做一個由眾多要素構成的複雜環境。這個系統的功能既決定於各種要素的數量和質量特徵，同時也受到各種要素之間的配合狀況，和協同作用的影響。因此，某種地區經濟要素在數量上的優勢，並不代表其在功能上一定具優勢，它是否能成為地區比較優勢要素，取決於經濟地理系統中其他要素的配合，及協同作用〔註4〕。以宣歙及鄂岳地區最後比較的商業發展、科舉教育而言，商業的發展取決於當地產業發展的狀態，只有在自身產業發展興盛時，商業才有蓬勃的機會，而取決於自身產業發達的條件又何其多？再以科舉教育來說，一個地區的教育要興盛，先決條件是經濟必須有一定程度的發展，而經濟程度的優劣，又取決自本身產業及商業的發展狀態，在交互影響下，才能證明當地教育的進步與否。

除了上述三種原則為本論文所依循的根據外，在比較經濟地理學中，還分為三組六類〔註5〕的研究類型，本文屬於「結構比較類」與「功能比較類」。所謂「結構比較」，是指對不同經濟地理單元的構成要素、要素之間的相互關係，以及系統的層次性和系統環境等進行的橫向比較研究。如對不同地區生產佈

〔註3〕陳多長，〈關於比較經濟地理學的幾個問題〉，頁25。
〔註4〕陳多長，〈關於比較經濟地理學的幾個問題〉，頁25。
〔註5〕所謂「三組六類」是指：「綜合比較與專題比較」、「結構比較與功能比較」、「動態比較與靜態比較」。請參閱：陳多長，〈關於比較經濟地理學的幾個問題〉，頁25～26。

局條件及組合狀況的比較〔註6〕。例如研究宣歙地區與鄂岳地區產業的差異，與綜合比較兩者之商業、教育之組合比較。至於「功能比較類」是指對不同區域的經濟產出能力、產業結構水準、主導產業的成長性等比較〔註7〕。這在討論宣歙與鄂岳自身的產業結構與佈局條件時，特別能顯示其與全國各地相似產業的特殊處，同時筆者在選擇撰寫宣歙的文具業、金屬礦冶業、茶葉製造業與旅遊業，或者選擇鄂岳地區的旅遊業、金屬礦冶業、麻織業等，都是選擇當地的主導產業，並有相當成長的產業為主要討論研究的對象。而「結構比較」通常能夠單獨存在，但寫到「功能比較」時便一定需要結構比較來輔助。筆者此篇論文所提到的產業，不但屬主導性產業，且在最後進行組合比較的同時，也必須不斷的透過宣歙或鄂岳地區曾討論過的產業條件，來進行組合比較，兩者之間屬於相輔相成的關係。

三、研究回顧

（一）宣歙地區整體經濟研究回顧

目前學界對唐五代區域經濟史之研究日益豐富，但直接以「宣歙」、「皖南」、「安徽省」或者宣歙地區內之州縣名稱為研究論述者，僅有六篇。分別是王賽時先生〈唐代宣歙地區經濟探略〉〔註8〕、韓國磐先生〈唐代宣歙鎮之雄富〉〔註9〕、周懷宇先生〈安徽隋唐時期歷史發展的特點〉〔註10〕、曾京京及朱自振先生合著〈中唐至五代歙州經濟發展初探〉〔註11〕、何劍明〈南唐時期安徽區域經濟發展論要〉〔註12〕、以及汪守林先生之碩士學位論文《唐代皖南地區的經濟開發》〔註13〕。以上諸位先生對於宣歙地區之整體經濟活動，皆做

〔註6〕陳多長，〈關於比較經濟地理學的幾個問題〉，頁26。
〔註7〕陳多長，〈關於比較經濟地理學的幾個問題〉，頁26。
〔註8〕王賽時，〈唐代宣歙地區經濟探略〉《安徽大學學報（哲學社會科學版）》，1990年04期。
〔註9〕韓國磐，〈唐代宣歙鎮之雄富〉，《江海學刊》（南京），1992年第3期。
〔註10〕周懷宇，〈安徽隋唐時期歷史發展的特點〉，《安徽廣播電視大學學報》，2008年第1期。
〔註11〕曾京京、朱自振，〈中唐至五代歙州經濟發展初探〉，《古今農業》，1995年第1期。
〔註12〕何劍明，〈南唐時期安徽區域經濟發展論要〉，《揚州大學學報（人文社會科學版）》，第9卷第1期，2005年1月。
〔註13〕汪守林，《唐代皖南地區的經濟開發》，安徽師範大學碩士學位論文，2006年5月。

了概略性的研究，提供後輩研究時之方向與材料，故筆者針對上述學者討論較為薄弱，以及有待商榷之處，進行重新論述，希冀能得到更全面、更深入的研究成果。

　　除了直接論述宣歙地區經濟發展之研究著述外，大部分針對宣歙地區的經濟討論，多涵蓋於「長江下游」或「江南」的地理概念內。如張劍光先生《唐五代江南工商業佈局研究》〔註14〕、陳勇《唐代長江下游經濟發展研究》〔註15〕兩本專著中，便甚為詳盡的討論宣歙地區經濟活動發展狀態。其中不乏許多寶貴的看法，筆者也針對此二位學者文章中之論述有些許不同的意見，將在正文中闡述。其他更多關於「江南」、「長江下游」或唐代整體經濟之專著中，雖然也有論及宣歙地區經濟開發之部分，但因篇幅過於稀少，故仍以張劍光及陳勇兩位先生之研究論著為主。

（二）鄂岳地區整體經濟研究回顧

　　雖然研究唐五代區域經濟史的論著日益增多，但對於鄂岳地區的整體經濟之研究卻十分稀少。筆者遍搜直接以「鄂岳」、「湖北」或以唐五代鄂岳地區之州縣名稱為區域經濟研究標的者，尚付闕如。關於唐五代鄂岳地區之經濟活動研究，多涵蓋在「長江中游」與「淮河流域」此兩大地理概念中，學界研究之稀少，可知此地區資料之殘缺與研究困難處。其中研究較為豐富者，僅有牟發松先生於《唐代長江中游的經濟與社會》〔註16〕一書中，對鄂岳地區之經濟活動有稍詳細之撰述，其餘以「淮河流域」為主題之論著中，提到鄂岳地區經濟發展之部分，仍嫌稀少，故不舉例於此。

（三）空間地域：氣候、人口、交通

　　「空間地域」是本論文中，最先探討的主題。因為在距今一千三百年前的唐五代，自然空間對區域經濟的影響至深且鉅。空間地域對經濟的影響最主要表現在三個面向：分別是氣候、人口、交通。氣候對以農業、茶葉為主要經濟活動的地區相當重要，而人口對於討論各地經濟發展，更有無可替代的數據意義。史籍上所記載之各時期人口數量，表示各時期政府所能掌控的人口數，更重要者，人口是稅收的依據，故從人口數量的升降，便可知該地經濟競爭力之優劣。而交通更是經濟發展的催化劑，暢通的水陸運對於商品貨物的輸送，有

〔註14〕張劍光，《唐五代江南工商業佈局研究》，江蘇古籍出版社，2003年。
〔註15〕陳勇，《唐代長江下游經濟發展研究》，上海：上海人民出版社，2006年。
〔註16〕牟發松，《唐代長江中游的經濟與社會》，武漢：武漢大學出版社，1981年。

著不可或缺的重要性。

在氣候方面，唐五代在經歷自魏晉南北朝以來的寒冷期之後，整體氣候轉向溫暖多雨。由於宣歙及鄂岳地區皆屬季風氣候，該氣候最明顯的特徵是季節性水、旱災，因此，特別針對季風氣候所表現出來的季節性水、旱災，此項區域氣候特徵進行探討。筆者透過水、旱災及霜雪記錄，分析宣歙及鄂岳地區的自然災害比例，進而討論這些天災對宣歙及鄂岳地區在農作上造成的影響。目前學界探討中古時期整體氣候方面的論述頗多〔註17〕，而在自然災害的專文討論上較少〔註18〕，甚至連引文所列舉之水旱災資料出處錯誤百出〔註19〕，無法盡信。另外，在論及宣歙與鄂岳地區農業的專論中，目前僅見探討農耕工具與水利設施的進步等人為因素〔註20〕，對於氣候影響農業方面的討論，往往一筆帶過，甚至引用的史料來源也以長安地區為主〔註21〕，缺乏個別區域氣候的特徵。由於針對宣歙或鄂岳地區在唐五代時期區域氣候的專論，截至目前為

〔註17〕 關於中國歷史時期氣候波動的研究論文，最早是由中國學者竺可楨先生發表的〈中國近五千年來氣候變遷的初步研究〉（收錄於《竺可楨文集》，頁475～498，北京：科學出版社出版，1979年），以及台灣學者劉昭民的《中國歷史上氣候之變遷》（臺北市：台灣商務，1982年）一書，都是屬於總論型的氣候研究論文與專書；而關於唐代氣候的研究，目前有溫暖期及寒冷期兩派意見，但目前學界以「隋唐溫暖期」的支持論者較多。關於這方面的論文較為詳盡的主要有中國學者藍勇的〈唐代氣候變化與唐代歷史興衰〉（《中國歷史地理論叢》，2001年3月）、費傑、周傑、安節生等人合著的〈歷史文獻記錄的唐五代時期（618～959AD）氣候冷暖變化〉（《海洋地質與第四紀地質》，2004年5月）以及吳宏岐、黨安榮合著的〈隋唐時期氣候冷暖特徵與氣候波動〉（《第四紀研究》，1998年2月）等專文，均有詳盡的論述。

〔註18〕 這部分可參考張有堂、徐銀梅合著的〈唐代水旱災害對社會經濟的影響〉（《寧夏大學學報（社會科學版）》第19卷，1997年第3期）、周尚兵〈唐代長江流域土地利用形式及自然災害原因〉（《中南民族學院學報（人文社會科學版）》，第21卷第5期，2001年9月）以及張秉倫、方兆本主編的《淮河和長江中下游旱澇災害年表與旱澇規律研究》（安徽：安徽教育出版社，1998年）。

〔註19〕 張秉倫、方兆本主編之《淮河和長江中下游旱澇災害年表與旱澇規律研究》一書中，所列舉之唐五代時期的史料與實際史料內容不符合之處甚多，不在此一一詳舉。

〔註20〕 關於宣歙地區農業問題的文章有梁華東先生的〈隋唐五代時期皖南地區農業開發初步研究〉、而鄂岳地區在唐五代時期農業的發展，代表的則是收錄在張澤咸先生《隋唐時期經濟》一書第二章〈內地農業鳥瞰〉，及李文瀾先生《湖北通史·隋唐五代卷》（湖北：華中師範大學出版社，1999年）有較詳細的介紹。而討論宣歙地區水利建設較為詳盡的文章有汪守林的〈唐代安徽地區的農業經濟發展述論〉（《巢湖學院學報》，2005年第4期）一文。

〔註21〕 陳勇，《唐代長江下游經濟發展研究》，頁7。

止仍尚付闕如，因此，筆者試圖就季風氣候在唐五代時期的宣歙及鄂岳地區，所產生的自然災害進行論述，建構出影響該區農業發展的原因。

關於唐代整體人口的研究，學界已做出相當豐碩的成果〔註22〕，這些整體性的研究中，也或多或少曾提及宣歙及鄂岳地區的戶口變化；就宣歙地區而言，除了整體性的論著之外，研究唐五代區域史的論文中也有少篇幅的提及〔註23〕；目前學界討論較為詳盡的是中國學者陳勇先生，但陳勇在提到宣歙地區人口的變動狀態時，提出宣歙地區在貞觀十三年（639）至天寶元年（742）這段期間內為長江下游地區戶數成長「速度最快」的說法〔註24〕，與筆者意見完全相反。筆者認為陳勇先生的分析方式忽略了唐代史書所記載的資料，其計算數字的初始值在基準點上的不同，將於文中提出說明。至於鄂岳地區的人口問題，截至目前為止，僅有牟發松先生討論長江中游地區的經濟發展時，較為深入〔註25〕。無論是宣歙或鄂岳，目前所見的論文中，在討論人口升降比例上皆已有相當成果，因此筆者將討論唐五代宣歙與鄂岳區域人口的變動狀態及原因，試圖整理出前輩學者們尚未理出的原因與脈絡。

「地域空間」最後一個部分，將討論宣歙及鄂岳地區，在唐五代時期對外交通路線的分佈，與唐政府稅收、戰爭之間，這兩區在唐五代所扮演的重要角色。在宣歙地區的交通路線研究上，目前學界中論述最為詳盡的是張劍光先生，張先生詳細的對水、陸、海交通路線及館驛客舍進行描繪〔註26〕，另外周

〔註22〕關於唐代的整體人口論著，如凍國棟《中國人口史‧隋唐五代卷》（上海：復旦大學出版社，2002年）、翁昭雄《唐代人口與區域經濟》（臺北市：新文豐出版，1993年）、翁昭雄《唐初政區與人口》（北京：北京師範學院出版社，1990年）、翁昭雄《唐代鼎盛時期政區與人口》（北京：首都師範大學出版社，1995年）、翁昭雄《唐後期政區與人口》（北京：首都師範大學出版社，1999年）、黃盛璋〈唐代戶口的分佈與變邊〉（《歷史研究》，1980年第6期）以及嚴耕望〈《元和志》戶籍與實際戶數之比勘〉（臺北：中央研究院歷史語言研究所集刊，第六十七本，第一分，1996年）也針對了唐代人口數量在《元和志》記載中特別少的原因進行分析。

〔註23〕關於宣歙及鄂岳地區人口的專論有：張劍光《唐五代江南工商業佈局研究》、陳勇《唐代長江下游經濟發展研究》、陳勇〈唐後期的人口南邊與長江下游的經濟發展〉，頁43～49（《魏晉南北朝隋唐史》，1997年1月）、陳勇、劉秀蘭〈唐後期長江下游戶口考〉，頁84～97（《中國史研究》，1997年4期）等篇。

〔註24〕《唐代長江下游經濟發展研究》，第九章〈唐代長江下游的人口分佈與變邊〉，頁343。

〔註25〕牟發松，《唐代長江中游的經濟與社會》（武漢：武漢大學出版社，1981年）。

〔註26〕張劍光，《唐五代江南工商業佈局研究》一書第五章〈交通佈局〉，頁228～339。

懷宇先生也針對水運影響宣歙地區的商業發展有所論述〔註27〕；至於鄂岳地區的交通線則以嚴耕望〔註28〕、牟發松〔註29〕、李文瀾〔註30〕、陳羽剛〔註31〕及周懷宇〔註32〕等先生稍略提及，本節的討論重心便是在於針對前述學者們所提出的交通路線做更詳盡的增補，以及討論此二區對外交通路線對其各自產業發展的助益，以便於後續各章節產業之討論。

（四）宣歙經濟活動

宣歙地區的經濟活動眾多，如果以產業來詳加區分，除了本文中所論述的文具業、金屬礦冶業、茶葉製造業、旅遊業之外，還有造船業〔註33〕、紡織業〔註34〕、釀酒業〔註35〕等，但這些產業在宣歙地區並不夠興盛，無法做為宣歙地區經濟活動的代表，也無法顯示區域經濟特色，故筆者選擇了在唐五代時期，能夠代表宣歙地區的四大主力產業，做為討論的重心。

以文具業來說，現今安徽省擁有舉世聞名的宣筆、徽墨、宣紙、歙硯，但

〔註27〕 周懷宇，〈隋唐時期安徽水運交通新格局考論〉（《安慶師範學院學報》，第 4 期，1991 年）及〈唐代皖江水運與商業貿易〉（《安徽師大學報》，第 20 卷第 2 期，1992 年）

〔註28〕 嚴耕望，《唐代交通圖考》（臺北：中央研究院歷史語言研究所專刊之八十三，2003 年）第六卷〈河南淮南區〉，頁 1845～1854。

〔註29〕 牟發松，《唐代長江中游的經濟與社會》，頁 211～232。

〔註30〕 李文瀾，《湖北通史‧隋唐五代卷》。

〔註31〕 陳羽剛，〈試論唐代湖北交通〉（《武漢交通管理幹部學院學報》，第 1 卷第 4 期，1999 年）

〔註32〕 周懷宇，〈論隋唐開發淮河流域交通的國策〉（《安徽大學學報》（哲學社會科學版），第 23 卷第 5 期，1999 年）

〔註33〕 （宋）司馬光，《資治通鑑》（北京：中華書局，2005 年），卷 198 記載：貞觀 21 年（647）八月，唐太宗敕：「宋州刺史波利等發江南十二州工人，造大船數百艘，欲以征高麗」。文後胡三省註釋，列出此十二州中就有宣州。（以上可參閱《資治通鑑》，卷 198，〈唐紀〉，頁 6249。）但究其宣州的造船工人及技術，皆來自昇州，宣州的造船業並不發達。另可參考《新唐書》，卷 190，〈張雄傳〉，頁 5489～5490。

〔註34〕 宣歙地區的絲織及紡織業，主要在宣州。從《唐六典》、《新唐書‧地理志》、《元和郡縣圖志》皆可看到宣州曾進貢多種的絲織品，且集中在中晚唐，而歙州及池州僅有少量。

〔註35〕 透過唐代詩文，可知宣歙地區皆有釀酒業，由於詩文眾多，無法一一列舉，故僅舉以下兩例為代表。宣州：（唐）李白，《李太白全集》（北京：中華書局，2006 年），卷 25，〈哭宣城善釀紀叟〉，頁 1202。歙州：（清）彭定求等編，《全唐詩》（北京：中華書局，2003 年），卷 524，杜牧〈歙州盧中丞見惠名醞〉，頁 5997。此詩已查閱《樊川文集》，並未收錄此詩，故引用自《全唐詩》。

這些文具業的興盛卻從距今一千多年前的唐五代開始，製造地點就在宣歙地區。該區文具業在唐五代之際的發展，有多位學者曾討論過，而本文乃是基於前輩學者研究的基礎上，探討其所未深究的問題。例如張劍光先生在談到宣州、歙州、池州的紙業發展時，僅提到宣州廣德縣、歙州澄心堂紙、池州貴紙有紙業的分佈，雖然張劍光先生文中提到宣州是重要的產紙區，不過對宣歙地區的造紙業並沒有太多的著墨〔註36〕，怎能就此證明宣歙地區的造紙業已有高度發展呢？且其在討論宣州地區最早的造紙時間時，引用了宋人周密的《澄懷錄》中所寫的「唐永徽中，宣州僧欲寫《華嚴經》，先以沉香及楮樹，取以造紙」〔註37〕，而認為唐代初年時宣州已經有造紙業的出現。然據筆者求證，周密《澄懷錄》中根本沒有此段文字〔註38〕，該段文字應為宋人蘇易簡所寫的《文房四譜‧紙譜》：「唐永徽中，定州僧欲寫《華嚴經》，先以沉香漬水種楮樹，俟其拱，取之造紙」〔註39〕，此段文字之出處被訛傳已久，陳勇先生也以此認定宣州在永徽中開始造紙〔註40〕。除了張劍光先生之外，韓國磐〔註41〕、王賽時〔註42〕與陳勇諸位先生，也曾對宣歙地區的造紙業有所著墨，但皆不夠深入。另外，趙權利先生提到唐五代時期的繪畫工具，針對筆、墨、紙、硯的部分做了很詳盡的整理〔註43〕。

　　整體而言，上述學者的專書與論文，對於史料的掌握算是充分，但可惜不見討論，包含前後徵引的史料常出現衝突、自我矛盾的狀況，文後卻未見其解釋，或僅淺談即止，未見對該主題有深入的討論內容。以歙州進貢的「硾紙」為例，在所有的論文中都只有淺淺帶過，沒有討論為什麼歙州會出產硾紙？硾

〔註36〕張劍光，《唐五代江南工商業佈局研究》，頁 205、207、209、210。

〔註37〕張劍光，《唐五代江南工商業佈局研究》，頁 209。

〔註38〕請參閱（宋）周密，《澄懷錄》，頁 119-760～119-775。收錄於《四庫全書存目叢書‧子部》，臺北：莊嚴文化事業有限公司，1995 年。

〔註39〕（宋）蘇易簡，《文房四譜》，卷 4，〈紙譜‧二之造〉，頁 54。收錄於《叢書集成初編》，北京：中華書局，1885 年。

〔註40〕陳勇，《唐代長江下游經濟發展研究》，第六章第四節〈文具製造業〉，頁 238。

〔註41〕韓國磐，〈五代時南中國的經濟發展及期限度〉，收錄於《廈門大學學報》，頁 43 曾討論到宣歙地區的造紙業發展。

〔註42〕王賽時，〈唐代宣歙地區經濟探略〉，收錄於《安徽大學學報》（哲學社會科學版），1990 年第 4 期，頁 103～109。其中頁 107～108 略論宣歙地區的文具業。

〔註43〕趙權利，《中國古代繪畫技法、材料、工具史綱》（中國藝術研究院，2001 年博士學位論文），第五章〈隋唐繪畫材料、工具的興盛與成熟〉，頁 47～P54、第七章〈五代兩宋時期繪畫材料、工具的精製與文人化〉，頁 70～78。

紙與今宣紙之間又有什麼關係？目前研究唐五代宣歙地區文具業的學者論文中，還沒有見過有學者對於何謂「硾紙」解釋，筆者試圖對此做出解釋。

另外，各學者不斷強調宣紙在唐代時已經發展到興盛的水準，然而，唐代的宣歙地區只有宣州產紙嗎？當時出名的紙是否是宣州紙呢？也未見學者對此討論。再者，目前各學者所討論的宣歙地區文具業篇幅中，僅見針對宣歙地區當地的產業做介紹，並沒有將宣歙地區的文具業與當時全國各地的相關產業做連結比較，以致無法看清楚唐五代宣歙地區的文具業，在全國相關產業中所處的相對應地位，並且常見以今日安徽省聞名的文具業，去認定晚唐五代時，宣歙地區文具業就已經高度發展的結論，筆者認為這樣的寫法與觀點，常導致結論過於誇大。宣歙地區的文具業在發展過程中，並非一蹴可幾，甚至一度沒落，如此說來，怎能以今日發展的成果，去認定唐五代時期也一定發達？難道這一千多年的發展，都是非常順遂的嗎？或者，其間又發生過哪些轉變與波折呢？因此重新討論唐五代時，宣歙地區文具業的發展脈絡與對當代的重要性與影響力，實有其必要。透過全國文具業產地分佈表，可以清楚看到宣歙地區的文具業，在每一個時代的全國相關產業上，其所屬的位置與重要性。因此，筆者認為宣歙地區的文具業，在唐五代的發展軌跡應還有深入討論的空間。

關於宣歙地區金屬礦冶製造業的前人研究，以裘士京先生的研究較為豐富〔註44〕，裘士京先生其書《江南銅研究》第四篇，專篇探討六朝至隋唐五代的梅根冶，不過裘士京先生該篇標題雖然以梅根冶為主要研究對象，但梅根冶的篇幅卻不多，未見其深入討論；梁華東先生也針對皖南地區的金屬礦業做過研究〔註45〕；而張劍光〔註46〕與陳勇〔註47〕先生的專書中，也對宣歙地區的金屬礦冶有詳細的撰述；而在唐代整體礦產研究方面，楊遠〔註48〕及

〔註44〕請參閱裘士京，〈唐宋詩人筆下的皖南銅礦冶鑄業〉，頁186～188，收錄於《安徽師範大學學報（人文社會科學版）》，第33卷第2期，2005年3月。以及《江南銅研究》，合肥：黃山書社，2004年。

〔註45〕梁華東，〈隋唐五代時期皖南地區工礦業發展概述〉，頁49～53。收錄於《巢湖學院學報》，2003年第5卷第1期。

〔註46〕張劍光，《唐五代江南工商業佈局研究》，第三章第二節〈礦物開採和製造的佈局〉，頁96～128。

〔註47〕陳勇，《唐代長江下游經濟發展研究》，第六章第二節〈礦冶及金屬製造業〉，頁210～220。

〔註48〕楊遠，《唐代的礦產》，臺北市：台灣學生書局印行，1982年。

張澤咸〔註 49〕先生都曾對唐代時期全國的礦產分佈狀態，做過詳盡的數據研究及統計分析；在金屬礦所衍生出的鑄錢工業方面，王怡辰師〔註 50〕也曾分析唐代各種貨幣內含不同金屬礦的成分比重、宣歙地區錢監在江淮七監中沒落，以及中晚唐貨幣製造的銅料減少原因、經濟領域割據的問題。除了文獻史料，也將從考古報告中證實唐代礦坑開採的狀態。

　　唐代茶葉的產區與分佈，多位學者曾做過數據統計，包括有張澤咸先生〔註 51〕、王洪軍先生〔註 52〕、方健先生〔註 53〕，以及中國農科院茶葉研究所〔註 54〕，都曾對唐代茶葉產區的數量做過一番統計，從 43 州至 98 州都有學者提出過不同的意見。目前曾經討論過唐五代時期全國茶區分佈的學者，有孫洪升先生〔註 55〕、杜文玉、王鳳翔合著〔註 56〕、王賽時先生〔註 57〕、李劍農先生〔註 58〕，上述幾位學者所著的論文均曾提及宣歙地區的部分茶區分佈狀態，但皆僅點到為止。以研究資料來看，除了陸羽《茶經》，筆者也參考了許多地理書、唐宋筆記小說，試圖還原當時的生產狀態。在宣歙地區的茶葉生產論文中，目前仍沒有學者討論宣城縣、廣德縣、寧國縣為何同產鴉山茶？也未曾有學者論述池州至德縣的茶稅能夠「倍於浮梁」？以及關於「馱」重量單位到底相當多少石？針對上述問題，筆者皆欲試圖提出看法與解釋。

　　宣歙的經濟活動最後一個是旅遊業，目前鮮少人討論過唐五代宣歙地區

〔註 49〕張澤咸，《唐代工商業》，頁 12～77。北京：中國社會科學出版社，1995 年。

〔註 50〕王怡辰師，〈由武宗會昌錢看經濟領域的割據〉，頁 1～31。收錄於《中國歷史學會史學集刊》，2005 年 7 月。以及〈論唐代的惡錢〉，頁 1～43。收錄於《華岡文科學報》，第 27 期，中華民國 94 年 5 月。

〔註 51〕張澤咸，〈漢唐時期的茶葉〉，頁 61～79，收錄於《文史》，第 11 輯，1981 年 3 月。

〔註 52〕王洪軍，〈唐代的茶葉生產〉，頁 14～21，《齊魯學刊》，1987 年第 6 期。

〔註 53〕方健，〈唐宋茶產地和產量考〉，頁 64～93，收錄於鄭廣銘、王雲海主編《宋史研究論文集》（開封：河南大學出版社，1993 年）。

〔註 54〕中國農科院茶葉研究所主編，《中國茶樹栽培學》（上海：上海科技出版社，1986 年），頁 9。

〔註 55〕孫洪升，《唐宋茶葉經濟》，北京：社會科學文獻出版社，2001 年。

〔註 56〕杜文玉、王鳳翔，〈唐五代時期茶葉產區分佈考述〉，頁 78～87，收錄於《陝西師範大學學報》（哲學社會科學版），2007 年 5 月，第 36 卷第 3 期。

〔註 57〕王賽時，〈略論唐代的茶葉產地與製作〉，頁 20～25，收錄於《古今農業》，2000 年第 1 期。

〔註 58〕李劍農，《中國古代經濟史稿》（武昌：武漢大學出版，2005 年），第二卷〈魏晉南北朝隋唐部分〉，頁 193～198。

的旅遊發展，但其實透過旅遊，常能發掘一般民生經濟的發展動態，如山中的
酒樓或旅館等皆屬營利性質，雖然在唐代史籍中甚少記載個別區域的民生消
費金額，不過透過文人雅士的遊歷記載，對當地的經濟活動將有更進一步的瞭
解，便能推知當地經濟發展狀況。

　　故此部分將以研究唐代士人遊歷宣歙地區的山川名勝為對象。目前在唐
代旅遊整體研究方面，主要集中在文人、知識份子等研究較多，有王淑良〔註
59〕、李松〔註60〕、謝春江〔註61〕等人；另外劉菊湘除了討論文人旅遊之外，
還討論到了帝王、貴族、官吏、普通百姓、宗教信徒等不同身份者的旅遊地點
與方式〔註62〕；也有學者只針對旅遊中的交通業及旅館業進行大略介紹〔註
63〕；而李松先生則認為從唐代開始，文人開始有意識的對歷史古蹟與名勝進
行吹捧，因此人造的人文景觀也在唐代多了起來，造成唐代旅遊業的發達〔註
64〕。另外也有部分學者針對特定區域進行區域旅遊研究，如長安〔註65〕。大
部分的區域旅遊研究所著重的地點都位於沿海，或者京城等經濟條件不錯的
區域，這些地區的旅遊業能夠興起，乃是必然的現象與趨勢，如同今日的上海
一般。但旅遊業的發展一如城市經濟，如何能從城市逐步發展到鄉村旅遊？從
沿海延伸至內陸？各地不同的面貌，也會帶給遊客不同的感受。尤其唐代的宣
歙地區，李白曾留下數十首詩文描繪，為宣歙地區的旅遊景點研究，留下相當
寶貴的資產。

（五）鄂岳經濟活動

　　鄂岳地區的經濟活動，向來研究者不多，因此在前人回顧方面也甚為稀
少。目前研究較為豐富的首推牟發松先生〔註66〕，其餘研究僅見零散。而從牟

〔註59〕王淑良，《中國旅遊史》，旅遊教育出版社，1998年。
〔註60〕李松，〈唐代知識份子的旅遊生活〉，收錄於《安徽廣播電視大學》，2004年第2期。
〔註61〕謝春江，《論融儒道精神於一體的唐朝文人旅遊》，湘潭大學碩士學業論文，2004年5月。
〔註62〕劉菊湘，〈唐代旅遊研究〉，頁106～108，收錄於《寧夏社會科學》，第6期（總第133期），2005年11月。
〔註63〕宋銀萍，〈試論唐代旅遊活動中的仲介體〉，頁198～199，收錄於《產業與科技論壇》，2008年第7卷第10期。
〔註64〕李松，《唐代旅遊研究》，安徽師範大學碩士學位論文，2005年。
〔註65〕王曉如，〈唐代長安的旅遊〉，收錄於《唐都學刊》，2002年第2期。
〔註66〕牟發松，《唐代長江中游的經濟與社會》，武昌：武漢大學出版社發行，1989年。

發松先生迄今已超過二十年，對於鄂岳地區的研究仍幾乎維持原狀，筆者試圖對鄂岳地區的經濟發展狀況勾勒出不同於前輩學者的描繪。

　　鄂岳地區的經濟發展主要表現在三部份，分別是旅遊業、金屬礦冶業、麻織業。旅遊業的前人研究部份同宣歙地區，僅有陳熙遠先生曾對黃鶴樓的旅遊曾論述過〔註67〕，其餘各篇皆為導覽性質之文，不在此列舉。因鄂岳地區的旅遊研究，目前仍鮮有學者著述，故筆者寫作的方式與陳熙遠先生不同，採取實地描繪的方式，針對鄂岳地區的各種旅遊方式、景點、旅館等進行描繪，還原當時文人旅遊的方法，與經濟活動之間的連結。

　　在紡織業的前人研究中，大抵皆以全國各地的紡織業、麻織業、毛織業、棉織業、印染業為討論的對象與範疇，如嚴耕望〔註68〕、張澤咸〔註69〕、牟發松〔註70〕、楊希義〔註71〕、呂侯霖〔註72〕等；也有許多學者〔註73〕針對唐代的手工業進行研究，而紡織業便被劃歸於手工業之一；歷來針對鄂岳地區的麻織業專論是少見的，僅有一篇是針對唐代淮南道的麻織品進行研究，為陳香〔註74〕女士所論著。淮南道的紡織品進貢等級雖然高，但被保留下來的史料太少，而鄂岳地區最重要的是麻織品，故筆者便以各類地理書所載之進貢品項，討論鄂岳地區的麻織業在全國麻織業上發展的重要性。

（六）兩區經濟綜合比較：城市商業活動、科舉教育

　　在兩區經濟綜合比較方面，筆者選擇了城市的商業活動，以及科舉教育兩個面向，來觀察宣歙及鄂岳地區的整體經濟綜合發展孰優孰劣？商業活動是古代城市經濟發達與否的重要指標。在絕大部分的地區，必須等產業發達至一

〔註67〕陳熙遠，〈人去樓坍水自流──試論座落在文化史上的黃鶴樓〉，《中國的城市生活》（臺北：聯經出版社，2005 年），頁 367～416。

〔註68〕嚴耕望，〈唐代紡織工業之地理分佈〉，收錄於《唐史研究叢稿》（香港：新亞研究所，1969 年），頁 645～656。

〔註69〕張澤咸，《唐代工商業》，頁 95～127。

〔註70〕牟發松，《唐代長江中游的經濟與社會》，頁 166～170。

〔註71〕楊希義，〈唐代絲綢織染業述論〉，收錄於《中國社會經濟史研究》，1990 年 11 月，頁 64～70。

〔註72〕呂侯霖，《唐代絲織業南移和發展》，佛光大學歷史學系碩士學位論文，2009 年。

〔註73〕周懷宇，〈論隋唐統一對淮河流域手工業的促進〉，收錄於《安徽史學》，2001 年第 2 期，頁 7～11，其中第 8 頁論及紡織業。

〔註74〕陳香，〈唐代淮南道麻及麻織品的地理分佈〉，收錄於《農業考古》，2004 年 04 期。

定程度後，才有商業活動的出現，同時城市規模與人口也必須夠大夠多，才有市官的設置，故在討論完宣歙及鄂岳地區各自產業的發展後，再就兩者之商業活動互相比較，即可知何者經濟發展較優。再來是科舉教育的比較，何以選擇科舉做為經濟活動綜合比較評比之一個面向呢？因為經濟是教育的基礎，而教育的成果是透過科舉來展現。唐代身為科舉發展的前期，更早之前的魏晉乃是家學時代，故唐代承接魏晉南北朝而來，雖然在選才上以科舉做為突破，但深究其根本，唐代的科舉選才仍是以家世背景雄厚者居多，故以科舉結果做為經濟發展的檢測，而比較結果也呼應了此論文最終之結論。

唐五代城市商業活動之論文研究很多，但專門討論宣歙或鄂岳地區區域商業活動者卻很少。主要原因乃此二區之商業活動，幾乎僅存於各類筆記小說中，非常零散。宣歙地區的商業活動，以張劍光先生之專書第六章寫得最為詳細〔註75〕，陳勇先生也在其專書第七章討論長江下游之商業活動時，論及到宣歙地區之商業〔註76〕。鄂岳地區的商業活動，多集中於沔州漢陽及南鄂草市之研究，且多屬散文形式，以論文形式書寫較好者僅有牟發恕先生，其在專書中詳細的分析了長江中游的草市，也論及了鄂岳地區之商業活動〔註77〕。

而筆者在文中除了討論宣歙及鄂岳地區之商業活動外，另外採用「市官」設置之標準，檢視此兩區域的商業活動。原因是唐代各區域之商業活動，普遍留存於各類筆記小說與文集，而這些史料所顯示出的商業活動概況，僅是該城市之一角，同時考慮到文人在書寫時，可能刻意誇大並給予該城市之特寫，並無法全面並客觀的評判商業活動是否發達，但若採用市官之設置標準，便有了客觀之依據，這是筆者與其他學者在研究方法上的不同。

在唐五代科舉的前人研究方面，撰述的論文十分眾多，而曾論及宣歙或鄂岳地區區域科舉考試者，僅有五篇。第一及第二篇是張憲華先生的〈唐代安徽進士考〉〔註78〕以及〈唐代安徽進士考補〉〔註79〕，張憲華先生針對唐代安徽省考取的進士，做了詳細的考證及增補工作。第三篇是簡梅青女士站在張憲華

〔註75〕張劍光，《唐五代江南工商業佈局研究》，頁 340～438。

〔註76〕陳勇，《唐代長江下游經濟發展研究》，頁 249～300。

〔註77〕牟發恕，《唐代長江中游的經濟與社會》，頁 188～232。另外牟發恕先生曾於1986 年發表〈唐代草市略論──以長江中游地區為重點〉（《中國經濟史研究》，1986 年第 4 期），此文已完全收錄在《唐代長江中游的經濟與社會》一書中，故以專書為主。

〔註78〕張憲華，〈唐代安徽進士考〉，收錄於《學術界》，1987 年第 3 期。

〔註79〕張憲華，〈唐代安徽進士考補〉，收錄於《學術界》，1989 年第 5 期。

先生所研究的基礎上，更詳細的針對唐代安徽省的教育與科舉狀態，做了詳細的論述〔註80〕。簡梅青女士從今日省分的角度切入，統計唐代安徽省考取進士的數量。唐代安徽省分屬九州（亳州、壽州、廬州、和州、舒州、滁州、宣州、歙州、池州），其中就進士科而言，以宣州、歙州、池州三州所考取之進士最多，大幅領先其他六州〔註81〕。可知在唐代的安徽省，以宣歙地區的教育最發達。第四篇是許有根先生在其專書《唐代狀元研究》中，曾針對全國狀元的地理分佈，做了很詳盡的考察，也曾針對唐代進士前後期各道錄取人數製作了統計表〔註82〕，雖然唐代在考取科舉之人數上，資料脫落已無法完全還原，但許有根先生此書仍提供筆者在全盤瞭解各道比例上，清楚明瞭之效用。而五代科舉的資料較唐代更為殘缺，目前周臘生先生曾經針對五代狀元做了全盤考察〔註83〕，筆者透過此書之考察與統計資料，與《登科記考補正》一書相互比對，證實五代之宣歙及鄂岳地區，均未有狀元錄取之記錄。第五篇是鄭小泉先生針對唐代各區域科舉人才分佈狀況及原因所做的研究，鄭小泉先生的區域是以各「道」為對象，所使用的史料來源為兩《唐書》，也與上述其他學者不同。

　　筆者所採取的研究方法與數據來源，與上述各學者皆不同。首先在研究方法上，由於唐代科考不僅只有進士一科，故筆者所統計之數據，乃來自唐代科舉各科，並非僅有進士科而已；再者，在研究數據來源上，筆者僅以《登科記考補正》一書所記載為準，此乃由於台灣地區之各圖書館，無法詳盡收集到張憲華先生與簡梅青女士，所使用的各州縣縣志，無法一一詳加考察與比對證實，同時為了研究取材之斷限完整，也因唐代科舉名單已殘缺不全，故將資料來源限定於《登科記考補正》一書。

〔註80〕簡梅青，〈唐代安徽的教育與科舉述論〉，收錄於《阜陽師範學院學報（社會科學版）》，2007 年第 4 期。

〔註81〕簡梅青，〈唐代安徽的教育與科舉述論〉，頁 124。

〔註82〕許有根，《唐代狀元研究》，長春：吉林人民出版社，2004 年。

〔註83〕周臘生，《五代狀元奇談・狀元譜》，北京：紫禁城出版社，2003 年。

第二章　地域特點與空間架構

在古代，自然環境的影響遠大過於今日，而當時人類的生活與生產方式皆脫離不了居住地的先天限制，人類往往以居住地的自然條件，決定其所依賴生存的型態；無論是在產業、或者居民的生活方式上，都與大自然有著密切的相關。地理環境包括的不只是地表上的山川水流、氣候等自然環境，也包含了水陸交通等人文環境。在自然環境與人文環境的交互影響下，各區域的發展結果與地理環境互有因果關係，地理環境決定論〔註1〕這樣無可避免的因素便發生了影響。因此，每一個區域在經濟發展的過程中，自然環境的優劣便扮演關鍵性的角色，不但決定了該區產業發展的走向，也決定了該區產業是否有未來性與前瞻性。

本文所探討的是唐五代時期宣歙與鄂岳地區間的經濟活動，自然有必要對於宣歙與鄂岳地區的地理環境與經濟開發之間的關連做解釋。因此在討論宣歙與鄂岳地區的產業活動是否有經濟發展的遠景之前，先討論該地區的地理環境是否有重要的先天條件，幫助其日後經濟的發展，不但有助於後續章節的分析，更可以瞭解到地理環境對於這兩個地區在產業結構以及經濟發展上的影響。

〔註 1〕「地理環境決定論」的說法最早可追溯到古希臘時期，到了 16 世紀時由法國思想家博丹提出，他主張地理環境在社會存在和發展中起決定性的作用。法國啟蒙思想家孟德斯鳩所著《論法的精神》一書中，討論了氣候的本性對於整個社會的發展有決定性的作用，詳細可以參考《論法的精神》（臺北：華立文化出版，2003 年）一書。

第一節　自然災害分佈的特徵

一、季風與溫度變化

　　宣歙與鄂岳地區在地理區塊上皆位於「秦嶺河」一月均溫 0°C等溫線及750mm 等雨線以南，介於北緯 28.5°～32.5°之間〔註2〕，屬於副熱帶季風氣候。所謂季風，是指由亞洲大陸與太平洋的熱力性質差異而造成的冬季季風和夏季季風。〔註3〕冬季季風因氣壓高，風從大陸吹向海洋；夏季則相反〔註4〕。台灣及中國的華南地區冬季受到蒙古大陸氣團的影響，吹東北季風，而夏季受到太平洋海洋氣團的影響，吹東南及西南風；中國的華北及東北地區冬季則受到西伯利亞大陸氣團的影響，吹西北風，夏季則受到印度洋海洋氣團的影響，吹東南風；而本文所討論的宣歙與鄂岳地區位於中國的華中地區，屬於過渡地帶，冬季吹北風較為乾燥、夏季則吹南風常多季節性暴雨。

圖 2-1：宣歙及鄂岳地區副熱帶夏季季風風向圖〔註5〕【↑表夏季南風】

就降雨的季節性變化來觀察宣歙跟鄂岳地區的氣候，與中國境內其他區域的差別，可以發現華南地區在春季與初夏是行極鋒雨〔註6〕，而華中地區是在夏、

〔註2〕譚其驤，《中國歷史地圖集》（北京：中國地圖出版社，1996 年），第五冊，頁54、57～58。

〔註3〕參見 C.S.Ramage 著、戚啟勳譯，《季風氣象學》（臺北市：國立編譯館，1973年），頁9。

〔註4〕《季風氣象學》，頁 12～16。

〔註5〕本圖選自譚其驤《中國歷史地圖集》第五冊，隋唐五代十國時期，頁 38～39，比例尺為八百四十萬分之一。

〔註6〕《季風氣象學》，頁 208。

秋兩季行梅雨，不僅降雨的季節不同，就連雨量的大小都不同。C.S.Ramage 認為亞洲季風氣候大部分的雨降落在夏季或者秋季〔註7〕，也就是說整個華中地區掌握了中國境內絕大多數的降雨量。在區域氣候的特徵界定上，華中地區降雨季節的觀察重點便在夏、秋兩季。

圖 2-2：宣歙及鄂岳地區副熱帶冬季季風風向圖〔註8〕【↓表冬季北風】

氣溫方面，根據劉昭民先生的研究，自隋文帝開皇二十年（600）到北宋太宗雍熙二年（985）止，是屬於中國歷史上第三個溫暖期〔註9〕。這段時期的氣溫較今日溫度平均高 1℃左右〔註10〕。在這段期間內，《舊唐書》記載「冬無雪」的狀態竟高達 19 次〔註11〕，到了五代時期，冬季下雪的記錄卻又比唐代增加了許多〔註12〕，因此唐代的氣溫在歷經魏晉南北朝的低溫期後，逐漸轉變成溫暖多雨，五代時溫度又逐漸回冷。這對分別位於長江中游的鄂岳與長江下游的宣歙兩個地區來說，氣候的轉變也使得該區的水旱災次數變得頻繁。

〔註7〕《季風氣象學》，頁 24。

〔註8〕本圖選自譚其驤《中國歷史地圖集》第五冊，隋唐五代十國時期，頁 38～39，比例尺為八百四十萬分之一。

〔註9〕劉昭民，《中國歷史上氣候之變遷》（臺北市：台灣商務，1982 年），頁 27。

〔註10〕《中國歷史上氣候之變遷》，頁 111。

〔註11〕《中國歷史上氣候之變遷》，頁 100～102。

〔註12〕請參考費傑、周傑、安節生等人合著的〈歷史文獻記錄的唐五代時期（618～959AD）氣候冷暖變化〉，頁 110～112，表 1：唐五代時期（618～959AD）冷異常的歷史文獻記錄。

二、季節性水災的發生

在唐五代總共 342 年（618～960）的記錄中，宣歙及鄂岳地區因水旱災造成的害稼、饑荒與蟲害的史料記載主要集中於中晚唐〔註13〕，表 2-1 及 2-2 為筆者耙梳史料後，所整理出關於唐五代宣歙及鄂岳地區的大雨災害記錄表：

表 2-1：唐五代宣歙地區大雨災害記錄表〔註14〕

項次	時　　間	月份／季節	記　　錄	資料來源
1	貞觀八年（634）	七月	①江淮多大水。 ②山東、江淮大水。	①舊唐書〔註15〕卷 72 盧世南傳 ②新唐書〔註16〕卷 36 五行志
2	永徽元年（650）	六月	宣、歙大雨，溺死者數百人。	新唐書卷 36 五行志
3	顯慶元年（656）	七月	宣州涇縣山水暴出，平地四丈，溺死者二千餘人。	新唐書卷 36 五行志
4	貞元四年（788）	缺載	宣州大雨震電。	新唐書卷 36 五行志
5	貞元八年（792）	八月	①以天下水災，分命朝臣宣撫賑貸。河南、河北、山南、江淮凡四十餘州大水，漂溺死者二萬餘人。	①舊唐書卷 13 德宗紀 ②新唐書卷 36 五行志

〔註13〕 五代由於資料的欠缺，在翻閱過正史與筆記小說後僅得出七則史料（請參閱表 2-1、2-2、2-4、2-5），因此難以還原宣歙及鄂岳地區在五代時期水旱災發生的頻率。至於為什麼宣歙與鄂岳地區的記載與關中、河北地區比較起來水旱災相對的少呢？筆者以為，主要是由於唐代對於水、旱天災等的記錄上著重在關中地區，對地方的記載較為忽略，一直到中晚唐之後，此二區成為稅賦的重要收入地之一，不得不開始重視起來的緣故。

〔註14〕 本文所使用的史料中涉及許多「江南」、「江淮」、「淮南」等名詞，為求後續行文之便，在此先做解釋：一般來說，「江淮」兩字所包含的地區，指的是淮河以南及長江中下游地區；而「江南」、「淮南」兩字較為準確的用法起自唐貞觀元年（627），將全國行政區劃分為十道，出現了「江南道」、「淮南道」後，用法漸趨明確。廣義說來，「江南」是指長江以南地區；狹義說來，也完全包含了宣歙地區的所有州縣。由於本論文討論的宣歙及鄂岳地區無論在何時的區域界定中，都有部分州縣列入「江淮」、「江南」、「淮南」等地域範圍內，因此筆者在擇納史料時，一併採入。

〔註15〕 （後晉）劉昫，《舊唐書》，北京：中華書局，2002 年。

〔註16〕 （宋）歐陽修、宋祈，《新唐書》，北京：中華書局，2003 年。

			②自江淮及荊、襄、陳、宋至於河朔州四十餘，大水，害稼，溺死二萬餘人，漂沒城郭廬舍。	
6	元和九年（814）	秋	淮南、宣州大水，害稼。	舊唐書卷 37 五行志
7	元和九年（814）	十二月	淮南宣州大水。	唐會要〔註17〕卷 44 水災下
8	大和四年（830）	夏	宣歙大水，皆害稼。	新唐書卷 36 五行志
9	大和四年（830）	十一月	京畿、河南、江南、湖南等道大水害稼，詔本道節度、觀察使出官米賑給。	唐會要卷 44 水災下
10	大和七年（833）	秋	宣州大水，害稼。	新唐書卷 36 五行志
11	會昌元年（841）	七月	江南大水。	新唐書卷 36 五行志
12	咸通七年（866）	夏	江淮大水。	新唐書卷 36 五行志
13	大順元年（890）	五月	孫儒軍於黃池，五月，大水，諸營皆沒，乃還揚州。	資治通鑑〔註18〕唐紀卷 258
14	後晉高祖天福七年（942）	六月	宣、歙州大雨漲溢。	南唐書〔註19〕卷 1
15	南唐昇元六年（943）	六月	宣州大水漲溢。	寧國府志〔註20〕卷 1
16	南唐元宗保大元年（943）	秋、冬	是歲（943），春夏旱，秋冬水，蝗大起，東自海壖，西距隴坻，南逾江、湖，北抵幽薊，原野、山谷、城郭、廬舍皆滿，竹木葉俱盡。	資治通鑑唐紀卷 283

〔註17〕（宋）王溥，《唐會要》，上海：上海古籍出版社，2006 年。
〔註18〕（宋）司馬光，《資治通鑑》，北京：中華書局，2005 年。
〔註19〕（宋）陸游，《南唐書》，收錄於傅璇琮、徐海榮、徐吉軍主編，《五代史書彙編》，〈丙編·十國史〉，杭州：杭州出版社，2004 年。
〔註20〕（清）魯銓等修、洪亮吉等纂《寧國府志》，徵引自《十國春秋·烈祖紀》，嘉慶 20 年（1815）補修，民國八年（1919）重印本。

表 2-2：唐五代鄂岳地區大雨災害記錄表

項次	時　　間	月份／季節	記　　錄	資料來源
1	貞觀八年（634）	七月	山東、河南、淮南大水，遣使賑恤。	舊唐書卷 3 太宗紀
2	貞觀八年（634）	缺載	江淮多大水。	舊唐書卷 72 盧世南傳
3	大曆二年（767）	秋	①河東、河南、淮南、浙江東西、福建等道五十五州奏水災。 ②湖南及河東、河南、淮南、浙東西、福建等道州五十五水災。	①舊唐書卷 11 代宗紀 ②新唐書卷 36 五行志
4	貞元二年（786）	夏	①淮南江河泛溢。 ②淮南江河溢。	①舊唐書卷 37 五行志 ②新唐書卷 36 五行志
5	貞元八年（792）	缺載	關東、淮南、浙西州縣大水，壞廬舍，漂殺人。	新唐書卷 165 權德輿傳
6	貞元八年（792）	八月	①以天下水災，分命朝臣宣撫賑貸。河南、河北、山南、江淮凡四十餘州大水，漂溺死者二萬餘人。 ②自江淮及荊、襄、陳、宋至於河朔州四十餘，大水，害稼，溺死二萬餘人，漂沒城郭廬舍。	①舊唐書卷 13 德宗紀 ②新唐書卷 36 五行志
7	元和九年（814）	秋	岳、安等州大水，害稼。	新唐書卷 36 五行志
8	長慶四年（824）	十一月	岳州水傷稼。	舊唐書卷 13 德宗紀
9	大和四年（830）	夏	①鄂岳大水，害稼。 ②淮南大水及蟲霜，並傷稼。 ③是歲（830），京畿、河南、江南、荊襄、鄂岳、湖南等道大水，害稼，出官米賑給。	①新唐書卷 36 五行志 ②舊唐書卷 17 文宗紀 ③舊唐書卷 17 文宗紀

10	大和五年（831）	缺載	岳鄂大水，害稼。	新唐書卷36五行志
11	大和八年（834）	缺載	淮南、兩浙、黔中水為災，民戶流亡。	舊唐書卷17文宗紀
12	開成三年（838）	夏	鄂州大水。	新唐書卷36五行志
13	咸通七年（866）	夏	江淮大水。	新唐書卷36五行志
14	南唐明宗長興三年（932）	六月	甲子，安州大水。	舊五代史〔註21〕卷43天文志
15	南唐元宗保大元年（943）	秋、冬	是歲（943），春夏旱，秋冬水，蝗大起，東自海壖，西距隴坻，南逾江、湖，北抵幽薊，原野、山谷、城郭、廬舍皆滿，竹木葉俱盡。	資治通鑑唐紀卷283

前述說過，季風區內，大部分的雨降落在夏季或者秋季〔註22〕，且季風氣候的降雨特性是「連續雨」以及「雷雨」（局部性暴雨），發生機率最高的時間點便是在夏季連續雨的前後期〔註23〕。C.S.Ramage 在分析亞洲季風氣候夏季的降雨量時，把華南與華中的區分界線設定在北緯26°～27°，因為當太平洋高壓的極鋒在中國的華南地區開始減弱，雨量開始降低時，便逐漸北移到了長江流域〔註24〕，而位於北緯 28.5°～32.5°的宣歙及鄂岳地區，就這麼進入了梅雨季節。從表 2-1 及 2-2 可以看出這兩個地區的大雨發生時間集中在夏季與秋季初。宣歙地區發生大水共十七件〔註25〕，其中月份缺載的有二件，明確記錄發生在夏、秋兩季的共十二件，因此宣歙地區在夏、秋兩季發生大水的機率為 80%〔註26〕（請參見下圖 2-3）；而鄂岳地區發生大水共十五件〔註27〕，其中月份缺載的有四件，明確記錄發生在夏、秋兩季的共 9 件，因此鄂岳地區在夏、秋兩季發生大水的機率為 82%〔註28〕（請參見下圖 2-4）；兩區由於緯度相近，因此在降雨季節的分配上十分相似，從這裡可看出副熱帶季風氣候對這兩區的季節性暴雨的確集中在夏、秋兩季。

〔註21〕（宋）薛居正等，《舊五代史》，北京：中華書局，2003 年。
〔註22〕《季風氣象學》，頁 24。
〔註23〕《季風氣象學》，頁 113～125。
〔註24〕《季風氣象學》，頁 208。
〔註25〕表 2-1 項次 16 的史料記錄由於包含秋、冬兩個季節，因此以兩件計算。
〔註26〕此數值為母數 15 件與子數 12 件進行估算後的結果。
〔註27〕表 2-2 項次 14 的史料記錄由於包含秋、冬兩個季節，因此以兩件計算。
〔註28〕此數值為母數 11 件與子數 9 件進行估算後的結果。

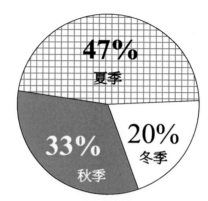

圖 2-3：宣歙地區水患發生季節比例圖

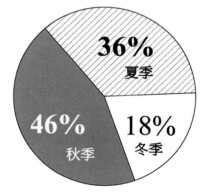

圖 2-4：鄂岳地區水患發生季節比例圖

另外在貞觀八年（634）、貞元八年（792）、元和九年（814）、大和四年（830）、咸通七年（866）、後唐保大元年（943）這六個年份中，宣歙及鄂岳地區皆同時發生水患，機率達 30%。（請參見下表 2-3）

表 2-3：唐五代宣歙及鄂岳地區水災年表〔註29〕

年份 地區別	貞觀八年 (634)	永徽元年 (650)	顯慶元年 (656)	大曆二年 (767)	貞元四年 (788)	貞元八年 (792)	元和九年 (814)	長慶四年 (824)	大和四年 (830)	大和五年 (831)	大和七年 (833)	大和八年 (834)	開成三年 (838)	會昌元年 (841)	咸通七年 (866)	大順元年 (890)	南唐明宗長興三年 (932)	後晉高祖天福七年 (942)	南唐元宗保大元年 (943)	南唐昇元六年 (943)
宣歙地區	●	●	●		●	●	●		●			●			●	●		●	●	●
鄂岳地區	●			●		●	●		●				●		●	●			●	

〔註29〕此表依據表 2-1 及 2-2 之資料所製。

　　唐人常有詩句形容季風與梅雨的關係：「棟花開後風光好，梅子黃時雨意濃」〔註30〕。梅子成熟時節約為五、六月，這時期的雨水非常豐沛，故五、六月份下的雨水就被稱為「梅雨」；白居易更形容鄂岳地區的蘄州黃梅縣梅雨來臨的月份：

> 黃梅縣邊梅雨，白頭浪裡白頭翁。九江闊處不見岸，五月盡時多惡風。〔註31〕

形容在五月末時風大雨多的狀態，這都跟東亞地區副熱帶季風氣候有關。

　　而表 2-1、2-2 所見史書上記載的「大水」，到底多大量的水，足以被史官記錄為大水呢？「按《圖經》：「汨冬水二尺，夏九尺，則為大水也」〔註32〕。《圖經》中說的「尺」的丈量方式為何？根據《四時纂要》記載：

> 常以入節日日中時，立一丈表竿度影：得一尺，大疫，大旱，大暑，大飢；二尺，赤地千里；三尺，大旱；四尺，小旱；五尺，下田熟；六尺，高下熟；七尺，善；八尺，澇；九尺及一丈，大水。〔註33〕

這是古人在有節氣日的正中午，以竿子測量日影的高度去預測來年氣候的一種方式。這種量測方式在魏晉南北朝時已有記錄，時人選擇在冬至當天正中午測量日影，所謂「冬至日，做赤豆粥，以禳疫。量日影」〔註34〕。而為什麼冬季兩尺深的水就稱呼為大水？而夏季必須有九尺高才算大水呢？

> 周禮大司徒職：「以土圭之法，測土深，正日景，以求地中。」此則渾天之正說，立儀象之大本。故云：「日南則景短多暑，日北則景長多寒，日東則景夕多風，日西則景朝多陰。日至之景，尺有五寸，謂之地中。天地之所合也，四時之所交也，風雨之所會也，陰陽之所和也。然則百物阜安，乃建王國焉。」〔註35〕

〔註30〕（清）彭定求等編，《全唐詩》（北京：中華書局，2003 年），卷 796，〈無名氏〉，頁 8965。

〔註31〕（唐）白居易，《白居易詩集校注》（北京：中華書局，2006 年），卷 20，〈九江北岸遇風雨〉，頁 1595。

〔註32〕（清）董誥等編，《全唐文》（山西：山西教育出版社，2002 年），卷 719，蔣防〈汨羅廟記〉，頁 4365。

〔註33〕（唐）韓鄂，《四時纂要》（北京：農業出版社，1981 年），繆啟愉校釋本，〈正月〉，頁 7。

〔註34〕（梁）宗懍撰、王毓榮校注，《荊楚歲時記校注》（臺北：文津出版社，1992 年），頁 226。

〔註35〕（唐）魏徵、另狐德棻，《隋書》（北京：中華書局，2002 年），卷 19，〈天文志〉，頁 522。

> 正義鄭玄云：「謂晝漏半而置土圭表陰陽，審其南北也。影短於土圭
> 謂之日南是也，是地於日為近南也；長於土圭謂之日北，是地於日
> 為近北也。」〔註36〕

原來戰國時代的人就利用一種叫「土圭」的玉器，來測量日影的長短。「景」，
影也。透過「測土深」所產生的日影長度，求得「地中」，也就是不東、不西、
不南、不北之地。而在夏至太陽直射北迴歸線時測得的影長為一尺五寸，代表
這是夏至影長的基準數，若當年量測的影長短於此數，表示來年氣候將較今年
寒冷，若影長長度超過此數，表示來年氣候較今年溫暖，而在冬至日時量測則
與夏至相反。由此推知，若冬至當時所量測出的影長為九尺，可見來年的氣候
不但非常溫暖，而且大雨成災的機率增加許多：

> 凡春夏影短為旱，長為病，為水；秋冬短為旱，長為水、霜、雷。
>
> 〔註37〕

因此《圖經》中所記載的「大水」便是古人透過立竿見影的測量方式的基準，
對來年氣候的一種預測。唐初時也曾以同樣的作法測過日影：

> 儀鳳四年（679）五月，太常博士、檢校太史令姚元辯奏：於陽城
> 測影臺，依古法立八尺表，夏至日中測影有一尺五寸，正與古法
> 同。〔註38〕

可見唐代在夏至時所測量出的日影長度一樣為一尺五寸，與古代相去不遠。

三、季風帶來的旱災與饑荒

　　季風氣候除了帶來濕潤的雨水，也帶來相對明顯而乾燥的炎熱高溫，唐人
張籍就曾以「江南熱旱天氣毒」〔註39〕詩句形容過江南地區酷熱的氣候。與水
災發生的次數相較，旱災在這兩個地區的記錄相對的高很多，偶而伴隨著蝗蟲
而來，造成因蟲害稼，無米可食。表2-4、2-5即為唐五代時期宣歙及鄂岳地區
的旱災記錄表：

〔註36〕（漢）司馬遷，《史記三家注》（臺北：七略出版社，1985年），卷27，〈天官
　　　　書第五〉，頁520。

〔註37〕《四時纂要》，〈正月〉，頁7。

〔註38〕《唐會要》，卷42，〈測景〉，頁884。

〔註39〕《全唐詩》，卷382，張籍〈江村行〉，頁4291～4292。

表 2-4：唐五代宣歙地區旱災記錄表

項次	時　間	月份／季節	記　錄	資料來源
1	總章元年（668）	缺載	①京師及山東、江淮大旱。 ②是歲，京師及山東、江、淮旱、饑。	①新唐書卷 35 五行志 ②資治通鑑唐紀卷 201
2	長壽元年（692）	五月	江淮旱，饑。	資治通鑑唐紀卷 205
3	永貞元年（805）	十一月	潤、池、揚、楚、湖、杭、睦、江等州旱。	舊唐書卷 14 憲宗紀
4	永貞元年（805）	十二月	辛巳，宣、撫、和、郴、鄆、袁、衢七州旱。	舊唐書卷 14 憲宗紀
5	元和元年（806）	缺載	時江淮旱，穀踴貴，或請抑其價，（盧）坦曰：「所部（宣州）地狹，穀來他州，若直賤，穀不至矣，不如任之。」	新唐書卷 159 盧坦傳
6	元和三年（808）	缺載	①是歲（808），淮南、江南、江西、湖南、山南東道旱。 ②淮南、江南、江西、湖南、廣南、山南東西皆旱。	①舊唐書卷 14 憲宗紀 ②新唐書卷 35 五行志
7	元和四年（809）	正月	①南方旱饑。庚寅，命左司郎中鄭敬等為江、淮、二浙、荊、湖、襄、鄂等道宣慰使，賑卹之。 ②淮南、浙西、江西、江東旱。	①資治通鑑唐紀卷 237 ②新唐書卷 35 五行志
8	元和五年（810）	缺載	江淮旱，浙東、西尤甚。	新唐書卷146李棲筠傳
9	推估為元和二年～五年（807～810）間	缺載	時江淮大旱。	新唐書卷152李絳傳
10	元和六年（811）	缺載	（元和七年，西元 812 年，五月）庚申，上謂宰臣曰：「卿等言吳越去年水旱，昨有御史自江淮迴，言不至為	舊唐書卷 14 憲宗紀

			災,人非甚困。」李絳對曰：「臣得兩浙、淮南狀,繼言歙旱。」	
11	長慶二年（822）	七月	①七月,時江、淮旱。 ②江、淮旱。 ③閏十月甲寅,詔:「江淮諸州旱損頗多,所在米價不免踴貴,眷言疲困,須議優矜。宜委淮南、浙西東、宣歙、江西、福建等道觀察使,各於當道有水旱處,取常平義倉斛斗,據時估減半價出糶,以惠貧民。」 ④是時(推估為長慶二年,西元822年),南方旱歉,人相食,播措斂不少衰,民皆怨之。	①舊唐書卷167竇易直傳 ②新唐書卷151竇易直傳 ③舊唐書卷16穆宗紀 ④新唐書卷167王播傳
12	長慶三年（823）	三月	癸亥,淮南、浙東西、江南、宣歙旱,遣使宣撫,理繫囚,察官吏。	新唐書卷8穆宗紀
13	寶曆元年（825）	秋	①是歲（825）,淮南、浙西、宣、襄、鄂、潭、湖南等州旱災傷稼。 ②荊南、淮南、浙西、江西、湖南及宣、襄、鄂等州旱。	①舊唐書卷17敬宗紀 ②新唐書卷35五行志
14	推估為唐穆、敬宗年間（821～826）	缺載	時宣、歙旱。	新唐書卷177錢徽傳
15	大和五年（831）	缺載	溫固諫:「今河南水,江淮旱歉,京師雪積五尺,老稚凍僕,此非崇飾虛名時。」	新唐書卷169韋貫之傳
16	大和六年（832）	缺載	時江淮旱,用度不支,詔宰相分領度支、戶部。	新唐書卷137郭子儀傳
17	大和八年（834）	夏	江淮及陝、華等州旱。	新唐書卷35五行志
18	推估為宣宗初年（847）	缺載	江淮旱,發倉廩賑流民,以軍羨儲殺半價與人。	新唐書卷182李玨傳

19	咸通九年（868）	缺載	①是歲（868），江、淮蝗食稼，大旱。 ②江淮旱。 ③是歲（868），江、淮旱，蝗。	①舊唐書卷 19 懿宗紀 ②新唐書卷 35 五行志 ③資治通鑑唐紀卷 251
20	中和四年（884）	缺載	江南大旱，饑，人相食。	新唐書卷 35 五行志
21	南唐元宗保大元年（943）	春、夏	是歲（943），春夏旱，秋冬水，蝗大起，東自海壖，西距隴坻，南逾江、湖，北抵幽薊，原野、山谷、城郭、廬舍皆滿，竹木葉俱盡。	資治通鑑唐紀卷 283

從表 2-4 統計出整個唐五代時期，宣歙地區旱災的紀錄共計二十二條〔註40〕，明確記載為宣歙旱災的佔了 23%，其餘以「江淮」或「江南」等字記載。若以旱災發生的季節來看，除去缺載的十二條史料之外，春季發生的比例佔了 27%、夏季佔 37%最高、秋冬兩季各佔 18%，大致春夏與秋冬的季節變化相似。（請參見下圖 2-5）；扣除唐初的總章元年（668）與長壽元年（692），其餘二十條史料都是中晚唐發生的，從永貞元年（805）至後唐元宗保大元年（943）共 139年中，平均每 6.95 年就要發生一次旱災〔註41〕。其中咸通九年（868）還伴隨蝗蟲害稼現象產生。

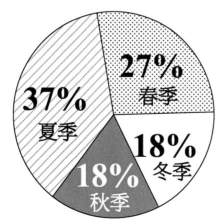

圖 2-5：宣歙地區旱災發生季節比例圖

　　而鄂岳地區在唐五代發生旱災記錄如下：

〔註40〕表 2-4 項次 21 的史料記錄由於包含春、夏兩個季節，因此以兩條計算。
〔註41〕該計算已去除項次 1、2、9，因此共計 18 條史料進行估算。

表 2-5：唐五代鄂岳地區旱災記錄表

項次	時　間	月份／季節	記　錄	資料來源
1	總章元年（668）	缺載	①京師及山東、江淮大旱。 ②是歲（668），京師及山東、江、淮旱、饑。	①新唐書卷35五行志 ②資治通鑑唐紀卷201
2	長壽元年（692）	五月	江淮旱，饑。	資治通鑑唐紀卷205
3	神功元年（697）	缺載	黃、隋等州旱。	新唐書卷35五行志
4	大曆七年（772）	十月	①乙亥，以淮南旱，免租、庸三之二。 ②淮南旱。	①新唐書卷6代宗紀 ②全唐文卷784秘書監致仕穆公玄堂誌
5	貞元六年（790）	夏	①淮南、浙東西、福建等道旱，井泉多涸，人渴乏，疫死者眾。 ②淮南、浙西、福建等道大旱，井泉竭，人渴且疫，死者甚眾。	①舊唐書卷13德宗紀 ②新唐書卷35五行志
6	永貞元年（805）	秋	江浙、淮南、荊南、湖南、鄂岳陳許等二十六州，旱。	新唐書卷35五行志
7	永貞元年（805）	十二月	鄂、岳、婺、衡等州旱。	舊唐書卷14憲宗紀
8	元和三年（808）	秋	①是歲（808），淮南、江南、江西、湖南、山南東道旱。 ②淮南、江南、江西、湖南、廣南、山南東西皆旱。 ③秋，淮南、浙西、江西、江東旱。	①舊唐書卷14憲宗紀 ②新唐書卷35五行志 ③新唐書卷35五行志
	元和四年（809）	正月	南方旱饑。庚寅，命左司郎中鄭敬等為江、淮、二浙、荊、湖、襄、鄂等道宣慰使，賑卹之。	資治通鑑唐紀卷237
9	元和四年（809）	秋	淮南、浙西、江西、江東旱。	新唐書卷35五行志

10	元和五年（810）	缺載	江淮旱，浙東、西尤甚。	新唐書卷 146 李棲筠傳
11	推估為元和二年～五年（807～810）間	缺載	時江淮大旱。	新唐書卷 152 李絳傳
12	長慶二年（822）	七月	①七月，時江、淮旱。 ②江、淮旱。 ③是時，南方旱歉，人相食，播掊斂不少衰，民皆怨之。	①舊唐書卷 167 竇易直傳 ②新唐書卷 151 竇易直傳 ③新唐書卷 167 王播傳
13	寶曆元年（825）	缺載	是歲（825），淮南、浙西、宣、襄、鄂、潭、湖南等州旱災傷稼。	舊唐書卷 17 敬宗紀
14	大和五年（831）	缺載	溫固諫：「今河南水，江淮旱歉，京師雪積五尺，老稚凍僕，此非崇飾虛名時。」	新唐書卷 169 韋貫之傳
15	大和六年（832）	缺載	時江淮旱，用度不支，詔宰相分領度支、戶部。	新唐書卷 137 郭子儀傳
16	大和八年（834）	夏	江淮及陝、華等州旱。	新唐書卷 35 五行志
17	推估為開成元年（836）	缺載	以淮南諸道累歲大旱，租賦不登，國用多闕。	舊唐書卷 165 郭承嘏傳
18	推估為宣宗初年（847）	缺載	江淮旱，發倉廩賑流民，以軍羨儲殺半價與人。	新唐書卷 182 李玨傳
19	咸通三年（862）	五月	夏，淮南、河南蝗旱，民饑。	舊唐書卷 19 懿宗紀
20	咸通九年（868）	缺載	①是歲（868），江、淮蝗食稼，大旱。 ②是歲，江、淮旱，蝗。	①舊唐書卷 19 懿宗紀 ②資治通鑑唐紀卷 251
21	南唐元宗保大元年（943）	春、夏	是歲（943），春夏旱，秋冬水，蝗大起，東自海壖，西距隴坻，南逾江、湖，北抵幽薊，原野、山谷、城郭、廬舍皆滿，竹木葉俱盡。	資治通鑑唐紀卷 283

鄂岳地區的旱災記錄與宣歙類似，在表 2-5 中，季節缺載的部估了 50%，明確記錄鄂岳地區旱災的只有 25%，其餘以「江淮」或「淮南」等字記載。以四季旱災發生率統計，可發現鄂岳地區的夏、秋兩季比率較高。（請參見下圖 2-6）

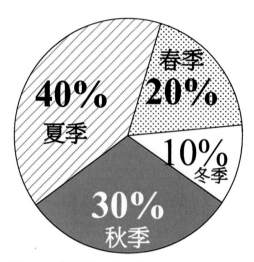

圖 2-6：鄂岳地區旱災發生季節比例圖

除去缺載季節的史料外，以母數十件進行估算，春季與冬季分別僅佔 20%及10%，發生率較低，夏季與秋季各佔了 40%及 30%（見上圖 2-6），與宣歙地區比起來略有差異。而與宣歙地區雷同的是除了唐初總章元年（668）、長壽元年（692）、神功元年（697）三次旱災記錄之外，從貞元六年（790）至南唐元宗保大元年（943）共一百五十四年中，平均每十一年就發生一次旱災。（請參見下表 2-6）

表 2-6：唐五代宣歙及鄂岳地區旱災年表〔註42〕

年份 / 地區別	總章元年 (668)	長壽元年 (692)	神功元年 (697)	貞元六年 (790)	永貞元年 (805)	元和元年 (806)	元和二年 (807)	元和三年 (808)	元和四年 (809)	元和五年 (810)	元和六年 (811)	長慶二年 (822)	長慶三年 (823)	寶曆元年 (825)	大和五年 (831)	大和六年 (832)	大和八年 (834)	開成元年 (836)	宣宗初年 (847)	咸通三年 (862)	咸通九年 (868)	中和四年 (884)	南唐元宗保大元年 (943)
宣歙地區	●	●		●	●	●	●	●		●		●		●	●	●			●		●	●	●
鄂岳地區	●	●	●	●	●		●	●		●	●		●	●	●	●		●		●	●		●

由上表 2-6 可以發現，宣歙及鄂岳地區在旱災發生的年份上，有 60.8%的機率同時發生，通常這些年份的災情規模都較大，並擴及兩個地區；如：總章元年

〔註42〕此表依據表 2-4 及 2-5 資料所製。

（668）、長壽元年（692）、永貞元年（805）、元和二年（807）、元和三年（808）、元和四年（809）、元和五年（810）、長慶二年（822）、寶曆元年（825）、大和五年（831）、大和六年（832）、宣宗初年（847）、咸通九年（868）、後唐元宗保大元年（943），尤其是唐憲宗、唐穆宗、唐敬宗之際，發生的旱災規模都很龐大，災害連年。白居易就曾記錄：

> 皇帝嗣寶曆，元和三年（808）冬。自冬及春暮，不雨旱爐爐。〔註43〕

就是形容在元和三年（808）整個淮南地區冬季大旱無雨的狀況。

四、自然災害對農作的影響

在季風氣候的影響下，此區集中性水災發生的狀態如上所述。大水發生的頻繁不僅表示氣候的溫暖與熱帶氣旋雨帶來的豐沛水量，在記載上便常見因大水而害稼的現象。表 2-1、2-2 整個唐五代宣歙與鄂岳地區的大水記錄中，共計二十八條史料，明確記載因大水而導致害稼的就有七條，佔了 23%。水稻雖然適合在雨量充足的地方生長，但若將水稻的生長期詳細區分為插秧期、本田期、成熟期，最需要水量的只有在插秧期，其餘兩期所需雨量不多，日照的高溫反而有助於結實。而季風所帶來的季節性雨水容易量大成災，若在本田期淹水，稻米容易生稻麴病，且容易倒狀〔註44〕；若在成熟期受到澇災，稻米根部甚至會腐壞；連續性的降雨相對的日光也較為微弱，濕度過大將導致稻穗發芽。因此本區雖然在氣候上溫暖適宜種植稻米，但也因季風氣候所帶來的雨水集中在特定月份，也造成水災導致無法順利收成的窘境。

除了水災之外，旱災也影響了收成狀況。常見伴隨旱災而來的，是蝗災。蝗蟲由於生長條件的限制，主要以河北為多，在淮南較少為害、江南更是少見〔註45〕。然而一旦在接近收成的季節遭受蝗災，對農作的影響甚大，來年便可預見饑荒的現象。例如在咸通三年（862）五月：「夏，淮南、河南蝗旱，民饑」〔註46〕、六月「淮南、河南蝗」〔註47〕、南唐元宗保大元年（943）春、夏兩季也有旱蝗的現象：

〔註43〕《全唐詩》，卷424，白居易〈賀雨〉，頁4653。
〔註44〕盧守耕，《稻作學》（臺北：正中書局，1960年），頁237～239。
〔註45〕劉洋，《唐代黃河、長江流域的水患與蝗災》，首都師範大學碩士學位論文，2004年。
〔註46〕《舊唐書》，卷19，〈懿宗紀〉，頁652。
〔註47〕《新唐書》，卷36，〈五行志〉，頁940。

是歲，春夏旱，秋冬水，蝗大起，東自海壖，西距隴坻，南逾江、
湖，北抵幽薊，原野、山谷、城郭、廬舍皆滿，竹木葉俱盡。〔註48〕

整個唐五代時期宣歙與鄂岳地區因乾旱受到蝗蟲攻擊農作的情形，宣歙地區
僅一則，而鄂岳地區也僅二則，與河北地區相較比率低很多。但在以農業為主
要產業活動的時代，農夫若面臨乾旱與蝗蟲的災害，想必並不十分好受。戴叔
倫在〈屯田詞〉中描寫農夫碰到乾旱又蝗蟲過境時百般無奈的心情：

春來耕田遍沙磧，老稚欣欣種禾麥。麥苗漸長天苦晴，土乾確確鋤
不得。

新禾未熟飛蝗至，青苗食盡餘枯莖。捕蝗歸來守空屋，囊無寸帛缾
無粟。〔註49〕

詩中形容春季時農夫辛勤的播種，等到麥苗進入本田期，需要大量的水分灌溉
時，不但碰上了乾旱，還遇上了蝗蟲肆虐，導致無稼可收的處境。白居易也形
容旱田：「旱日與炎風，枯燋我田畝」〔註50〕，季風氣候對於此區的影響可見
一斑。

另外此兩區關於霜雪的紀錄僅有二則，且在記錄上都是屬於鄂岳地區的
淮南，分別是在開元十一年（723）與光啟二年（886），而宣歙地區在遍尋史
料後不見其有任一霜雪的記載。

表 2-7：唐五代鄂岳地區雪災記錄表

項次	時 間	月份／季節	記 錄	資料來源
1	開元十一年（723）	十一月	自京師至於山東、淮南大雪，平地三尺餘。	舊唐書卷 8 玄宗紀
2	光啟二年（886）	十一月	淮南陰晦雨雪，至明年二月不解。	新唐書卷 36 五行志

筆者認為除了此區因緯度的緣故，非主要降雪區之外，也跟前述提到的原因
有關；而開元十一年（723）在記錄上還包含了「京師」兩字，若非該年的大
雪自京師蔓延至淮南地區，該條史料是否被記載下來仍是未知數。第二條史
料的記載則是光啟二年（886）十一月的大雪一直到隔年（887）二月才解除，
總共長達三個月的積雪，對淮南地區來說是罕見的現象，因而被五行志記載

〔註48〕《資治通鑑》，卷283，〈後晉紀〉，頁9257～9258。
〔註49〕《全唐詩》，卷273，戴叔倫〈屯田詞〉，頁3071。
〔註50〕《白居易詩集校注》，卷1，〈夏旱〉，頁1。

下來。由於僅有兩條史料，因此霜雪對於該區在農作上尚不足以構成傷害與影響。

第二節　人口變動狀態與原因

一、時間斷限與年份界定

　　由於唐五代宣歙及鄂岳地區戶、口數現存史料的侷限，戶數僅記載至元和年間，口數僅有貞觀、天寶年間之數據提供分析，加上宣歙地區的池州於永泰元年（765）才增設，因此本節所分析之時間斷限僅至元和年間為止。此外，為了方便統計每年增加／減少之戶口數，因此對於唐代史書人口記載年份在此先做說明：例如《舊唐書・地理志》所記載之貞觀戶與天寶戶，目前學界多認為是貞觀十三年（639）與天寶十一載（752），而《通典》所記載之天寶戶的認定為天寶元年（742），另外《元和郡縣圖志》所記載之開元戶及元和戶分別為開元十七年（729）及元和四年（809）。（詳請參閱附表一）

二、宣歙地區的人口變動

（一）在唐五代人口史上的地位

　　經濟發展程度的高低與人口數量的多寡一直有緊密的關連性，位於長江下游的宣歙地區在中晚唐時成為帝國每年稅賦的來源之一，顯示人口的豐足與經濟實力的不容小覷。長江流域的經濟開發自三國起便不曾間斷，至東晉南朝時，貨幣使用範圍已擴及到整個長江流域及漢水流域，足見當時經濟高度發達的狀態〔註51〕。經濟的發展需要大量人口的支撐，中國人口大量南徙始自東晉南朝，唐五代時期中原戰爭紛擾，北人更大舉南遷。隨著人口的移動，經濟區也逐漸從北方的黃河流域，轉至長江流域；到南宋時，中國完成整個經濟重心的轉移，經濟空間的移轉同時也帶動了區域文化與產業在發展上的連動性。而位於長江下游的宣歙地區，至唐末五代終於站穩經濟發展的腳步，加上人口的增加對於在產業上不斷的開發茁壯，明清之際終於有了徽商的出現。因此研究唐五代時期宣歙地區的人口變動狀態，除了證實該區承接東晉南朝以來的經濟成長，也能後啟明清徽商在時代脈絡中曾經走過的軌跡與背景。

〔註51〕請參閱王怡辰師，《魏晉南北朝貨幣交易和發行》（臺北：文津出版社，2007年）一書，第二章〈魏晉南朝的貨幣發行〉，頁28。

（二）變動狀態與數字分析

關於宣歙地區戶、口數的分佈與變動，目前學界討論的較為詳盡的為中國學者陳勇先生，但陳勇在提到宣歙地區人口的變動狀態時，提出宣歙地區在貞觀十三年（639）至天寶元年（742）這段期間內為長江下游地區戶數成長「速度最快」的說法〔註52〕，陳勇先生以宣歙地區在天寶元年（742）與貞觀十三年（639）的數據計算，得出「增戶率」為458.6%，為全區〔註53〕之首，他並以此認定宣歙區是四區中增長「速度最快」的地區，這與筆者的看法相左。因為若要討論該區域戶口數之「增加速度」，不應以「增戶率」作為指標，而應以「年平均增戶數」為評判之標準。因為「增戶率」僅能代表該區在特定時間內所增加的「幅度」，而非「速度」。陳勇先生的分析方式忽略了唐代史書所記載的資料，其起始計算數字之基準點不同的問題。筆者以陳勇先生在其書表9-2「貞觀十三年（639）、天寶元年（742）長江下游地區各州戶口數和每戶平均口數表」〔註54〕所提供之淮南區、浙西區、浙東區、宣歙區之戶數，計算其「年平均增戶數」，得出從貞觀十三年（639）至天寶元年（742）這一百零三年之間，淮南區平均每年增加二千二百六十四戶、浙西區平均每年增加三千六百九十三戶、浙東區平均每年增加四千一百八十九戶、宣歙區平均每年增加一千二百七十一戶，因此宣歙區應是此四區中增加戶數最慢的地區，而非最快。而陳勇先生算出的458.6%增長率應是作為增加「幅度」最大的指標，不應用以指「速度」。另外，現存史料中，唐代存有戶數的五個資料分別是貞觀十三年（639）、開元十七年（729）、天寶元年（742）、天寶十一載（752）及元和四年（809），這五個年份的資料時間最短相差10年，最長相差九十年不等，目前唐代經濟史學者在針對人口問題的研究上，許多學者僅注意到增加率，忽略了時間長短的影響。因此筆者認為宣歙地區的戶口數增／減狀態應值得重新商榷。

〔註52〕陳勇，《唐代長江下游經濟發展研究》一書第九章〈唐代長江下游的人口分佈與變遷〉，頁343。

〔註53〕「全區」兩字在陳勇《唐代長江下游經濟發展研究》一書中，是以長江下游之「淮南區」（包含：揚州、楚州、滁州、和州、濠州、廬州、壽州、舒州）、「浙西區」（包含：潤州、常州、蘇州、湖州、杭州、睦州）、「浙東區」（包含：越州、明州、台州、處州、婺州、衢州、溫州）、「宣歙區」（包含：宣州、歙州、池州）為主要論述範圍。

〔註54〕陳勇，《唐代長江下游經濟發展研究》，頁340～341。

　　宣歙地區一共包含宣州、歙州及池州，唐代人口的變動狀態可依時間區分為三個時期：第一期：貞觀十三年（639）至開元十七年（729）、第二期：開元十七年（729）至天寶元年（742）、第三期：天寶元年（742）至元和四年（809）。自第一期（639～729）開始，宣、歙兩州的戶數就已有相當的成長；先從增戶的數目來看，宣州在這 90 年中戶數共增加了六萬四千六百九十四戶，歙州則增加了二萬五千九百四十戶；而以平均年增戶數計算，從貞觀十三年（639）至開元十七年（729）共計九十年，宣歙地區每年增加的戶數平均為一千零七戶；再檢視其增長倍率，宣州從貞觀至開元年間共成長 2.9 倍，歙州更達 4.3 倍，增長幅度堪稱是三期中最大的一期。（請參閱下表 2-8）若將唐代宣歙地區的戶數變化做成曲線圖，如下圖 2-7 所示：

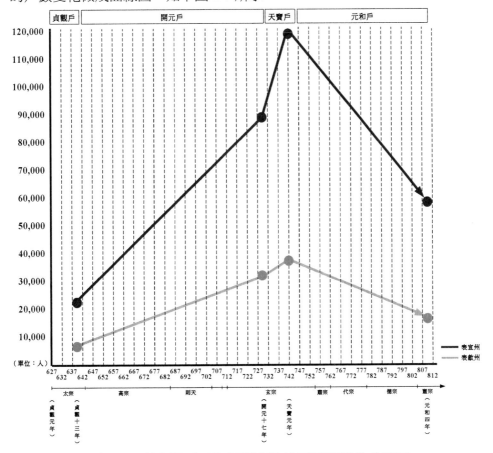

圖 2-7：唐貞觀至元和年間宣歙地區戶數變化曲線圖

表 2-8：宣歙地區貞觀至開元戶數之增減倍率及年平均增戶數表〔註55〕

州　　名	貞觀戶	開元戶	增戶倍率	每年平均增戶數
宣州	22,537	87,231	+2.9 倍	+719
歙州	6,021	31,961	+4.3 倍	+288
池州〔註56〕	————	————	————	————

筆者依據《舊唐書・地理志》中所載之十道戶數統計，得出貞觀年間的全國總戶數為三百零四萬一千八百七十一戶、江南道之總戶數為四十萬三千九百三十九戶，以戶數的多寡排名來看，江南道是全國第三名的道別，佔全國總戶數之 13%，僅次於劍南道與隴右道。

表 2-9：唐貞觀年間全國各道戶數表〔註57〕

關　內	河　南	河　北	河　東	山　南	淮　南	江　南	隴　右	劍　南	嶺　南
398,066	275,618	369,730	271,199	180,724	91,091	403,939	55,956	638,200	357,348

其中，劃屬於江南道的宣歙地區在貞觀年間佔整個江南道總戶數比的 7%，若與全國戶數相比，僅佔全國總戶數的 0.9%。

表 2-10：唐貞觀年間宣歙地區戶數佔江南道及全國之比例表

地　區	戶　　數	佔江南道〔註58〕總戶數比	佔全國〔註59〕總戶數比
宣歙地區	28,558	7%	0.9%
宣州	22,537	5.5%	0.7%
歙州	6,021	1.5%	0.2%

若就口數來看，貞觀年間的總口數為一千二百三十五萬一千六百八十一口，而江南道總口數就有一百九十五萬九千五百一十口，在全國口數排名第二，僅次於劍南道。

〔註55〕表 2-8 之戶數資料來源：貞觀戶為《舊唐書・地理志》卷 40，頁 1602 及頁 1595；開元戶為《元和郡縣圖志》，卷 28，頁 680。

〔註56〕因為池州是在永泰元年（765）才編入，因此筆者在表格中涉及關於天寶時的戶口數時，池州將不列入計算。

〔註57〕本表之資料來源來自《舊唐書・地理志》，卷 38～41。

〔註58〕貞觀年間江南道之總戶數為 403,939 戶，此數依據表 2-9 之數據。

〔註59〕貞觀年間全國戶數總計共 3,041,871 戶，此數依據表 2-9 十道戶數總和所製。

表 2-11：唐貞觀年間全國各道口數表〔註60〕

關　內	河　南	河　北	河　東	山　南	淮　南	江　南	隴　右	劍　南	嶺　南
1,744,628	1,169,214	1,589,320	998,493	787,697	405,737	1,959,510	198,222	2,856,679	642,181

其中宣歙地區在貞觀年間的口數共計十二萬二千三百七十口，在整個江南道口數中佔 6.2%，佔全國口數之 0.9%。

表 2-12：貞觀年間宣歙地區口數佔江南道及全國之比例表

地　區	口數〔註61〕	佔江南道〔註62〕總口數比	佔全國〔註63〕總口數比
宣歙地區	122,370	6.2%	0.9%
宣州	95,753	4.8%	0.7%
歙州	26,617	1.3%	0.2%

從表 2-10 與表 2-12 可以發現到，貞觀年間時，宣歙地區無論是戶數或者口數，在江南道中所佔的比例與在全國總戶、口數中所佔的比例均很相近。就戶口比來說，無論是宣州或歙州，戶口比均為 1：4，與此時的全國總戶口比 1：4 相同。

表 2-13：唐宣歙地區貞觀戶口比例表

州　名	貞觀戶	貞觀口	貞觀戶口比
宣州	22,537	95,753	4／戶
歙州	6,021	26,617	4／戶
池州	—	—	—

　　到了第二期開元十七年（729）至天寶元年（742）間，以增戶百分比來看，宣州僅增長了 34%，歙州也僅增加了 24%。

〔註60〕本表之資料來源來自《舊唐書・地理志》，卷 38～41。
〔註61〕表 2-12 口數之資料來源為《舊唐書・地理志》，卷 40，頁 1602 及頁 1595。
〔註62〕貞觀年間江南道之總口數為 1,959,510 口，此數依據表 2-11 江南道之數據。
〔註63〕貞觀年間全國口數總計共 12,351,681 口，此數依據表 2-11 十道口數總和所製。

表 2-14：宣歙地區開元至天寶戶數之增減百分比及年平均增戶數表

州　　名	開元戶	天寶戶〔註64〕	增戶百分比	每年平均增戶數
宣州	87,231	117,195	+34%	+2140
歙州	31,961	39,757	+24%	+557
池州	———	———	———	———

看似增加的速度已然趨緩，但今若以第二期從開元十七年（729）至天寶元年（742）僅僅十四年之間，宣州就增加二萬九千九百六十四戶，歙州也增加了七千七百九十六戶；平均宣歙地區的年戶數成長為二千六百九十七戶，比第一期的一千零七戶多出了一千六百九十戶，多了 1.67 倍；因此宣歙地區在第二期中，其增長的速度更趨迅速。因此宣歙地區第二期就剛好可以說明：百分比不足以完全當作是認定該地增戶率緩慢或者迅速的工具，應參考並加入每年平均增戶數來討論，才能得出較為恰當的分析。而此時期宣歙地區的整體戶口比，以宣州來說，從 1：4 增加到了 1：7；而歙州，則增加到了 1：6。

表 2-15：宣歙地區天寶戶口比例表

州　　名	天寶戶	天寶口〔註65〕	天寶戶口比
宣州	121,204	884,985	7／戶
歙州	38,320	269,109	6／戶
池州	———	———	———

　　第三期為天寶至元和年間，此時期從天寶元年（742）至元和四年（809），共計六十五年。此時期的戶數平均皆下降了五成。

表 2-16：宣歙地區天寶至元和戶數之增減倍率及年平均減戶數表

州　　名	天寶戶	元和戶〔註66〕	增減戶百分比	每年平均減戶數
宣州	117,195	57,350	-51%	-1,032
歙州	39,757	16,754	-57%	-422
池州	———	17,591	———	———

在這六十五年中，宣州共減少了五萬九千八百四十五戶，歙州共減少了二萬三

〔註64〕表 2-14 之天寶戶，其資料來源為《通典》，卷 181 及卷 182，頁數為 4813 及 4831。
〔註65〕表 2-15 之天寶口，其資料來源為《通典》，卷 181 及卷 182，頁數為 4813 及 4831。
〔註66〕表 2-16 之元和戶數來源為（唐）李吉甫，賀次君點校，《元和郡縣圖志》（北京：中華書局，2005 年），卷 28，頁 680 及 688。

千零三戶,而池州在永泰元年(765)分了宣州、饒州及歙州增設:

> (十月)丁亥,分宣、饒、歙戶口於秋浦縣置池州。〔註67〕

因此若以池州於元和戶之三分之二計算,得一萬一千七百二十七戶,以宣、歙兩州總共減少之數八萬二千八百四十八加上一萬一千七百二十七,得到九萬四千五百七十五戶,此數應較為接近宣、歙兩州減少的戶數。再以歙州僅佔宣州戶數的 38%去分配一萬一千七百二十七,分別得到宣州共減少六萬七千一百一十六戶、歙州共減少二萬七千四百五十九戶;而宣州每年平均減少一千零三十二戶,歙州每年則平均減少四百二十二戶。

總結來說,宣歙地區在人口的變化方面,從貞觀至天寶年間,都是持續不斷的上升的。以增加的幅度來看,宣歙地區增幅最多的是第一期(639～729)、再來是第二期(729～742),最後是第三期(742～809);若以增加的速度來看,增加最快的時期是第二期(729～742),再來是第一期(639～729),最後是第三期(742～809)。

(三)人口變動的原因

由於宣歙地區多山地丘陵,在以農耕為主的時代,先天地理條件對於當地的農業發展有了侷限,導致宣歙地區的人口數在整個江南道比例上遠遠偏低。隨著唐代政治的穩定,宣歙地區開元以前人口逐漸增加,一直到天寶元年(742),宣歙地區的戶數都呈現穩定的上升狀態。筆者認為主要影響宣歙地區人口增加的因素可分為下列幾點:第一,就物價條件來看,京師居住生活費高,非人人居住得起。加上宣歙地區由於是中唐以後文房四寶的重要產地,紙筆相對便宜,因此成為文人居住生活的理想地點之一;例如韓愈在十五歲之後,便與家人遷往宣城居住〔註68〕,在他考上科舉前〔註69〕,推測宣城便宜的紙筆價格應該是對其在唸書上有所幫助。第二,與當地產業活動有關。因為當一個城市能夠不斷的增加人口數,表示城市吸力大過於推力,同時也代表是當地的經

〔註67〕《舊唐書》,卷11,〈代宗紀〉,頁280。

〔註68〕韓愈曾在〈復志賦〉一文中寫道:「值中原之有事兮,將就食於江之南。」(請參閱羅聯添,《韓愈古文校注彙集》,卷1,〈復志賦〉,頁20。臺北市:國立編譯館,2003年)韓愈就食江南的時間自建中二年(781)至貞元元年(784)之間,其嫂鄭氏為躲避中原戰亂,因此舉家遷往宣城。(請參閱陳伯海編,《唐詩論評類編》,頁593,山東教育育出版社,1993年)

〔註69〕韓愈登進士第為貞元八年(792),年紀二十五歲。(請參閱(清)徐松撰、孟二冬補正,《登科記考補正》,卷13,頁543。北京:燕山出版社,2003年)因此韓愈居住在宣城為其進士及第前。

濟力量不斷增強的結果。若就當地產業的原因來看,宣州是著名的礦產區〔註70〕,當時已產有銅、鉛、銀、鐵;而歙州也產有銀、鉛等礦產〔註71〕,池州也有鐵、鉛、銀、銅礦〔註72〕;礦產之外,宣歙地區在中唐時便已是全國著名的文房四寶〔註73〕產地與供應地。無論是礦產開採、筆硯製造等產業都需要一定數量的人口條件,而草市的興起更是所有產業條件與人口增加所導致的結果,在這些產業條件的加持下,宣歙地區的經濟力增強與人口的增加有絕對的關連。

三、鄂岳地區的人口變動

（一）在唐五代人口史上的地位

本論文中的鄂岳地區,在隋代之前屬於荊州的範圍。荊州:「北據漢、沔,利盡南海,東連吳會,西通巴、蜀」〔註74〕從今日的河南省向西延伸至兩湖境內,都屬於荊州。足見荊州地區的轄地之廣,佔據南方交通要衝,更顯示其戰略位置的重要性,因此歷代以來都是兵家必爭之地。人口成長所帶來的生產力,使鄂岳地區在中唐以後也成為帝國從江南能收取到稅賦的八大地區之一,表示此區的人口在經歷唐代開國後的一百年間,中央政治的穩定帶給鄂岳地區人口成長上升的力量,同時提供當地產業發展的溫床,帶動了該區的經濟成長。另外,此區雖然不是安史之亂的主要戰區,但與淮西叛軍在地域上的接壤,使得本區在人口流動的表現上特別激烈。據牟發松先生的研究,從天寶至元和數十年間,鄂州與鄰近的襄州在戶數的成長上,分別成長了 1 倍與 1.24 倍,是全國上升比例最高的兩個州〔註75〕,在元和戶全國一片低迷的狀態下,鄂州能成為全國第二高成長的州,顯示此區在人口研究上的價值與重要性。

（二）變動狀態與數字分析

觀察鄂岳地區的戶數變化,從貞觀至開元,鄂岳地區所有各州的戶數全部成長,此時期為成長期;其中鄂州戶數由三千七百五十四增加到一萬九千一百九十,增加了一萬五千四百三十六戶,高達 4.1 倍,增幅最高;若以增加速度

〔註70〕《新唐書》,卷 41,〈地理志〉,頁 1066～1067。

〔註71〕《新唐書》,卷 41,〈地理志〉,頁 1067。

〔註72〕《新唐書》,卷 41,〈地理志〉,頁 1067。

〔註73〕《新唐書》,卷 41,〈地理志〉,頁 1067～1067。

〔註74〕（晉）陳壽撰,《三國志》(北京:中華書局,1982 年),卷 35,〈諸葛亮傳〉,頁 912。

〔註75〕牟發松,《唐代長江中游的經濟與社會》,頁 283～284。

來觀察，蘄州與安州分別以每年平均增加一百八十戶及一百七十六戶之速度最快，而鄂州以每年平均增加一百七十一戶位居第三，顯示鄂州地區在第一期時變動就已相當劇烈。

表 2-17：鄂岳地區貞觀至開元戶數之增加倍率及年平均增戶數表〔註76〕

州　名	貞觀戶	開元戶	增戶倍率	年平均增戶數
鄂州	3,754	19,190	+4.1 倍	+171
岳州	4,002	9,165	+1.3 倍	+57
蘄州	10,612	26,809	+1.5 倍	+180
黃州	4,896	13,073	+1.7 倍	+91
安州	6,338	22,222	+2.5 倍	+176
沔州	1,517	5,286	+2.4 倍	+41

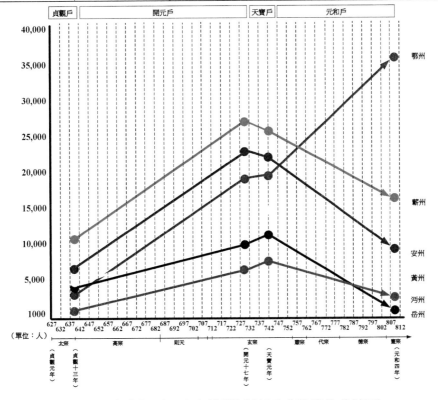

圖 2-8：唐貞觀至元和年間鄂岳地區戶數變化曲線圖

〔註76〕此表戶數的資料來源：貞觀戶數來自《舊唐書‧地理志》、開元戶數來自《元和郡縣圖志》。

鄂岳地區在貞觀年間所轄州縣分別屬江南道與淮南道，其中屬江南道的是鄂州及岳州，屬淮南道的是安州、黃州、蘄州、沔州四州。從上表 2-9 所統計出的全國總戶數與江南道、淮南道之總戶數來看鄂岳地區在貞觀年間戶數與其他道別及全國的比例，發現鄂岳地區的戶數在貞觀年間時，僅佔整個江南道總戶數比的 1.92%，若與全國戶數相比，也僅佔全國總戶數的 0.25%，戶數十分稀少。

表 2-18：唐貞觀年間鄂岳地區戶數佔江南道及全國之比例表

州　名	戶　數	佔江南道總戶數比	佔全國總戶數比
鄂州	3,754	0.92%	0.12%
岳州	4,002	0.99%	0.13%
合計	7,756	1.92%	0.25%

而劃歸屬於淮南道的安州、黃州、蘄州、沔州，以蘄州所佔的比例最高，沔州的比例最低，但由於淮南道的戶數在貞觀時僅九萬一千零九十一戶，也僅佔全國戶數的 3%，整個淮南道在全國十道中戶數敬陪末座，居第九位。因此安州、黃州、蘄州、沔州在貞觀時的戶數總和雖然才二萬三千三百六十三戶，但已佔淮南道的 25.6%，顯示此區在貞觀年間時的經濟開發狀態應仍十分落後。

表 2-19：唐貞觀年間鄂岳地區戶數佔淮南道及全國之比例表

州　名	戶　數	佔淮南道總戶數比	佔全國總戶數比
蘄州	10,612	11.6%	0.34%
黃州	4,896	5.3%	0.16%
安州	6,338	6.9%	0.2%
沔州	1,517	1.6%	0.05%
合計	23,363	25.6%	0.76%

若就口數來看，由於江南道口數眾多，在全國排名第二，因此劃屬於江南道的鄂、岳州兩州相加也不過僅佔江南道總口數之 1.64%；若與全國總口數相比，也僅佔全國總口數的 0.26%。

表 2-20：貞觀年間鄂岳地區口數佔江南道及全國之比例表

州　名	口數〔註77〕	佔江南道〔註78〕總口數比	佔全國〔註79〕總口數比
鄂州	14,615	0.74%	0.11%
岳州	17,556	0.89%	0.14%
合計	32,171	1.64%	0.26%

而劃屬於淮南道的蘄、黃、安、沔四州，由於淮南道總口數四十萬五千七百三十七口，僅佔全國總口數 3.2%，在全國十道口數排名屬最後一名，因此這四州的口數雖僅九萬五千二百一十六，但在淮南道的比重上仍佔了近四分之一。

表 2-21：唐貞觀年間鄂岳地區口數佔淮南道及全國之比例表

州　名	口　數	佔淮南道總口數比	佔全國總口數比
蘄州	39,678	9.77%	0.32%
黃州	22,060	5.43%	0.17%
安州	26,519	6.53%	0.21%
沔州	6,959	1.71%	0.05%
合計	95,216	23.46%	0.77%

從表 2-22 與表 2-23 可以發現到，無論江南道、淮南道，或者是全國的戶口比都是 1：4，鄂岳地區除了鄂州與蘄州呈現 1：3 的狀態外，其餘仍與全國戶口比相同。

表 2-22：唐江南道與淮南道貞觀戶口比例表

州　名	貞觀戶	貞觀口	貞觀戶口比
江南道	403,939	1,959,510	4／戶
淮南道	91,091	405,737	4／戶
全國十道	3,041,871	12,351,681	4／戶

〔註77〕表 2-20 口數之資料來源為《舊唐書・地理志》卷 40，頁 1610 及頁 1611。
〔註78〕貞觀年間江南道之總口數為 1,959,510 口，此數依據表 2-11 江南道之數據。
〔註79〕貞觀年間全國口數總計共 12,351,681 口，此數依據表 2-11 十道口數總和所製。

表 2-23：唐鄂岳地區貞觀戶口比例表

州　　名	貞觀戶	貞觀口	貞觀戶口比
鄂州	3,754	14,615	3／戶
岳州	4,002	17,556	4／戶
蘄州	10,612	39,678	3／戶
黃州	4,896	22,060	4／戶
安州	6,338	26,519	4／戶
沔州	1,517	6,959	4／戶

　　到了第二期，蘄州與安州已逐漸下降 4%及 1%，平均每年逐漸減少八十四戶及二十七戶；而其他仍持續增戶的以岳州幅度最大，達 27%，平均每年增加一百七十九戶；而黃州及安州也依然在成長中，此時的鄂州成長幅度僅有1%，每年平均也僅增加十六戶。

表 2-24：鄂岳地區開元至天寶戶數之增減倍率表〔註80〕

州　　名	開元戶	天寶戶	增／減戶倍率	年平均增／減戶數
鄂州	19,190	19,417	+1%	+16
岳州	9,165	11,676	+27%	+179
蘄州	26,809	25,620	-4%	-84
黃州	13,073	14,787	+13%	+122
安州	22,222	21,835	-1%	-27
沔州	5,286	6,252	+18%	+69

從下表 2-25 可以發現在第三期時，僅有鄂州呈現異常增加的狀態，無論是從增／減戶百分比或者從年平均增／減戶數來觀察，鄂州在此時期的成長可說是幅度既大，且速度飛快。此時期的其他州，平均在戶數上皆下降六成，年平均數戶也呈現直線遞減的狀態。

〔註80〕此表戶數的資料來源：天寶戶數來自《通典》以及元和戶數來自《元和郡縣圖志》。

表 2-25：鄂岳地區天寶至元和戶數之增減倍率及年平均增／減戶數表

州　　名	天寶戶	元和戶〔註81〕	增／減戶百分比	年平均增／減戶數
鄂州	19,417	38,618	+98%	+295
岳州	11,676	1,535	-73%	-156
蘄州	25,620	16,462	-35%	-140
黃州	14,787	5,054	-65%	-149
安州	21,835	9,819	-55%	-184
沔州	6,252	2,262	-63%	-61

再從口數觀察鄂岳地區在第二期的變化，天寶戶口比大致比貞觀戶口比整體提高 2／戶，同時較貞觀時鄂岳地區總口數提高四十五萬七千三百零三口，增加了 3.5 倍。

表 2-26：鄂岳地區天寶戶口數比表

州　　名	天寶戶	天寶口數〔註82〕	天寶戶口比
鄂州	19,417	113,000	5／戶
岳州	11,676	47,032	4／戶
蘄州	25,620	170,198	6／戶
黃州	14,787	84,182	5／戶
安州	21,835	132,149	6／戶
沔州	6,252	38,129	6／戶

　　總結來說，從上述圖表可發現：鄂州地區從唐代初期至中葉（639～809），戶數增加最多的是鄂州，共增加了三萬四千八百六十四戶，同時鄂州每年平均以二百零五戶不斷的持續增加。鄂州成長幅度最大的時間是第一期（639～729），有 4.1 倍的成長，增加幅度屬鄂岳地區最大；若以成長的速度來觀察，此時期的鄂州每年平均增加戶數有一百七十一戶，在鄂岳地區排名第三，僅次於蘄州與安州。天寶年間，鄂州的戶數在鄂岳地區的整體比例，從 11% 小幅提高到了 19%，仍是呈現逐漸成長狀態；到第三期（742～809）時，鄂州成為全區內唯一正成長的地區，與其他州的差距在此時明顯拉大，其戶數在鄂岳地區的整體比例，從天寶年間的 19% 提高到了 52%。無論是「增戶數」、「年平均成

〔註81〕此表之元和戶數來自《元和郡縣圖志》。
〔註82〕此表天寶口數的資料來源自《通典》。

長率」、「佔鄂岳地區整體比例」或者是唐代在鄂岳地區最後一筆戶數的資料總數，鄂州都名列第一，非同區內其他州所能比擬。

而岳州從貞觀至元和戶數變化上頗大，貞觀戶的數據顯示岳州當時在鄂岳地區的總戶數僅排名倒數第三，在第一期（639～729）時，鄂州增戶倍率1.3倍，是鄂岳地區增戶倍率最低的一州；第二期（729～742）時，岳州戶數的增加是全區最大幅度的一州，總共增加了二千五百一十一戶，平均每年以一百七十九戶的速度激增，此時期的岳州，無論是在戶數增加的幅度或速度來看，都是最大且最快速的；到第三期（742～809）時岳州卻呈現戲劇性的負成長，成為鄂岳地區下降幅度最大、速度第二快的州。從唐初至中唐，岳州共減少二千四百六十七戶，平均每年減少十四戶，同時岳州是鄂岳地區在唐代總結最後一筆戶數資料中，唯一呈現負成長的一州。

蘄州是鄂岳地區在唐代初年時戶數最多的一州，共有一萬零六百一十二戶，當時蘄州戶數佔整個鄂岳地區的34%；在第一期（639～729）時，蘄州增戶倍率並不算高，在鄂岳地區僅排名倒數第二，顯示蘄州的戶數成長已逐漸趨緩；到第二期（729～742），蘄州成為下降幅度最大、速度最快的一州，總共減少一千一百八十九戶，下降4%；第三期（742～809）時蘄州戶數持續下降，以降幅來看，已逐漸趨緩，是鄂岳地區元和年間下降的各州中幅度最低的，僅35%；若以唐代整體表現來看，蘄州的戶數在唐代前期依然是鄂岳地區中最多的，以最後一筆元和戶來說，蘄州的戶數仍佔鄂岳地區22%，排名第二，僅次於鄂州。

黃州在鄂岳地區的戶數成長表現上算是中等偏下，以排名來看，黃州無論在開元、天寶及元和戶時幾乎都排名第四，僅有貞觀戶比岳州多出八百九十四戶位居第三；若以各期戶數增／減百分比來觀察，黃州在增戶方面排名也僅是第三、第四，幅度來看並不大，而到元和戶時，以減戶率65%僅次於減戶幅度最大的岳州。以黃州在戶數的表現上來看，其經濟競爭力普遍偏弱。

再看安州，在貞觀年間時戶數在鄂岳地區排名第二，佔20%；第一期（639～729）時，安州的增戶率排名第二，僅次於鄂州，若以每年平均增戶數來看，安州每年平均增加一百七十六戶，僅次於蘄州；到天寶戶時，安州的戶數在鄂岳地區排名依然維持第二，佔全區比例之22%。但在第二期（729～742）時，黃州的戶數已悄然逐漸下滑，成為與蘄州並列在此期下降的二州之一；到第三期（742～809）時，安州以減戶率55%在鄂岳地區排名減戶第三高的州。若以

唐代整體時間的變化來觀察安州，其元和戶仍較貞觀戶數為多，且每年平均增加二十戶。若以其戶口變化來觀察其競爭力，可以發現安州的競爭力正在削弱。

最後是沔州，其戶數排名一直是敬陪末座，所佔比例也非常低，但其在第一期（639～729）及第二期（729～742）時的增戶率都排名前三，顯示該州正處於被開發的狀態。在元和戶時，沔州下降的幅度達 63%，此時僅剩二千二千六十二戶，與貞觀戶一千五百一十七比較，也僅增加七百四十五戶。

（三）人口變動的原因

從上圖 2-8 可以明顯的發現，鄂州地區在戶數方面變動最大的莫過於鄂州。在貞觀年間時，鄂州僅有三千七百五十四戶〔註83〕，戶數非常稀少，僅佔整個鄂岳地區的整體戶數比 11%，甚至還達不到整個鄂岳地區各州戶數的平均值五千一百八十六戶〔註84〕。造成鄂州在唐初時戶數稀少的原因是什麼呢？先從地理條件來看，鄂州本身就是一個自然環境非常惡劣的地方。陸凱曾上疏曰：

> 武昌土地實危險而塉确，非王都安國養人之處。且童謠言：「寧飲建業水，不食武昌魚。寧還建業死，不止武昌居。」〔註85〕

武昌，是鄂州的治所。這段民謠所描繪的武昌是一個地貧且不宜人居的地方；既然先天土地條件如此貧瘠，無法餵養太多的人口，那麼鄂州自古以來人丁稀少也不足為奇。但到元和年間時，整個鄂岳地區的戶數僅有鄂州顯示正成長，且漲幅高達 98%。（請參閱圖 2-7、圖 2-8 及表 2-25）從貞觀到開元，鄂州在這九十年（639～729）間戶數增加的倍數是整個鄂岳地區最高的，實非同區內其他州所能比擬。因此筆者在分析唐代鄂岳地區戶口問題上，著眼點在於何以到了中唐，鄂州的戶數成長倍率高於鄂岳地區的其他州縣呢？是什麼原因造成鄂州戶數的逆勢成長？為什麼鄂州在這段期間內能取得多數的遷移人口呢？這是筆者想要探討的第一個問題。

從初唐到中唐，鄂州的戶數明顯產生劇烈的變化。在現今的論文中仍未見有學者論及。筆者試著解構其原因可能有下列四點：第一，從交通條件來看，武昌與洛陽之間的交通線比洛陽到蘄州迅速。因為從洛陽往南移動的路線，若

〔註83〕《舊唐書》，卷 40，〈地理志〉，頁 1610。
〔註84〕此數依據表 2-17 鄂州地區貞觀戶進行計算。
〔註85〕《元和郡縣圖志》，卷 27，頁 646。

從襄州經漢水南下到達鄂州，比到達蘄州的路途快多了。因此筆者認為，在北人南遷的過程中，鄂州的交通條件與位置要衝都是使得其比蘄州來得增戶迅速的原因之一；特別是中唐之後中原地區戰爭頻仍，現存的墓誌銘便記載時人「因中華草擾，避地江淮」〔註86〕，因此北人在往南方遷徙的過程中，交通路線的方便性應是其重要的考量。

　　第二，在元和元年（806）時，鄂州建了武昌軍〔註87〕。武昌不但交通便利，同時也是一個重要的軍事關口，「劉懷珍白太祖曰：『夏口是兵衝要地，宜得其人』」〔註88〕可見武昌在戰略上的地位重要性。元和元年（806）在鄂州建立的武昌軍，其組成的來源可能是當地的居民，也可能是外來的人口。武昌軍的設置可能給整個鄂岳地區帶來就業的一線生機，增加了當地的就業機會，也可能吸引鄰近的州縣攜家帶眷的前往鄂州就業。而在北人南逃的過程中，在鄂州地區可能也吸引了大批軍人留駐當地，最後定居下來。在元和戶的記載中，鄂州戶數的突然增加，筆者認為與武昌軍的設置也有關連。李白在玄宗時為韓愈的父親仲卿〔註89〕寫下〈武昌宰韓君去思頌碑並序〉，其中寫道：

　　　　此邦晏如，襁負雲集。居未二載，戶口三倍。〔註90〕

此為大量北人南遷入鄂州的佐證。

　　第三，淮南地區地廣人稀的自然條件也是造成居民增加的原因。唐代在下令居民從狹鄉遷往寬鄉的詔令中，見及「淮南」二字，如：

　　　　望至秋冬之際，令朔方軍盛陳兵馬，告其禍福，啗以繒帛之利，示
　　　　以麋鹿之饒，說其魚米之鄉，陳其畜牧之地。並分配淮南、河南寬
　　　　鄉安置，仍給程糧，送至配所。〔註91〕

淮南地區主要指淮河以南，包括鄂岳地區的所有州縣。從前述戶數及口數的數

〔註86〕 吳鋼主編，《全唐文補遺‧第四輯》（陝西：三秦出版社，1997年），〈唐故李府君（舉）墓誌銘並序〉，頁61。

〔註87〕 《新唐書》，卷41，〈地理志〉，頁1068。

〔註88〕 （梁）蕭子顯，《南齊書》（北京：中華書局，2007年），卷24，〈柳世隆傳〉，頁446。

〔註89〕 韓愈的父親仲卿，兩《唐書》無傳，僅有在兩《唐書》的韓愈傳及《新唐書宰相世系表》中略有提及，曾當過武昌令，官至秘書郎。（詳請參見《舊唐書》，卷160，〈韓愈傳〉，頁4195、《新唐書》，卷176，〈韓愈傳〉，頁5255及《新唐書宰相世系表》，卷73上，頁2857）。

〔註90〕 （唐）李白，《李太白全集》（北京：中華書局，2006年），卷29，〈武昌宰韓君去思頌碑並序〉，頁1380。

〔註91〕 《舊唐書》，卷93，〈王晙傳〉，頁2987。

字分析，可明白鄂岳地區的戶、口數仍低於全國州縣平均值。因此筆者認為此詔令的頒佈也成為鄂岳地區人口的增加因素。

第四，與淮西軍在地域上的接壤，導致其人口的流動。唐代自安史亂後，各地藩鎮形成「方鎮相望於內地，大者連州十餘，小者猶兼三四」〔註92〕的局面。淮西為唐廷重要的漕運轉糧之地，主要控制申州、光州、蔡州，其中申州與光州與鄂岳地區的安州、黃州接壤。據元和戶（809）的統計資料顯示，安州與黃州在元和戶時，各下降 55%及 65%，筆者認為此時鄂岳地區的人口減少，有可能是安州及黃州的人民往北進入淮西地區從軍所致。

四、宣歙與鄂岳地區人口變動的比較

（一）在唐五代人口史上的地位

兩區在人口史上各自發展的歷史軌跡與背景脈絡，逐漸形成了學者們對於宣歙與鄂岳地區在人口研究上重心比例的不同。因此研究這兩個地區在人口史上的軌跡，可以發現宣歙地區延續南朝以來的人口豐足，並且經濟持續成長至明清時代；而鄂岳地區從西漢、三國以來的軍事型城市，一直到唐代也未有太大的改變。因此研究宣歙與鄂岳地區人口的變動，可以藉此觀察兩區未來的經濟走勢。以未來城市的發展來說，可推測宣歙地區的城市在人口充足的前提下，是以商業型為主的城市發展；而鄂岳地區一直到唐代後期，商業中心才逐漸成形。同時可以推測宣歙地區的人口來自於本身城市的吸力，而鄂岳地區的人口組成則來自鄰近州縣的推力，由這點更能推測兩區在產業上發展的優勢與劣勢。

（二）變動狀態的比較

從鄂岳地區的戶、口數與宣歙地區相較，可發現在貞觀時宣州的戶數遠高過於鄂岳地區任一州的戶數，鄂岳地區在貞觀戶最高的是蘄州，然而蘄州的戶數僅及宣州的一半；就貞觀口數來看，鄂岳地區口數第一的蘄州僅高過歙州一萬三千口，且歙州的口數還比鄂岳地區排名第二的安州高；到開元時期，宣歙地區與鄂岳地區的差距更為擴大，鄂岳地區最多戶數的蘄州仍不及歙州的戶數，而開元時期的宣州戶數已達八萬七千二百三十一，是鄂岳地區戶數最高的蘄州的三倍，是沔州的十六倍；直到天寶元年（742）差距仍不斷的擴大，鄂

〔註92〕《新唐書》，卷 50，〈兵志〉，頁 1329。

岳地區戶數最多的蘄州僅有宣州的 21%、歙州的 64%；就增戶速度來看，宣歙地區在第一期（639～729）時平均每年增加五百零三戶，鄂岳地區在此時期平均僅增加一百一十九戶，僅佔宣歙地區平均成長戶數的 23%；第二期（729～742）的增戶速度鄂岳地區仍不及宣歙地區，宣歙地區每年平均以一千三百四十八戶增加，鄂岳地區平均每年僅增加四十五戶。可以說在唐代前半期，鄂岳地區的戶、口數遠遠不及宣歙地區增加的幅度與速度。

但到唐中葉，從元和戶的記載中，可發現宣歙地區戶數最高的宣州下降了51%，反觀鄂岳地區戶數最高的鄂州，反而逆勢成長了 98%，雖在總戶數上與宣州仍有一萬八千七百三十二戶的差距，但兩區之間的差距已在逐漸的縮小中，也顯示鄂州地區在唐中葉以後的重要性逐漸將被凸顯。

（三）變動原因的比較

根據上述的推論，筆者發現鄂州戶數增加的原因與宣歙地區不同：從生活機能來看，宣歙地區位處長江下游，且鄰近太湖流域經濟區，往東北則是人口更為稠密的魚米之鄉蘇州與揚州；往東南是杭州，除了西邊鄰近淮南道，地廣人稀之外，宣歙地區可以說是被許多經濟區所包圍，屬於次要的第二大都會中心，當然在生活物價上也較為便宜，容易居住。而鄂岳地區雖然物價更低，但在唐代中葉之前，鄂岳地區並沒有產生像宣歙地區一樣的生活機能，草市功能也沒有宣歙地區明顯，在屬性上仍僅類似今日的郊區。

第二點，就交通位置來看，宣歙地區往東北或東南都有較鄂岳地區為數更多的人口，前述也提到若北人從洛陽南遷，從襄州經漢水南下可到達鄂州，而鄂州往東順著長江繼續前進便是宣歙地區，同樣位於長江輸送帶上的此兩區，宣歙地區的交通條件比鄂岳地區來得好。從交通條件觀察兩邊的人口組成，筆者認為鄂岳地區主要以南遷的北人為主，而宣歙地區的人口主要來自周邊鄰近州縣大經濟區的過剩人口，這是造成兩區人口組成不同因素的原因之一。從這一點也可以看出宣歙與鄂岳地區戶口組成的來源與宣歙地區不盡相同，因此筆者認為將鄂岳地區的人口成長歸入北人南移的重點區域，應該較宣歙地區合適。

第三點，就寬／狹鄉的條件來看，在唐代所頒佈遷往寬鄉的詔令中，從未見及「江南」或者「宣歙」字樣。代表唐代江南及宣歙地區的人口並沒有達到所謂「寬鄉」的標準，同時顯示鄂岳地區的人口數仍有相當大增加的空間。

第三節　對外交通路線的分佈

一、宣歙地區的對外交通線

（一）主要水運航道

宣歙地區對外交通路線依其運輸模式的不同，可區分為「水運」、及「陸運」二種。由於受到地形的限制，區域內多山谷，且江河縱橫，如下圖 2-9 所示：

圖 2-9：宣歙地區衛星地形圖〔註93〕

許棠〔註94〕曾描繪宣城的交通狀態為：「水國車通少」〔註95〕，顯示水運在宣歙地區比陸運來得發達。尤其宣歙地區地處長江流域的下游，這一段的水勢正是長江較為平穩的區段，長江由此往中游前去便是鄂岳地區，再往上游可到達益州，若往下游走，便可到達當時的經濟中心揚州。船隻是江、淮地區主要的水運運輸工具，常用來運送貨物、商品：

〔註93〕本圖資料來源為 Google 提供的全球衛星地圖，網址為：http://maps.google.com. tw/maps?hl=zh-TW&tab=il。
〔註94〕許棠，宣州涇縣人，咸通十二年（871）進士，曾任宣州涇縣尉。兩《唐書》無傳，其經歷採自（宋）計有功，《唐詩紀事》（上海：上海古籍出版社，1987年），卷70，頁 1037，〈許棠〉條：「棠，字文化，宣州涇縣人。登咸通十二年（871）進士第。初為涇縣尉。」
〔註95〕《全唐詩》，卷604，許棠〈宣城送進士鄭徽赴舉〉，頁 6990。

起自鄒、齊、滄、棣，漸至京邑，城市多開店鋪煎茶賣之，不問道

俗，投錢取飲。其茶自江、淮而來，舟車相繼。〔註96〕

江、淮地區的茶葉經過了水路及陸路，透過車與船隻運送到了全國各地。當時宣歙地區的祁門紅茶，應該也是透過這種方式運送。便利的水運使得商品能夠向全國傳遞出去，為此區商人爭取到更多的訂單。所謂「凡東南郡邑無不通水，故天下貨利，舟檝居多」〔註97〕，正是形容唐代的江南地區依靠水運而輸送貨物、商人貿易引以為生的交通方式。而宣歙地區也因為水運的暢通，達到「魚鹽滿市井，布帛如雲煙」〔註98〕的狀態。無論是貿易、觀光或者稅賦的輸送，水運在宣歙地區的重要性都遠超過於陸運。

宣歙地區境內的主要河流北有長江，南有新安江水系，其餘皆為支流；北方的主要城市為宣州、池州，南方主要城市為歙州。宣州境內的水運通道為丹陽湖、固城湖、蕪湖水、姑熟水、溧水、桐汭水、青弋江等，而池州境內的主要水運通道為貴池水與青溪，都由南往北的注入長江，這些湖泊及河流都是宣州及池州對外聯絡的重要水運線。

丹陽湖是宣州通往長江的重要通道，位於宣城、當塗、溧水、溧陽四縣的交會點，有桐汭水注入：

桐水，在（廣德）縣西北二十五里，源出白石山，北流入宣城縣白

沙川，入丹陽湖。〔註99〕

蕪湖水的上游也源自丹陽湖：

蕪湖水，在（當塗）縣西南八十里。源出丹陽湖，西北流入於大江。

〔註100〕

桐汭水與蕪湖水注入丹陽湖後，丹陽湖介於四縣交會點：

丹陽湖，在（當塗）縣東南七十九里。周迴三百餘里，與溧水（縣）

分湖為界。〔註101〕

〔註96〕（唐）封演著、趙貞信校注，《封氏見聞記校注》（北京：中華書局，2005 年），卷 6，〈飲茶〉，頁 51。

〔註97〕（唐）李肇，《唐國史補》，卷下，頁 62。收錄於楊家駱主編，《唐國史補等八種》（臺北：世界書局，1981 年）一書。

〔註98〕《李太白全集》，卷 12，〈贈宣城宇文太守兼呈崔侍御〉，頁 611。

〔註99〕（宋）樂史撰、王文楚等點校，《太平寰宇記》（北京：中華書局，2007 年），卷 103，〈江南西道一‧廣德縣〉，頁 2052。

〔註100〕《元和郡縣圖志》，卷 28，頁 684。

〔註101〕《元和郡縣圖志》，卷 28，頁 684。

丹陽湖，在（溧陽）縣西南二十八里。與當塗縣分中流為界。〔註102〕
丹陽湖是宣歙地區通往揚州的重要通道，唐大中年間（847～860），宣歙觀察使鄭薰走水路從宣州至揚州，便是走丹陽湖：

> 自此北去，一路順風，若有牽持，更無阻滯。將取蕪湖去路，已過丹陽湖口。聞一人語聲云：「不如丹陽湖過。」即便回傳數里，卻取丹陽湖路。丹陽湖水淺草深，過者多須兩日，此時緊風吹渡，食頃百里，即到當塗（塗？），乃知蕪湖路尋被賊黨把斷，不許船過。方悟言者，得非神歟？入江路後，四面雷電，惟有此船，更無風浪，兩日兩夜，遂達揚郡。〔註103〕

這裡描述了從宣城到揚州的交通可以走丹陽湖路或者蕪湖路。鄭薰所走的是蕪湖水經丹陽湖，到了當塗後再轉長江，最後抵達揚州，所須的時間為二日二夜。由此可知往揚州的水路，可經由桐汭水經丹陽湖，到當塗後轉入長江；也可以經由蕪湖水到丹陽湖後，按上述的路徑到達長江繼續轉運。

青弋水位於「（宣）州西九十九里」〔註104〕，可以連結長江，進而到達揚州，轉往運河航運。在安史亂前，這條水運常做為運送貨物往長安的水道。例如天寶元年（742）三月，韋堅將各地的船貨送抵長安，便有來自宣城郡的船：

> 天寶元年（742）三月，（韋堅）擢為陝郡太守、水陸轉運使。自西漢及隋，有運渠自關門西抵長安，以通山東租賦。奏請於咸陽擁渭水作與成堰，截灞、滻水傍渭東注，至關西永豐倉下與渭合。於長安城東九里長樂坡下、滻水之上架苑牆，東面有望春樓，樓下穿廣運潭以通舟楫，二年（743）而成。堅預於東京、汴、宋取小斛底船三二百隻置於潭側，其船皆署牌表之。若廣陵郡船......宣城郡船，即空青石、紙筆、黃連。〔註105〕

當時宣城郡的船隻主要是由青弋水入長江，再由長江航運轉往揚州的運河線，最後到達長安。

宣州對外道路幾乎必經采石戍，而采石戍位於當塗縣西北方的牛渚山上：

> 采石，戍名也，在（當塗）縣西北牛渚山上，最狹。亦侯景東渡，路

〔註102〕《元和郡縣圖志》，卷28，頁685。
〔註103〕《全唐文》，鄭薰〈祭梓華府君神文〉，卷790，頁4874。
〔註104〕《元和郡縣圖志》，卷28，頁682。
〔註105〕《舊唐書》，卷105，〈韋堅傳〉，頁3222～3223。

由於此。隋平陳，置赭圻鎮。貞觀初於此置戍。〔註106〕

侯景東渡時也有經過采石戍，但要從采石戍過，必須先經牛渚圻：

> 牛渚山，在（當塗）縣北三十五里。突出江中，謂為牛渚圻，古今
> 渡處也。〔註107〕

牛渚圻位於長江航道中，是一個渡口。從采石戍經牛渚圻往西方走也能通達鄂
岳地區的洞庭湖，《太平寰宇記》引《輿地志》云：

> 牛渚山首有人潛行，云此處連洞庭，旁通無底，見有金牛狀異，乃
> 驚怪而出。牛渚山北謂之采石。〔註108〕

可知透過宣州的采石戍及牛渚圻，能與鄂岳地區交通線進行串連。宣歙地區的
詳細水運交通圖如下圖 2-11 所示：

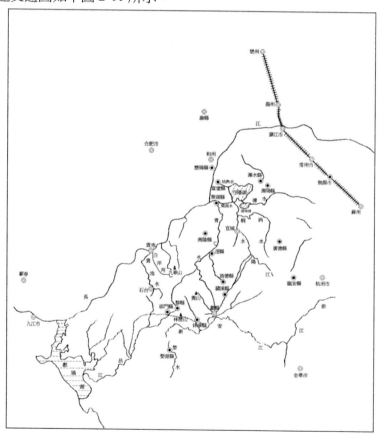

圖 2-10：宣歙地區城市、水系古今名稱對照圖

〔註106〕《太平寰宇記》，卷 105，〈江南西道三·當塗縣〉，頁 2080～2081。

〔註107〕《太平寰宇記》，卷 105，〈江南西道三·當塗縣〉，頁 2080。

〔註108〕《太平寰宇記》，卷 105，〈江南西道三·當塗縣〉，頁 2080。

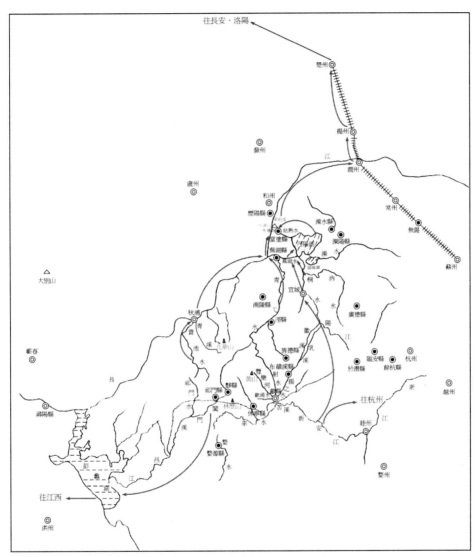

圖 2-11：宣歙地區水運交通路線圖〔註 109〕

　　池州的水運線以貴池水及青溪兩條水運為主，都在秋浦縣境內，秋浦因為
北臨長江，因此水運較為發達。李白曾這樣描述過秋浦：

　　　　秋浦長似秋，蕭條使人愁……正西望長安，下見江水流……遙傳一
　　　　掬淚，為我達揚州。〔註 110〕

〔註 109〕　本圖主要來源為譚其驤《中國歷史地圖集》第五冊唐代江南東道，頁 55～56，
　　　　　比例尺為四百二十萬分之一。另參考《貴池縣志》（合肥：黃山書社出版發行，
　　　　　1994 年）及《休寧縣志》（合肥：安徽教育出版社發行，1990 年）。
〔註 110〕　《全唐詩》，卷 167，李白〈秋浦歌，十七首之一〉，頁 1723。

此區另外一條青溪也是經常航行的水路，走青溪還能到達岳州，劉長卿〈青溪口送人歸岳州〉便是一例。

　　宣歙地區南方的歙州，由於境內多山脈，因此居民通行上以水運為主要運輸方式。歙州境內主要為新安江水系，為其最大水運線。新安江發源於休寧縣，上游為率水、豐樂河、練江，匯流之後稱之為新安江，是錢塘江的上游之一。錢塘江古稱浙江，發源於歙州的黟縣：

　　　　水出丹陽黟縣南蠻中。〔註111〕

黟縣在歙州的西部，浙江往東流到了歙縣，再往西南邊注入浙江：

　　　　浙江又北逕歙縣東，與一小溪合，水出現東北翁山，西逕故城南，

　　　　又西南入浙江。〔註112〕

浙江的源頭在黟縣發源後，到了歙縣便與率水、豐樂河、練江匯流，稱為新安江。新安江是歙州對外的重要水運線，當塗縣的魚商便曾利用新安江進行魚貨的運輸：

　　　　宣城郡當塗民，有劉成者、李暉者，俱不識農事。嘗用巨舫載魚蟹，

　　　　鬻於吳越間。唐天寶十三年（載），皆自新安江載往丹陽郡。行至下

　　　　查浦，去宣城四十里。〔註113〕

宣城郡當地的魚商利用新安江的水運，在吳越間進行買賣，將魚貨載往丹陽郡。可知新安江水運可通往揚州、潤州、杭州等地區。新安江主要分佈在績溪縣、歙縣、休寧縣、黟縣及婺源縣五個縣；共有徽溪、乳溪、揚之水、布射水、歙浦水、率水、祁門水、苦溪、婺水、閶門溪十條支流。徽溪及乳溪為績溪縣境內主要水運航道，揚子水及布射水分佈在歙州北部，歙浦水在歙西，率水在休寧縣，而祁門水則是用以溝通昌江及彭蠡湖、長江的重要水運線。這些河道中，歙州地區對外聯繫最重要的三條水路分別是新安江、閶門溪及婺水。閶門溪在祁門縣境內，從北至南，在歷山與歷水會合，河水先流入鄱陽湖，最後注入長江：

　　　　（祁門）縣西南一十三里，溪名閶門。有山對舉而近，因以名焉。

　　　　水自疊嶂積石而下，通於鄱陽，合於大江，其濟人利物，不為不至

　　　　矣。〔註114〕

〔註111〕　《水經注疏》（江蘇：江蘇古籍出版社，2001年），卷40，〈浙江〉，頁3275。

〔註112〕　《水經注疏》，卷40，〈浙江〉，頁3277。

〔註113〕　（宋）李昉等編，《太平廣記》（北京：中華書局，2006年）引《宣室志》，卷470，〈劉成〉，頁3872。

〔註114〕　《全唐文》，卷802，張途〈祁門縣新修閶門溪記〉，頁4964。

閶門溪在祁門縣西南方向，由於有著連接鄱陽湖，溝通長江的重要性，因此祁門當地人也利用閶門溪來運送貨物：

> 山多而田少，水清而地沃。山且植茗，高下無遺土。千里之內，業
> 於茶者七八矣。由是，給衣食，供賦役，悉恃此祁之茗。色黃而香，
> 賈客咸議，愈於諸方。每年二三月，齎銀緡繒素求市，將貨他郡者，
> 摩肩接跡而至。〔註115〕

祁門當地人多以重茶為生，因此每年的二、三月，常將茶葉利用閶門溪輸送往他地，閶門溪在祁門當地來說是對外溝通很重要的水運線。另外，白居易的〈琵琶引〉〔註116〕中所形容的「商人重利輕別離，前月浮梁買茶去」〔註117〕，往浮梁的買茶路線便是經由祁門水至閶門溪，而抵達江西的浮梁。若要往屯溪、杭州，便可經由率水，經祁門而抵達。而另外一條婺水，經過鄱陽湖，則是通往江西的主要水運線。

新安江自古以來就是歙州地區對外重要且大的航運線，無論是唐五代時期的歙州，或者宋代以至明清的徽商，都是走這條新安江出外貿易。同時隨著唐代之後歙州地區的發展，貨物的運輸量增多，這條水運線更顯重要。

（二）水運上的渡口

要從湖與溪水過，當然需要有渡口，也就是河流沿邊的口岸。渡口是舟船匯聚之地：

> 天下諸津，舟航所聚，旁通巴、漢，前指閩、越，七澤十藪，三江五
> 湖，控引河洛，兼包淮海。弘舸巨艦，千軸萬艘，交貿往還，昧旦
> 永日。〔註118〕

從巴蜀到閩越地區，都能見到各地湖泊、江河渡口所停靠的船隻這樣的現象。宣州地區的渡口有六處，一是蕪湖口、第二是塗口、第三是漆林渡、第四是牛渚圻、第五是采石渡口、第六是青溪渡。這些渡口由於大多數透過詩文留存下來，詩詞內容多為文人抒發情感，與本文無關，僅能透過標題得知渡口的地點、名稱，整理如下：

〔註115〕《全唐文》，卷802，張途〈祁門縣新修閶門溪記〉，頁4964。
〔註116〕此詩名據（宋）李昉等編，《文苑英華》（北京：中華書局，2003年）作「命曰琵琶引」，參見《白居易詩集校注》，卷12，校注⑦，頁963。
〔註117〕《白居易詩集校注》，卷12，〈琵琶引〉，頁962。
〔註118〕《舊唐書》，卷94，〈崔融傳〉，頁2996。

表 2-27：宣歙地區渡口名一覽表

項次	州　別	渡口名	引文／詩題／詩文	出　處
1	宣州	蕪湖口	杜甫〈往年隨故府吳興公夜泊蕪湖口今赴官西去再宿蕪湖感舊傷懷因成十六韻〉	《樊川文集》〔註119〕，卷4，頁64。
2	宣州	塗口	許渾〈將歸塗口宿鬱林寺道玄上人院二首〉	《全唐詩》，卷530，頁6058。
3	宣州	漆林渡	李白〈早過漆林渡寄萬巨〉：「西經大蘭山，南來漆林渡。」	《李太白全集》，卷14，頁696。
4	宣州	牛渚圻	牛渚山，在（當塗）縣北三十五里。突出江中，謂為牛渚圻，古津渡處也。	《太平寰宇記》，卷105，頁2080。
5	宣州	采石渡口	《太平寰宇記》引《輿地志》云：「牛渚山北謂之采石。按今對采石渡口，上有謝將軍祠。」	《太平寰宇記》，卷105，頁2080。
6	池州	青溪渡	楊彝〈過睦州青溪渡〉	《全唐詩》，卷772，頁8759。

塗口指的是姑熟溪口，因為當塗縣的名字便是由姑熟水來的：

> 姑熟水，在（當塗）縣南二里。（當塗）縣名因此。〔註120〕

> 姑孰溪，在（當塗）縣南二里。姑孰即縣名。〔註121〕

因為姑孰溪水從縣中流過，所以溪名是以地命名的。〔註122〕

（三）呂公灘及閶門灘的建置

歙州在唐代建置了許多「灘」來解決舟行的問題。所謂的「灘」，就是指江河中水淺、石頭多且水流急速的地方。這種水流湍急的地方，古代稱之為「瀨」〔註123〕，在唐代宣歙地區所建置的「灘」中，以呂公灘及閶門灘的工程較為顯著，對日後的經濟發展也比較有重大的影響。呂公灘的建置是為瞭解決新安江航行的問題，而閶門灘的建置則是解決了閶門江的航行困難，這兩處都是在航行上容易發生船難的地方。

〔註119〕（唐）杜牧，《樊川文集》，台北：九思出版有限公司，1979年。
〔註120〕《元和郡縣圖志》，卷28，頁684。
〔註121〕《太平寰宇記》，卷105，頁2082。
〔註122〕《太平寰宇記》，卷105，頁2082。
〔註123〕《水經注疏》，卷40，〈浙江〉，頁3278。

　　《水經注》中記載新安江共有「四十七瀨」〔註124〕，可見在新安江舟行的危險，與建置「灘」的重要性。權德輿描寫新安江的航道困難時，有這樣的形容：

　　　　深潭與淺灘，萬轉出新安。人遠禽魚淨，山深水木寒。〔註125〕

從詩句中的深潭、淺灘、萬轉等詞彙描述，便能體會新安江在航行時的不平順。李白也曾寫下：

　　　　聞說金華渡，東達五百灘。他年一攜手，搖艇入新安。〔註126〕

除了唐人詩句的形容之外，《水經注》中更直接以「湍流驚急，奔波聒天」〔註127〕來形容新安江水流湍急。呂公灘在歙州東南方：

　　　　（歙州）東南十二里有呂公灘，本車輪灘，湍悍善覆舟，刺史呂季
　　　　重以俸募工鑿之，遂成安流。〔註128〕

呂公灘自從建置完成後，在新安江流過的這一段區域內河水不再湍急，舟行安全，因此當地居民為了紀念當時建置此灘的歙州刺使呂季重，因此命名為「呂公灘」。

　　另外一個「閶門灘」，建置在歙州通往江西的婺水線上，閶門溪的舟行相當危險：

　　　　閶門灘，在（祁門）縣西南一十里，夾灘兩岸有大壇石，連至中流，
　　　　對湧相向，號為閶門。其閶門怪石叢峙，迅川奔注，溪險石礙，摧
　　　　艫碎軸，商旅經此，十敗七八。〔註129〕

閶門溪因為兩岸有許多大石頭阻礙了溪水順遂的流向，造成溪水流速變快，航行危險，商旅船若經由此過，沈船率高達八成。然而閶門溪是祁門地區對外聯繫的重要水運線，若長期不處理這項難題，將會導致祁門地區的茶商無法順利出貨，也會造成該地茶葉競爭力的下滑。因此在咸通三年（862），終於解決了閶門灘長期以來舟行的不便：

　　　　（祁門縣）西南十三里有閶門灘，善覆舟，旻開門門以平其隘，號
　　　　路公溪，後閶門廢。咸通三年（862），令陳甘節以俸募民穴石積木

〔註124〕《水經注疏》，卷40，〈浙江〉，頁3278。
〔註125〕（唐）權德輿撰、郭廣偉校點，《權德輿詩文集》（北京：中華書局2008年），
　　　　卷6，〈新安江路〉，頁108。
〔註126〕此詩出處為《歙縣志》，第三十編〈藝文〉，李白〈新安江〉，頁761。而《全
　　　　唐詩》及《李太白全集》皆未收錄。
〔註127〕《水經注疏》，卷40，〈浙江〉，頁3278。
〔註128〕《新唐書》，卷41，〈地理志〉，頁1067。
〔註129〕《太平寰宇記》，卷104，〈江南西道二·歙州〉，頁2068～2069。

為橫梁，因山派渠，餘波入於乾溪，舟行乃安。〔註130〕
閶門溪經過開鬥門讓河流水面高度相同，以利舟船通過，再把多出來的河水導入於乾溪這兩道修築後，終於消除了險阻。歙州地區的水運交通透過修築行舟安全的「灘」，使其境內商人對外貿易的交通較以往便捷，從而改善了當地的生活環境，這對日後此區的人外出經商，有很大的助益。

（四）主要陸路交通

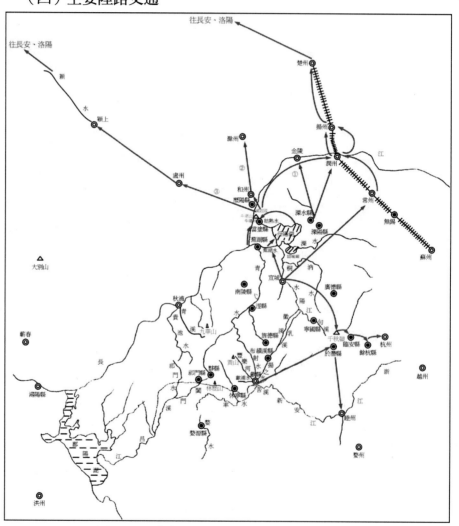

圖2-12：宣歙地區陸運交通路線圖〔註131〕

〔註130〕《全唐文》，卷802，張途〈祁門縣新修閶門溪記〉，頁4964。
〔註131〕此圖主要來源為譚其驤《中國歷史地圖集》第五冊唐代江南東道，頁55～56，比例尺為四百二十萬分之一。另參考《貴池縣志》、《休寧縣志》。

宣歙地區的陸運在史料記錄上，若以通往的地區做為說明，其交通線的分佈方式主要是以重要的州縣治所為中心，向外呈現放射狀的發展。如上圖 2-12 所示：

以宣州通往東北的潤州、常州、金陵，及東南的杭州，這幾個大城市為主，而宣州往東北方向對外最重要的陸路交通道路為溧水道。

宣州往京師：總共有三種走法，第一種是從宣州到揚州，從潤州渡江，再經運河轉往長安或洛陽。杜牧在前往宣州任官時，寫了〈將赴宣州留題揚州禪智寺〉〔註132〕，可知宣州到揚州之間有路可通達。到潤州後，到長安與洛陽的距離分別是：

（潤州）西北至上都二千六百七十里，西北至東都一千八百一十里。〔註133〕

潤州對長安與洛陽的距離，比起第二條路線由宣州經采石戍過江，再取和、滁路來得慢許多：

（宣州）西北至上都取和、滁路三千一十里，取潤州路三千七十里。西北至東都取和、滁路二千一百五十里……正北微西至和州二百五十里。〔註134〕

從宣州到長安，走和、滁路的距離有三千零一十里，若走潤州路距離則拉大到三千零七十里，因此走和、滁路比潤州路的距離還短六十里，是比較快速的選擇。

宣州對外道路幾乎必先到牛渚山陸道，再轉牛渚圻與采石戍過江，往西方走便可到達洛陽：《太平寰宇記》引《江表傳》云：

司馬徽論運命曆數云：「黃旗紫蓋見于東南，終有天下者，荊、揚之君子」。又壽春謠言「天子當西上」。孫皓大喜，即載妻子及後宮數千，從牛渚陸道西上，云「青蓋入洛陽」。〔註135〕

當時孫皓所走的路線，便是先走牛渚陸道，再轉往洛陽。第三種方式是從宣州的采石戍過江，到廬州，再經潁水到京師。當時的商旅們如何從帝國東南方到達京師呢？最重要的便是兩京路：

〔註132〕《樊川文集》，卷3，〈將赴宣州留題揚州禪智寺〉，頁44。
〔註133〕《元和郡縣圖志》，卷25，頁590。
〔註134〕《元和郡縣圖志》，卷28，頁681。
〔註135〕《太平寰宇記》，卷105，頁2080。

> 東南自會稽朱方宣城揚州，西達蔡汝陸行抵京師。江淮牧守，三臺
> 郎吏，出入多由郡道……開元中（723～731），江淮間人走崤函，合
> 肥壽春為中路；大曆末（775～779），蔡人為賊，是道中廢；元和中
> （811～815），蔡州平，二京路復出於盧。西江自白沙、瓜步至於大
> 樑，鬥門堰埭，鹽鐵稅緡，諸侯權利，駢止於河。故衣冠商旅，率
> 皆直蔡會洛，道路不葦。〔註136〕

兩京路在唐代前期可經由宣城過江，到達盧州後轉往京師；大曆末（775～779）
一度中斷此路，到了元和中（811～815）淮蔡亂事平定，「二京路」又恢復行
走，商旅們取道陳蔡而赴兩京的更多，這是當時很重要的一條道路。

宣州往潤州：宣州到潤州的道路，主要走的是溧水道。李白曾寫詩：「溧
水通吳關，逝川去未央」〔註137〕及唐昭宗大順二年（891）一月時，孫儒舉淮、
蔡之兵，從潤州出發到宣州，走的也正是溧水道：

> 孫儒盡舉淮、蔡之兵濟江，癸酉，自潤州轉戰而南，田頵、安仁義
> 屢敗退，楊行密城戍皆望風奔潰。儒將李從立奄至宣州東溪……行
> 密守備尚未固……使其將合肥臺濛將五百人屯（宛）溪西……儒前
> 軍至溧水。〔註138〕

從潤州到宣州，首先經過的河流叫東溪，關於「東溪」的位置，胡三省註明在
宣城境內：

> 東溪，在宣城，今謂之宛溪。〔註139〕

可知從潤州到宣州之間的道路可以先經宛溪，再走溧水道到達宣州溧水縣。

宣州往丹陽：唐高祖武德三年（620），公祏從丹陽往溧水縣的路線：

> 杜伏威遣行臺左僕射輔公祏將卒數千攻子通，以將軍闞稜、王雄誕
> 為之副。公祏渡江攻丹陽，克之，進屯溧水。〔註140〕

同時《資治通鑑》胡注並註明「自丹陽至溧水二百四十里」〔註141〕。丹陽當
時所屬為潤州，溧水在宣州，從溧水到丹陽共二百四十里，雖無法看出花費的
日程，但丹陽與溧水之間應是直達的。

〔註136〕《全唐文》，卷612，陳鴻〈盧州同食館記〉，頁3651。
〔註137〕《李太白全集》，卷25，〈自溧水道哭王炎三首〉，頁1200。
〔註138〕《資治通鑑》，卷258，〈唐紀〉，頁8412。
〔註139〕《資治通鑑》，卷258，〈唐紀〉，頁8412。
〔註140〕《資治通鑑》，卷188，〈唐紀〉，頁5898。
〔註141〕《資治通鑑》，卷188，〈唐紀〉，頁5898。

宣州往常州：這條陸路是直達的，常州與宣州可以直接互通。楊行密自宣州回揚州時，經過常州：

> 孫儒圍宣州。初，劉建鋒為孫儒守常州，將兵從儒擊楊行密甘露鎮，使陳可言帥都兵千人據常州。行密將張訓引兵奄至城下，可言倉猝出迎，訓手刃殺之，遂取常州。〔註142〕

宣州與揚州之間並不相鄰，因此宣州到揚州的陸路必須先經過常州，才能到揚州。

宣州往金陵：五代時金陵的地位提高，從宣州到金陵走的也是溧水道：

> 司馬正彝者，始為小吏，行溧水道中……至建業，遇其所知往溧水。〔註143〕

可見得溧水與金陵之間往來應該很便利，同時溧水道也是宣州對外聯繫十分重要的道路。

宣州往杭州：這條陸路有天然山脈的阻礙，天復元年（901）時，李神福想要從臨安歸宣州所走的路線：

> 李神福知錢鏐定不死，而臨安城堅，久攻不拔，欲歸，恐為鏐所邀，（胡注：自臨安退還宣州，有千秋嶺之險。）乃遣人守衛鏐祖考丘壟，禁樵采，又使顧全武通家信。〔註144〕

李神福欲從臨安回到宣州，必須先過千秋嶺。「千秋嶺道險狹」〔註145〕是對千秋嶺的險阻最貼切的形容詞，同卷胡注又寫道：

> 自杭（宣？）州東南度千秋嶺則至杭州臨安縣。〔註146〕

從「自杭（宣？）州東南度千秋嶺則至杭州臨安縣」，再與「自臨安退還宣州，有千秋嶺之險」對照，可知從宣州越過千秋嶺，經臨安、於潛，就可到達杭州了。

歙州往杭州：歙州到杭州的交通路線，除了前述說過的水運航道之外，也能走陸路到達杭州。永徽四年（653）時，陳碩真舉兵，從睦州引兵兩千，從杭州的於潛縣進攻歙州：

〔註142〕《資治通鑑》，卷259，〈唐紀〉，頁8426。
〔註143〕《稽神錄》，卷6，頁205。收錄於《宋元筆記小說大觀》（上海：上海古籍出版社，2007年），第一冊。
〔註144〕《資治通鑑》，卷262，〈唐紀〉，頁8565。
〔註145〕《資治通鑑》，卷268，〈後梁紀〉，頁8771。
〔註146〕《資治通鑑》，卷268，〈後梁紀〉，頁8771。

> 陳碩真睦州女子陳碩真以妖言惑眾，與妹夫章叔胤舉兵反……引兵
>
> 二千攻陷睦州及於潛，進攻歙州，不克。〔註147〕

當時的陳碩真從睦州到杭州的於潛，再轉達歙州。而杭州的餘杭縣西北方有一條大路，可能是通往歙州的陸路：

> （歸）珧又築甬道，通西北大路，高廣徑直百餘里，行旅無山水之
>
> 患。〔註148〕

歸珧修築大路在餘杭縣的西北方，因此推測有可能可以走此路到達歙州。

歙州往睦州：這兩州之間的通道，除了前述的水路之外，還有陸路可走。光化三年（900）一月時康儒攻睦州：

> 春，正月，宣州將康儒攻睦州；錢鏐使其從弟鉞拒之。〔註149〕

但因為錢鉞的抵抗，到了當年（900）八月，康儒回到宣州，走的是清溪：

> 宣州將康儒食盡，自清溪遁歸。〔註150〕

康儒走的路線是從睦州過清溪，然後回到宣州。

二、鄂岳地區的對外交通線

（一）主要水運線

整個鄂岳地區有三分之二的州位於長江沿岸，分別是沔州、黃州、蘄州、鄂州四個州，因此唐人稱鄂岳地區「郡邑無不通水」〔註151〕；同時鄂州地區的生活環境，也被形容為「洪鄂之水居頗多，與邑殆相半」〔註152〕，顯示鄂州地區的居民在水上生活者不少，杜甫也形容岳陽城「江國踰千里，山城僅百層。」〔註153〕鄂岳地區的地形如下圖2-13所示：

〔註147〕《資治通鑑》，卷199，〈唐紀〉，頁6282。

〔註148〕《新唐書》，卷41，〈地理志〉，頁1059。

〔註149〕《資治通鑑》，卷262，〈唐紀〉，頁8529。

〔註150〕《資治通鑑》，卷262，〈唐紀〉，頁8532。

〔註151〕《唐國史補》，卷下，頁62。

〔註152〕《唐國史補》，卷下，頁62。

〔註153〕《全唐詩》，卷233，杜甫〈泊岳陽城下〉，頁2566。

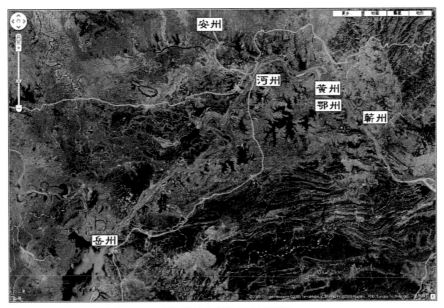

圖 2-13：鄂岳地區衛星地形圖〔註 154〕

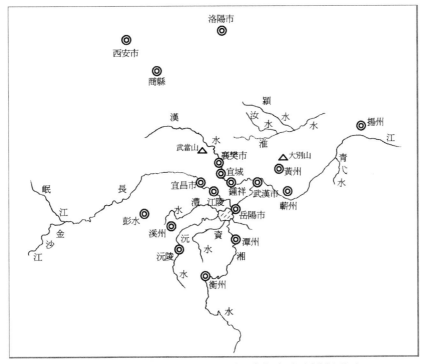

圖 2-14：鄂岳地區城市、水系古今名稱對照圖

〔註 154〕 本圖資料來源為 Google 提供的全球衛星地圖，網址為：http://maps.google.com.tw/maps?hl=zh-TW&tab=il。

因此可想像水運對於居住在此地的人的重要，外出交通工具也應以船隻為主。
長江的航行尤其是本區的重要水道，長江往上游走可以到達巴蜀地區，往下游
走則可到達吳越地區，等於順著長江這條大動脈航行，便能為此區連接巴蜀與
江、淮流域，「江水經岳、鄂、江、宣、潤、常、蘇七州之北入海」〔註155〕。長
江是此區最重要的水運線，為此區在唐代以後逐漸興盛的商業發展提供了有利
的先天條件。鄂岳地區的水道航運，譚其驤先生認為此區的水運航路分為四路：

> 西北航路自鄂州渡江，溯漢水而上，經宜城、棘陽；東路自長江東
> 下，經安徽望江、以至青弋江；西南航路溯江而上，經洞庭，入湘
> 水，經衡陽以至湖南永興或廣西全州，還可由洞庭入資水、沅水、
> 澧水航運；再有西行路線是沿江西上，至江陵與郢。〔註156〕

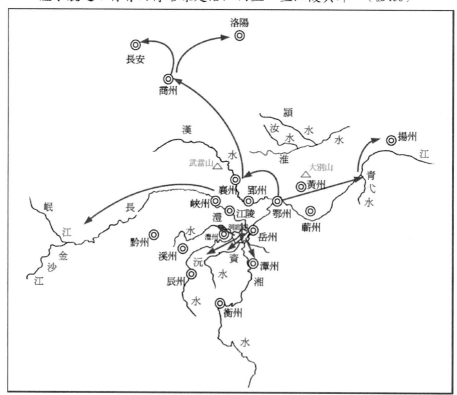

圖 2-15：鄂岳地區水運交通路線圖〔註157〕

〔註155〕（唐）李林甫等撰、陳仲夫點校，《唐六典》（北京：中華書局，1992 年），
卷 3，〈戶部〉，頁 70。

〔註156〕參見譚其驤〈鄂君啟節銘文釋地〉，收錄於《中華文史論叢》1962 年第 2 輯。

〔註157〕此圖主要來源為譚其驤《中國歷史地圖集》第五冊〈唐代元和方鎮圖〉，頁 38
～39，比例尺為八百四十萬分之一。

這四路透過的水運線分為南、北兩部分，以北方而言都是長江，往南則是透過洞庭湖與岳州以南的地區做為溝通的管道。水運交通線如上圖 2-15 所示：

　　岳州地區重要的水運中心為洞庭湖，其為四水的交會點；洞庭湖是鄂岳地區往南溝通的重要湖運中心，有湘水、澧水及沅水的注入：

　　　　澧水源出澧州石門縣，至岳州介入洞庭。〔註158〕

唐詩中也記錄了澧水的流向，如〈洞庭入澧江寄巴丘故人〉〔註159〕一詩，能看出洞庭湖注入的江河為澧江。另外湘水也注入洞庭湖：

　　　　湘水出桂州湘源縣，北流歷永、衡、潭、岳四州界，入洞庭。〔註160〕

湘水從南往北流，最後注入了洞庭湖，也是岳州地區向桂州航運溝通的管道。沅水在流經四州後，最後也注入洞庭：

　　　　沅水歷巫、辰、朗、岳四州界，入洞庭。〔註161〕

沅水、湘水、澧水同時匯入洞庭湖，而在鄂岳地區的人可利用洞庭湖往這些河水流經的地方前去，洞庭湖成為鄂岳地區重要的水運轉運站。唐人詩集中對岳州及鄂州這兩個地區的描繪頗多，可從詩題中可看出兩區之間交通往來的方式。例如孟浩然〈泝江至武昌〉：「家本洞湖上」、「行看武昌柳」〔註162〕描寫從岳州的洞庭湖到鄂州的治所武昌，透過長江水運便能到達；或者李白在描寫商人婦的作品中，也常寫到商賈的行程走向：

　　　　去年下揚州，相送黃鶴樓。眼看帆去遠，心逐江水流。〔註163〕

從岳州的黃鶴樓，順著長江往下游走，就能到達揚州。鄂岳地區的水運跟長江是脫離不了關係的，經由漢江水路可以到達襄陽，而經長江順流而下便可到達揚州，這兩條水運為鄂州地區重要的天然水運線。然而此區主要以官方驛道與長江水運留存下來的記錄較多，也多與賦稅轉運有關。

　　鄂岳地區做為中晚唐時期東南主要貢賦的地區之一，當時貢賦多走周鄭路轉漕運，但安史亂後的北方漕運停擺，貢賦只好轉而繞一圈，先走商山路，再到夏口：

　　　　于時周鄭路塞，東南貢賦之入，漕漢江轉商山，詔擇文武全才以守

〔註158〕《唐六典》，卷3，〈戶部〉，頁70。
〔註159〕《全唐詩》，卷568，李羣玉〈洞庭入澧江寄巴丘故人〉，頁6577。
〔註160〕《唐六典》，卷3，〈戶部〉，頁70。
〔註161〕《唐六典》，卷3，〈戶部〉，頁70。
〔註162〕《全唐詩》，卷160，孟浩然〈泝江至武昌〉，頁1652。
〔註163〕《李太白全集》，卷8，〈江夏行〉，頁446。

夏口。〔註164〕

當時由於周鄭路無法通行，於是東南貢賦便從漢江轉往商山路，這段路江賊出入頻仍，唐代政府通常派遣重要的人守住夏口這個渡口。當時守夏口的就是穆寧：

> 寶應元年（762）五月，元載以中書侍郎代呂諲。是時淮、河阻兵，飛輓路絕，鹽鐵租賦，皆泝漢而上。以侍御史穆寧為河南道轉運租庸鹽鐵使，尋加戶部員外，遷鄂州刺史，以總東南貢賦。〔註165〕

這個時期的鄂州，由於掌握了交通要道上的重要樞紐，以及東南貢賦運輸線的重要性，使得朝廷在派遣官員駐守時也格外留意。而東南賦稅在中唐以後由於區域內部戰亂不斷，漕運交通受到阻隔，另外一位曾受命掌管鄂岳地區轉運交通的是李佐，當時他受到荊南、江西、鄂岳三府的請命：

> 是時梁汴圮隔，漕運不至，逆將跋扈，屯於近郊，關輔困於兵蝗，帑藏所於錫與。上以貢賦之入，必由江津，擇全才領商於之地，以辟南門，於是有刺史、防禦、中丞之命。〔註166〕

鄂岳地區不但守著帝國東南貢賦的交通要道，而且位於全國的南北要衝上。所謂「襄陽荊鄂十道之要路，公私來往，充給實繁」〔註167〕，鄂岳地區逐漸成為在漕運無法暢通時的重要樞紐位置，達到「總江南貢賦」的重要轉運地位。

朝廷對於此區派遣的官員條件需「文武全才」，除了因為鄂州掌握貢賦運輸的重要性，同時也是因為江賊頻仍的緣故。例如在黃州與蘄州之江路上有一則江賊的故事：

> 尼妙寂，姓葉氏，江州潯陽人也。初嫁任華，潯陽之賈也。父升，與華往復長沙廣陵間唐貞元十一年（795）春，之潭州不復。過期數月，妙寂忽夢父，被髮裸形，流血滿身，泣曰：吾與汝夫，湖中遇盜，皆已死矣……殺汝父者申蘭，殺汝夫者申春耳……蘭或農或商，或畜貨於武昌，關鎖啟閉悉委焉。〔註168〕

此段文字記載了尼姑妙寂出家前丈夫是潯陽商人，常與其父在長沙與廣陵之

〔註164〕 《全唐文》，卷784，穆員〈秘書監致仕穆公玄堂誌〉，頁4832。
〔註165〕 《舊唐書》，卷49，〈食貨志〉，頁2117。
〔註166〕 《全唐文》，卷784，穆員〈京兆少尹李公墓誌銘〉，頁4833。
〔註167〕 《全唐文》，卷724，李騭〈徐襄州碑〉，頁4396。
〔註168〕 《太平廣記》，卷128，〈尼妙寂〉，頁906～908。

間往返。然而有次遇到蘄州、黃州之間的申村賊人申蘭及申春，在長江上將其父親與丈夫殺害，文中並描述申蘭常到武昌做生意，從這個故事反映當時的長江水路交通上的安全性堪慮。

（二）陸上交通

雖然鄂岳地區的居民平常習慣走水運，但碰到無法行走水路的時候，或者其他非得經陸路而過的道路時，也只能走陸路了。鄂岳地區的交通方向大抵上來說，往北方以陸運為主，其餘往南及東、西方向則由長江及洞庭湖做為聯絡的管道。從鄂岳地區往北走，通常是走襄陽這條陸路，尤其在安史亂後，河運不通，於是鄂岳地區到京師便走商山路：

> 是時河運不通，漕輓由漢、沔自商山達京師。〔註169〕

可知鄂岳地區要到京師可走商山這條路。這條路從鄂州先經漢水、沔水，再轉陸運過襄陽，再經秦嶺、武關、鄭州，最後到達長安。所以商山路是鄂州地區通往襄陽及京師的快速道路。符載在送崔稅回洪州的路線時寫道：「自洛陽抵襄州，歷江夏」〔註170〕，可以看出路線為洛陽出發後，先到襄州，再達鄂州，最後抵達目的地洪州。另外趙冬曦〔註171〕在監察御史任內因「以他事聯及，放于岳州」〔註172〕，到開元三年（715），他從岳州準備回京師時，在路上生病，死於襄州：

> 開元六年（715），岳州之還也，在路遇疾，七月癸巳薨背於襄州，
>
> 以輤殯于州郭東郊。〔註173〕

趙冬曦所走的路線，便是從岳州經襄州，再回京師，走的路線應與崔稅相同，都是走商山路。關於鄂岳地區的陸運交通線如下圖 2-16 所示：

〔註169〕《舊唐書》，卷155，〈穆寧傳〉，頁4114。

〔註170〕《全唐文》，卷690，符載〈送崔副使歸洪州幕府序〉，頁4171。

〔註171〕趙冬曦，「諱冬曦，字仲愛，博陵鼓城人也。」資料出自《全唐文補遺》，第四輯（陝西：三秦出版社，1996年），〈唐故國子祭酒趙君（冬曦）壙〉，頁458。

〔註172〕《全唐文補遺》，第四輯，〈唐故國子祭酒趙君（冬曦）壙〉，頁458。

〔註173〕《全唐文補遺》，第四輯，〈唐故國子祭酒趙君（冬曦）壙〉，頁459。

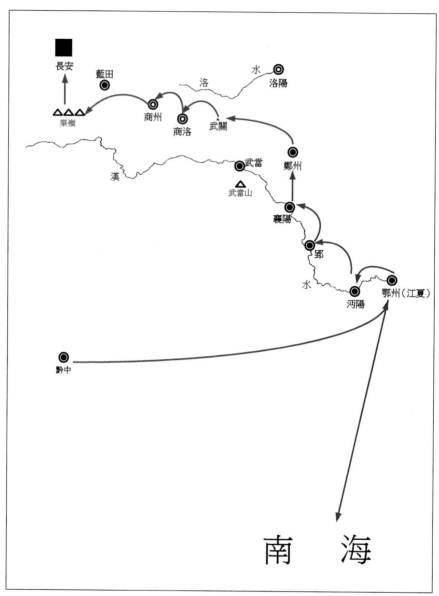

圖 2-16：鄂岳地區陸運交通路線圖〔註 174〕

而從鄂州到南海的交通日程，大約是十七天：

> 自黔中距於南海，盡得而董之。夏四月辛巳，至於江夏。六月丁酉，
> 馳於嶺嶠。〔註 175〕

〔註 174〕此圖主要來源為譚其驤《中國歷史地圖集》第五冊〈山南東道與山南西道〉，
頁 52～53，比例尺為兩百八十萬分之一。

〔註 175〕《全唐文》，卷 690，符載〈夏日盧大夫席送敬侍御之南海序〉，頁 4173。

這段文字中的主角盧大夫從黔中要到南海，途中經過江夏。其中自黔中到江夏的時間沒有文字記錄下來，而從江夏到南海的時間則是從貞元二年（786）的四月辛巳日，待抵達南海時，日期為六月丁酉日，此日期的記載應該有誤[註176]，因為貞元二年（786）六月並無丁酉日。若從四月辛巳日到丁酉日為十七天，反而是比較符合現實狀況的天數；且當時正值夏季南風，有可能是因風向往北吹的緣故，導致在速度上較為緩慢。

三、交通管理

　　唐代在比較大的通行道路設有驛站，沿著江、河也都設有水驛。唐代驛站的設置與規定如下：

> 凡三十里有驛，驛有長，舉天下四方之所達，為驛千六百三十九；
> 阻險無水草鎮戍者，視路要隙置官馬。[註177]

唐代水陸驛加總共計一千六百三十九個驛站，且每三十里置一驛，每一驛都設有驛長。《唐六典》分別對水驛、陸驛與水路相兼的驛站做了統計，對設置驛長的規定寫得更清楚：

> 二百六十所水驛，一千二百九十七所陸驛，八十六所水陸相兼。若
> 地勢險阻及須依水草，不必三十里。[註178]

在所有驛站中，共用二百六十所水驛、一千二百九十七所陸驛、八十六所水路相兼的驛站。除了「驛」之外，唐代另外也設有「館」，同樣都是官方設置的招待所，與驛站提供的功能相同。但在設定地點的定義上是不同的，若是比較小的道路，就改稱為「館」，所謂「其非通途大路則曰館」[註179]，例如同樣一條商山路，隨著通往的道路或大或小，就設有不同的館與驛。白居易曾寫兩首描寫商山路上館與驛的詩記錄，從其〈商山路驛桐樹昔與微之前後題名處〉[註180]一詩題可知道商山路上設有驛站；另外一首詩則記錄了商

[註176]　此段記錄文字據此文後補證言：「『二年春』至『六月丁酉』，《岑記》云：二年即指貞元二年（786），並據《朔閏考》三稱，是年（786）六月戊午朔，月內無『丁酉』日，月日疑有訛。」（《全唐文》，卷690，符載〈夏日盧大夫席送敬侍御之南海序〉，頁4173。）然筆者此段引文主要引證自江夏至南海約略的時間，因此對於此日期可能在記錄上的錯誤，僅於此為文說明之。

[註177]　《新唐書》，卷46，〈百官志〉，頁1196。

[註178]　《唐六典》，卷5，〈兵部〉，頁163。

[註179]　（唐）杜佑撰，《通典》（北京：中華書局，1988年），卷33，〈職官十五·鄉官〉，頁924。

[註180]　《白居易詩集校注》，卷18，〈商山路驛桐樹昔與微之前後題名處〉，頁1485。

山路上也設有館：

> 萬里路長在，六年身始歸。所經多舊館，大半主人非。〔註181〕

從這裡可以推測白居易經過的道路應該是比較小條的，下表 2-28 及 2-29 分別
是宣歙及鄂岳地區館驛的分佈表：

表 2-28：宣歙地區館驛一覽表

項次	州 別	館／驛名	作者／引文／詩題／詩文	出 處
1	宣州	南陵驛	孟浩然〈夜泊宣城界〉：「西塞沿江島，南陵問驛樓。」	《全唐詩》，卷 160，頁 1665。
2	宣州	當塗驛	（王建與僖宗）行至當塗驛，李昌符焚棧道。	《新五代史・王建傳》，卷 63，頁 783。
3	宣州	宣城館	魏邈終於宣州宣城之公館	《唐代墓誌銘彙編》，元和 082，〈魏府君墓誌並序〉。
4	宣州	宛溪館	李白〈題宛溪館〉	《李太白全集》，卷 25，頁 1156。
5	宣州	青山館	許棠〈宿青山館〉	《全唐詩》，卷 603，頁 6966。
6	宣州	蒲塘客館	大曆六年（771），顏真卿經此（左伯桃墓），題詩於蒲塘客館。	《太平寰宇記》，卷 90，頁 1793。
7	歙州	新安館	盧肇〈將歸宜春留題新安館〉	《全唐詩》，卷 551，頁 6384。
8	歙州	休寧館	龐敬「以開元十一年（723）二月卒於休寧縣之館舍。」	《唐代墓誌銘彙編》，開元 283，〈龐府君墓誌銘並序〉，1351。
9	歙州	深渡館	朱長文〈宿新安江深渡館寄鄭州王使君〉	《全唐詩》，卷 272，頁 3064。
10	歙州	臨溪館	揚之水，北從績溪縣東南六十里至臨溪館。	《太平寰宇記》，卷 104，頁 2060。
11	池州	青陽驛	武元衡〈宿青陽驛〉	《全唐詩》，卷 317，頁 3571。
12	池州	青溪驛	杜甫〈宿青溪驛奉懷張員外十五兄之緒〉	《全唐詩》，卷 223，頁 2370。
13	池州	清溪館	劉長卿〈北歸次秋浦界清溪館〉	《全唐詩》，卷 147，頁 1494。

〔註181〕 《白居易詩集校注》，卷 18，〈商山路有感〉，頁 1485。

宣歙地區的公家館驛計有十二個，其中有九個館、四個驛，從數量上來看，宣州的館驛分佈數量是最多的。而且由於驛的設置是在大路旁，館的設置在較小的道路上，因此也能看出宣州及池州的城市發展應該較歙州來得好。「館」與「驛」都是國家設置給官員使用的休憩場所，而私人的客舍理論上應該比公營館驛更能符合大眾的需求，也應該有更多的數量設置，但目前宣歙地區的客舍仍沒有實際史料可以證明該地的客舍分佈，因此本文僅討論公營館驛。

表 2-29：鄂岳地區館驛一覽表

項次	州　別	館／驛名	作者／詩題	出　處
1	鄂州	峴陽館	劉長卿〈移使鄂州次峴陽館懷舊居〉	《全唐詩》，卷 147，頁 1500。
2	岳州	岳陽館	劉長卿〈岳陽館中望洞庭湖〉	《全唐詩》，卷 147，頁 1491。
3	岳州	黃鶴驛	羅隱〈黃鶴驛寓題〉	《全唐詩》，卷 660，頁 7578。
4	岳州	洞庭驛	李群玉〈洞庭驛樓雪夜讌集奉贈前湘州張員外〉	《全唐詩》，卷 568，頁 6578。
5	岳州	鴨欄驛	李白〈至鴨欄驛上白馬磯贈裴侍御〉	《李太白全集》，卷 22，頁 1018。
6	蘄州	臨江驛	宋之問〈途中寒食題黃梅臨江驛寄崔融〉	《全唐詩》，卷 52，頁 640。
7	沔州	白沙口驛	鄭常〈謫居漢陽白沙口阻雨因題驛亭〉	《全唐詩》，卷 311，頁 3513。
8	沔州	臨川驛	柳宗元〈北還登漢陽北原題臨川驛〉	《全唐詩》，卷 351，頁 3933。

鄂岳地區的館、驛比宣歙地區少，應該是宣歙地區位於江南，地理環境與交通條件較優越的緣故，不過這些資料仍不完全代表實際上的數量。除了官方驛站之外，還有民間設置的旅店：

> 東至宋、汴，西至岐州，夾路列店肆待客，酒饌豐溢。每店皆有驢賃客乘，倏忽數十里，謂之驛驢。南詣荊、襄，北至太原、範陽，西至蜀川、涼府，皆有店肆，以供商旅。〔註182〕

民間提供的旅店與服務比政府更多，不但有店家販賣酒肆、住宿，也有提供驢子做為旅人的交通工具，旅人可以在此做為其交換驢子的地方。大量店肆的設

〔註182〕《通典》，卷 7，〈食貨七〉，頁 152。

置對維持交通的暢通與經濟的促進有十分重要的功能。

唐代對於官方通行的水陸交通開始進行規定，包括各種交通工具每日行走的里程：

> 凡陸行之程：馬日七十里，步及驢五十里，車三十里。水行之程：舟之重者，泝河日三十里，江四十里，餘水四十五里；空舟泝河四十里，江五十里，餘水六十里。沿流之舟則輕重同制，河日一百五十里，江一百里，餘水七十里。〔註183〕

大致規定的範圍遍及陸路及內河航行的馬、驢、車、舟的規定里程數，表示唐代在交通運輸量的應該頗為繁忙。另外還規定了潯陽水運運費的官定價格：

> 凡天下舟車水陸載運皆具為腳直，輕重、貴賤、平易、險澀，而為之制。

其文後註釋寫道：

> 河南、河北、河東、關內等四道諸州運租、庸、雜物等腳，每馱一百斤，一百里一百文，山阪處一百二十文；車載一千斤九百文。黃河及洛水河，並從幽州運至平州，上水，十六文，下，六文。餘水，上，十五文；下，五文。從澧，荊等州至楊（揚？）州，四文。〔註184〕

唐代規定的官方運費標準：陸運每一百斤為一百文錢，黃河下水六文，而最便宜的是從澧洲、荊州到揚州的長江水運，只要四文錢。宣歙及鄂岳地區的長江流域，其水運應也是比照這個價格收費，顯示這段航運運輸量應該不小，運費也較為優惠。

〔註183〕《唐六典》，卷3，〈戶部〉，頁80。
〔註184〕《唐六典》，卷3，〈戶部〉，頁80～81。

第三章 宣歙地區的經濟發展

　　唐五代的宣歙地區，存在著許多具有當地特色的手工業，如宣歙地區的文具製造業、礦冶業、茶葉製造業、旅遊業等，並為當地創造了許多就業機會，強化既有的經濟基礎。

　　本章的整體研究方法，以唐至北宋時的地理書所記載的土貢與土產內容，做為主要依據。所謂「土貢」，是一種經濟行為模式，從全國各地選出的優良土產品，向中央進獻，所以透過研究各地的土貢資料，可以看出各地區域經濟發展的不同。本文使用的土貢、土產資料來源，主要有《唐六典》、《通典》、《新唐書・地理志》、《元和郡縣圖志》、《太平寰宇記》、《元豐九域志》。然而由於此六部書的土貢時間，除了《唐六典》可知為開元年間〔註1〕、《通典》為天寶年間、《元和郡縣圖志》有明確記載開元貢或元和貢〔註2〕、以及《太平寰宇記》、《元豐九域志》這兩部書所記述者，皆為北宋初年全國政區之建置。《太平寰宇記》之作者樂史生於五代後唐長興元年（930），所取之政區為太平興國後期，值北宋初期之制，而關於其內容所載之州府沿革多上溯至秦、漢，迄五代、宋初，也包括了各地的土產資料等〔註3〕，由於

〔註1〕在明確時間的認定上，王永興先生認為《唐六典》為開元二十五年（737）。請參閱王永興，〈唐代土貢資料系年〉，頁 60～66，《北京大學學報》，1982 年第 4 期。

〔註2〕在明確時間的認定上，王永興先生認為《元和郡縣圖志》中的開元貢時間為開元二十六年（738）至二十九年（741），元和貢時間為元和元年（806）至元和九年（814）。請參閱王永興，〈唐代土貢資料系年〉，頁 60～66，《北京大學學報》，1982 年第 4 期。

〔註3〕《太平寰宇記》，〈前言〉，頁 1～4。

樂史為五代人，此書又成於北宋初年，故在土貢時間的認定上，以五代為主。而《元豐九域志》是北宋大中祥符六年（1013）依唐《十道圖》所修，成書於元豐三年（1080），書成後又陸續修訂，所載政區為元豐八年（1085）之制，為北宋初年的地理書〔註4〕。至於《新唐書·地理志》之時間目前在認定上仍有爭議〔註5〕，《新唐書·地理志》於〈地理一〉便說道唐初十道至貞觀十三年（639）定簿，州府三百五十八，縣一千五百五十一，依序又詳列開元二十八年（740）後之戶口數，但這些資料在天寶亂起後，可能出現資料不齊的狀況〔註6〕，故在《新唐書·地理志》時間的認定上，暫以天寶年間為主。

第一節　製筆及造紙業

一、製筆業的發展

（一）宣州筆業在全國筆業的重要性

　　毛筆在文具業中，是屬於消耗品，尤其自從科舉取士之後，製造許多當官的機會，不僅增加了毛筆的使用頻率，同時也提高了損耗率。全國各地讀書人所使用的毛筆，製造地點在哪裡？又是從何地買來？從唐至北宋初年全國各地的貢筆資料表可以發現，唐代到了天寶年間才有貢筆資料出現，分別是蘄州、昇州、越州、宣州這四州。從地理位置的分佈來看，除了蘄州位於淮南之外，其餘三州皆屬於江南地區，可見唐代的製筆業集中在江南。從唐代至五代末葉，全國貢筆州從天寶時的蘄州、昇州、越州、宣州這四州，到五代時減為湖州與宣州兩州，到北宋初年時甚至僅存宣州一州貢筆而已。就整體而言，宣州也是唯一從唐代至北宋初年不間斷上貢的一州，顯示出宣州製筆業在這段期間內持續不斷的發展，與全國士人對於宣筆的依賴與重要性。

〔註4〕《元豐九域志》，〈前言〉，頁1～3。

〔註5〕請參閱（日）比野丈夫，〈新唐書地理志的土貢〉，《東方學報》17，京都，1949年及王永興，〈唐代土貢資料系年〉，頁60～66，《北京大學學報》，1982年第4期。

〔註6〕《新唐書·地理志》，卷37，頁959～960。

表3-1：唐至北宋初年全國貢筆資料表

時間	州／縣	內　容	出　處
天寶	蘄州蘄春郡	鹿毛筆	《新唐書‧地理志》卷41，頁1051。
	昇州江寧郡	筆	《新唐書‧地理志》卷41，頁1056。
	越州會稽郡	筆	《新唐書‧地理志》卷41，頁1060。
	宣州宣城郡	筆	《新唐書‧地理志》卷41，頁1066。
五代	湖州	筆	《太平寰宇記》卷94，頁1880。
	宣州	筆	《太平寰宇記》卷103，頁2047。
北宋	宣州	筆五百管	《元豐九域志》〔註7〕卷6，頁241。

　　天寶貢中值得被討論的是昇州，因為昇州在天寶年間尚未設置，若從唐代行政區域的劃分，便可發現昇州的行政區域與宣州的部分縣分曾經出現交替的記錄。以昇州存廢的年份來看，其設置時間十分短暫，至德二載（757）時，始從潤州分出江寧縣設置江寧郡，乾元元年（758）設置昇州，但到了上元二年（761）就廢州，設置時間不到四年，昇州的下一次設置，就要等到一百二十六年後，光啟三年（887）時才又復置：

> 昇州江寧郡，至德二載（757）以潤州之江寧縣置，上元二年（761）廢，光啟三年（887）復以上元、句容、溧水、溧陽四縣置。〔註8〕
> 至德二年（載，757）二月，置江寧郡。乾元元年（758），於江寧置昇州，割潤州之句容江寧、宣州之當塗溧水四縣，置浙西節度使。〔註9〕

當時昇州所轄的縣分，包含了原本轄於宣州的溧水縣。溧水縣在唐代是著名的兔毫產地：

> 中山，在（溧水）縣東南一十五里。出兔毫，為筆精妙。〔註10〕

溧水中山兔毛所製成的筆，在當時很有名氣，因此李白曾形容：「筆鋒殺盡中山兔」〔註11〕。當時昇州所轄的句容、江寧、當塗、溧水四縣中，只有溧水縣一處產兔毫，因此《新唐書‧地理志》中所記載的昇州貢筆出產縣分，是指溧

〔註7〕　（宋）王存撰，王文楚、魏嵩山點校，《元豐九域志》，北京：中華書局，2005年。
〔註8〕　《新唐書‧地理志》，卷41，頁1057。
〔註9〕　《舊唐書‧地理志》，卷40，頁1584。
〔註10〕　《元和郡縣圖志》，卷28，頁685。
〔註11〕　《李太白全集》，卷8，〈草書歌行〉，頁456。

水縣。然而天寶時，昇州尚未設置，為什麼還會有昇州貢筆的資料呢？可能是
與《新唐書・地理志》編纂時所收錄的資料有關，故昇州在《新唐書・地理志》
中土貢的時間，時間應該晚於天寶年間。不過仍可肯定唐代宣歙地區貢筆的縣
份有兩個，也就是溧水與宣城。

那麼宣州貢筆的內容有哪些呢？從《北戶錄》中可以看到比較詳細的貢筆
內容：

> 宣州歲貢青毫六兩、紫毫三兩、次毫六兩，勁建無以過也。〔註12〕

當時宣州每年的土貢內容大致上包含青毫、紫毫、次毫，其中以紫毫的數量最
少，這應該與紫毫的價格最高有關。因為唐代規定各州上貢的價格，不得超過
五十匹絹價：

> 諸郡貢獻皆盡當土所出，准絹為價，不得過五十疋。〔註13〕

雖然這項規定隨著時代漸遠，而不一定確實執行，不過仍可做為當時宣筆價格
的一項參考依據。

（二）宣州製筆名家諸葛氏

唐人曾以「宣毫利若風」〔註14〕來形容宣筆，顯示宣筆的長處與特色。宣
筆在當時已是名品，而且在製作上也出現所謂的名家之筆，其中最有名的是由
宣州諸葛氏〔註15〕所製作的諸葛筆：

> 宣州諸葛氏，素工管城子，自右軍以來世其業，其筆制散卓也。〔註16〕

右軍，指的是王羲之。宣州諸葛氏家傳的製筆業，是從晉朝開始。唐代柳公權
聽說諸葛氏會製作好筆，便向諸葛氏求筆。

〔註12〕（唐）段公路撰、龜圖註，《北戶錄》，卷2，〈雞毛筆〉，頁43～44。收錄於
　　　　《南方草木狀》（上海：上海古籍出版社，1993年）。

〔註13〕《通典》，卷6，〈食貨六〉，頁112。

〔註14〕《全唐詩》，卷609，皮日休〈二遊詩：徐詩〉，頁7028。

〔註15〕關於宣州製筆者諸葛氏的記載，《文房四譜》中所寫的是宣州陳氏，與下列引
　　　　文中所引用的《唐宋白孔六帖》、《鐵圍山叢談》等書所載的宣州諸葛氏有出
　　　　入，茲錄《文房四譜》所載之文於此，讀者可與其後引文相比對照：「世傳宣
　　　　州陳氏能作筆，家傳右軍與其祖求筆帖，後子孫由能作筆。至唐柳公權求筆于
　　　　宣城，先與二管，語其子曰：『柳學士如能書，當留此筆，不爾，如退還，即
　　　　可以常筆與之。』為幾，柳以為不入用別求，遂與常筆。陳云：『先與者二筆，
　　　　非右軍不能用，柳信與之遠矣』。」請參閱（宋）蘇易簡輯，《文房四譜》（北
　　　　京：中華書局，1985年），卷1，頁14～15。

〔註16〕（宋）蔡絛撰，馮惠民、沈錫麟點校，《鐵圍山叢談》（北京：中華書局，1997
　　　　年），卷5，頁94。

> 宣州諸葛氏能做筆，柳公權求之，先與三管，語其子曰：「柳學士如
> 能書，當留此筆，不爾退還，即以常筆與之」。未幾，柳以不入用，
> 別求筆，遂以常筆與之。先與者三管，非右軍不能諸葛筆也。〔註17〕

除了柳公權之外，唐代也有另外一位不具名的名士，透過宣州的將帥向諸葛氏求筆。

> 吾聞諸唐季時有名士，就宣帥求諸葛氏筆，而諸葛氏知其有書名，
> 乃持右軍筆二枝乞與，其人不樂。宣帥再索，則以十枝去，復報不
> 入用。諸葛氏懼，因請宣帥一觀其書箚，乃曰：「似此特常筆與之爾。
> 前兩枝，非右軍不能用也」。是諸葛氏非但藝之工，其鑒識固不弱，
> 所以流傳將七百年。〔註18〕

這兩則小故事顯示了諸葛筆不但有等級優劣之分，諸葛氏也會依照購買者本身的書寫功力，決定賣出何種等級的毛筆，將筆賣給適合的人使用。因為諸葛氏除了會製筆之外，也很會評鑑書法的優劣，這也是諸葛筆之所以會這麼有名氣，而且家傳製筆業能夠流傳七百年的原因。

除了名士主動求筆之外，諸葛筆也是士人之間互相贈送禮物的禮品選項之一。在文具用品上，宣筆與四川的箋紙、歙州的李廷珪墨，可說是齊名：

> 麻先生仲英，幼有俊才，七歲能詩，隨侍父官廊州。時宋翰林白方
> 謫官廊時時，聞而召之。坐賦詩十篇，宋大稱賞。翌日，宋以浣溪
> 牋、李廷珪墨、諸葛氏筆遺之，乃贈以詩曰：「宣毫歙墨川箋紙，寄
> 與麻家小秀才。七歲能吟天骨異，前生已折桂枝來」。〔註19〕

對於名筆的互贈，應該類似今日當地特產與紀念品的概念。宣筆能夠成為當時士人們拿來互贈的禮品，也顯示宣筆已經是具有全國代表性的商品之一。宣州諸葛氏所製作的筆，南唐的昭惠皇后也十分喜愛：

> 昭惠后，善音律，能為小詞，其所用筆曰「點青螺」，宣城諸葛氏所
> 造。〔註20〕

〔註17〕（唐）白居易撰、（宋）孔傳續撰，《唐宋白孔六帖》（臺北市：新興出版，1969
　　　　年，據明嘉靖年間覆宋刻本影印），卷14，〈筆硯十六〉，頁31。

〔註18〕《鐵圍山叢談》，卷5，頁95。

〔註19〕（宋）王闢之撰，呂友仁點校，《澠水燕談錄》（北京：中華書局，1997年），
　　　　卷4，〈高逸凡二十二事〉，頁46。

〔註20〕（清）吳任臣，《十國春秋》，卷115，〈拾遺〉，頁4903。收錄於《五代史書彙
　　　　編》一書。

有了皇室的加持，對諸葛氏的筆業發展更有助益。

（三）製筆原料

製筆的原料分為筆毛及筆管兩大部分。筆毛的原料很多，有兔毫、青毫、紫毫、羊鬚、羊毛、青羊毛、黃羊毛、鹿毛、麝毛、狸毛、鼠鬚、虎僕、虎毛、蛉鼠毛、豐狐毛、龍筋毛、猩猩毛、狼毫、石鼠、貂鼠、狨毛、獺毛、鵝毛、鴨毛、雞毛、雞距、豬毛、黃毛、胎髮、人鬚、荊筆、荻筆、木筆、竹絲筆、仙茅筆等三十五種之多〔註21〕，其中排列第一就是兔毫。《元和郡縣圖志》記載宣州溧水縣的中山出兔毫〔註22〕，而《筆史》引右軍〈筆經〉云：「中山兔肥毫長，故可用」〔註23〕，然而王羲之的〈筆經〉並沒有提到中山兔，僅說：「漢時諸郡獻兔毫，出鴻都，惟有趙國毫中用」〔註24〕，因此《筆史》中所引的文句應是傳抄之誤。

當時製筆所用的原料，以兔毫為主，溧水縣中山兔毫所製作的品質也十分精良，即便是現代很常見的毛筆材質狼毫，《筆史》中認為其「不及中山兔豪（毫？）」〔註25〕。白居易的〈中山兔毫作之尤妙〉一詩中曾誇讚過中山兔毫所製的筆尤佳，指的都是宣州溧水縣的中山兔毫：

> 足之健兮有雞足。毛之勁兮有兔毛……在毛之內，秀出者長毫……
>
> 拔毫為鋒。截竹為筒……故不得兔毫。無以成起草之用。〔註26〕

這不但說明當時溧水中山兔毫在質量上已取得領先地位，同時也反映了兔毫是較易取得的製筆基本原料。

但參閱表3-1便發現：既然到北宋初年，僅有宣州一州貢筆，那麼宣州的兔毛足夠使用嗎？根據張耒〔註27〕《明道雜誌》記載：北宋初年時，宣州筆所用的兔毫，並不是宣州的兔毫：

〔註21〕（清）梁同書，《筆史》，頁262～263。收錄於《叢書集成新編・四八》，臺北市：新文豐出版公司印行，1985年。

〔註22〕《元和郡縣圖志》，卷28，頁685。

〔註23〕《筆史》，〈筆之料〉，頁262。

〔註24〕（清）嚴可均校輯，《全上古三代秦漢三國六朝文》（北京：中華書局，1991年），〈全晉文〉，卷26，王羲之，〈筆經〉，頁1611-1。

〔註25〕《筆史》，〈筆之料〉，頁262。

〔註26〕《全唐文》，卷656，白居易〈雞距筆賦〉，頁3938～3939。

〔註27〕張耒字文潛，楚州淮陰人。生活在北宋中期，曾因坐黨籍徙宣州，建炎初，贈集英殿修撰，卒年六十一。詳請參閱（元）脫脫等撰，《宋史・張耒傳》（北京：中華書局，1977年），卷444，頁13113。

　　白樂天作〈紫毫筆〉詩云：「宣城石上有老兔，食竹飲泉生紫毫。」余
　　守宣時問筆工：「毫用何處兔？」答云：「皆陳、亳、宿數州客所販。」
　　宣自有兔，毫不堪用。宣兔居山，出入為荊棘樹石所傷，毫例短禿，
　　則白詩所云非也。白公宣州發解進士，宜知之，偶不問耳。〔註28〕

原因是宣州兔住在山上，毛髮常被石頭、樹枝刮傷，而陳州、亳州、宿州兔毫
之所以能保全，是因為這三州的兔子居住在平原的緣故。張耒這段文字主要在
批駁白居易的〈紫毫筆〉一詩之誤，不過白居易與張耒所生活的年代已經差距
大約兩百年〔註29〕，何況《北戶錄》中宣州歲貢資料也有紫毫，因此筆者認為
這段文字最主要顯示的意義，應代表最早在五代末葉時，宣州的中山兔毫已不
敷使用，因此需要從其他州購進兔毛原料，再由宣州製作成筆。當時宣州所購
買的陳、亳、宿三州兔毫，都是在唐代時沒有生產兔毫的地區〔註30〕，可見北
宋初年，兔毫的產地發生了變化。既然兔毫產地發生了變化，是否也代表宣州
的製筆業也產生改變呢？宣州製筆業如前述提及的諸葛氏，從晉朝以來便世
代相傳製筆為業，而宣州溧水縣的兔毫也是歲貢的精品，一直到《明道雜誌》
記載宣州製筆原料來自陳、亳、宿三州之前，宣州製筆業的發展，一直屬於產
地與產業相互連結的狀態，但產業和產地並不見得有關連性，就如同宣州即使
無法由本州提供製筆原料兔毫，依然可經由陳、亳、宿三州購得製筆原料，而
持續發展製筆業。

　　另外關於上述平原兔與高山兔的這一論點，陳寅恪先生認為生活在高山
的兔毛品質不一定比較差，因為生活在平原的兔子，有可能會鑽入地洞，損傷
兔毛，平原兔的毛髮品質不見得比生活在山中的兔毛好〔註31〕。張劍光先生也
認為，以兔子生活在平原與山地來認定兔毛品質的觀點無法成立〔註32〕。關於
此一看法，筆者認為，晉朝時王羲之的〈筆經〉中已有說明：

　　趙國平原廣澤，無雜草木，唯有細草。是以兔肥毫長而銳，須仲秋

〔註28〕　（宋）張耒，《明道雜誌》，頁5。收錄於鄭村聲、俞鋼整理，《全宋筆記》，第
　　　　　二編（七），鄭州市：大象出版社，2006年。
〔註29〕　張耒所生活的時代為北宋中期，約為宋仁宗寶曆三年（1043）；而白居易生活
　　　　　在元和年間（806～820），兩人生活時代差距兩百年左右。
〔註30〕　請分別參閱《新唐書・地理志》、《元和郡縣圖志》陳州、亳州、宿州三部份，
　　　　　無論是土貢或者土產，皆沒有兔毫。
〔註31〕　陳寅恪，《元白詩箋證稿》（上海：上海古籍出版社，1982年）第五章，頁282
　　　　　～284。
〔註32〕　張劍光，《唐五代江南工商業佈局研究》，頁217。

收之。〔註33〕

> 凡作筆須用秋兔。秋兔者，仲秋取毫也。所以然者，孟秋去夏近，
> 則其毫焦而嫩；季秋去冬近，則其毫脃而秃⋯⋯其夾脊上有兩行毛，
> 此毫尤佳；脅際扶疏，乃其次耳。〔註34〕

雖然王羲之〈筆經〉中寫的趙國並沒有指出是何時何地，但重點是因「平原甚廣」，兔毛才能不被刮傷而保全。而製筆所用的毛髮條件中，「長」及「銳」是最重要的，因此筆者以為張耒所撰之文字並無不妥，雖然平原兔也會因鑽地洞損傷毛，但無論是王羲之或者張耒提到的應該都是指一種普遍現象，而非個案。單就平原兔與高山兔而論，高山兔所生存的環境，的確比平原兔來得艱鉅，所獲得的兔毛品質，從機率上看來，也不會比平原兔來得優質。再者，當時筆工也沒有動機撒謊，這只表示隨著宣筆製作的精良，產量提高後，宣州當地的兔毫已不敷供應，因此宋代之後，才需要從陳州、亳州、宿州購買兔毫原料。而且張耒所生活的年代是北宋初年，因此可推論最早在五代時，宣州兔毫已經不夠使用。

除了一般的兔毫之外，宣州還有另外一種價格高昂的紫毫。所謂紫毫，是指用深紫色兔毛製成的毛筆。筆鋒尖細，可作小楷〔註35〕。產地也在中山，而且據白居易記載的「千萬毛中揀一毫」〔註36〕可得知紫毫筆的產量應該不多。

至於筆管的原料，歷代以來有竹管、象齒之管、麟角筆管〔註37〕等，其中最主要且常見者為竹管，早在蒙恬時，就曾以竹子及柘木做為筆管〔註38〕，既然宣州是全國製筆業最發達的地區，那麼筆管的原料產地自然不能距離宣州太遠。當時筆管的產地有兩處：越州與歙州。越州在唐代也是貢筆的州之一，

〔註33〕 《筆史》，〈筆之造〉，引〈筆經〉云，頁263。

〔註34〕 此段文字出自於《文房四譜》，卷1，頁7～8，引王羲之〈筆經〉。王羲之〈筆經〉原文無此段文字。

〔註35〕 《齊民要術》提到製作毛筆的材料有「青毫」，即「青兔毫」，並引用（唐）段公路，《北戶錄》卷2，〈雞毛筆〉云：「宣城歲貢青毫六兩，紫毫三兩，⋯⋯勁健無以過也。」詳參：（後魏）賈思勰原著；繆啟愉校釋；繆桂龍參校，《齊民要術》（北京市：農業出版社，1982），卷九，〈筆墨第九十一〉，頁555。

〔註36〕 《白居易詩集校注》，卷4，白居易〈紫毫筆〉，頁424。

〔註37〕 《文房四譜》，卷1，頁2～3。

〔註38〕 「蒙恬始做秦筆耳，以柘木為管，鹿毛為柱，羊毛為被。所謂蒼豪，非兔豪竹管也」請參閱《筆史》，頁262。

因此越州不但產兔毛，亦產筆管。唐代女詩人薛濤〔註39〕曾在〈筆離手〉一詩中寫道：「越管宣毫始稱情」〔註40〕，可見越州出名的是筆管，宣州出名的是兔毫。但就產地的優劣性來看，越州既然以筆管出名，且又能貢筆，但到了五代及北宋便不再貢筆，可見其製筆的條件已不如宣州優越。因為宣州雖然不生產竹管，但鄰近的歙州卻產筆管，當時由歙州斑竹筆管所製的宣筆，還被唐玄宗拿來做為賞賜大臣的禮物：

> 開元二年（714），賜宰相張文蔚、楊涉、薛貽寶相枝各二十……寶
> 相枝，斑竹筆管也，花點勻密，紋如兔毫……歙產也。〔註41〕

開元二年（714）時的歙州筆管已成為皇帝賞賜的禮物，代表著宣筆的發展到此時已經趨於成熟，而非在起步階段。除了常見的竹管之外，歐陽通曾以象犀做為筆管的高級品：

> （歐陽）通晚自矜重，以狸毛為筆，覆以兔毫，管皆象犀，非是未
> 嘗書。〔註42〕

還有上述提到的，宣州諸葛氏所製作的右軍筆「以琉璃象牙為筆管」〔註43〕，也都屬於筆管原料的一種材質。

（四）宣筆價格

筆價主要依照使用的原料不同，與製作者的差異，有不同的定價。宣筆中最貴的成本是紫毫，唐人在詩詞中常見稱頌紫毫的文句，白居易就曾形容宣州紫毫筆的價值如金貴：

> 紫毫筆，尖如錐兮利如刀。江南石上有老兔，喫竹飲泉生紫毫。宣
> 城工人采為筆，千萬毛中揀一毫。毫雖輕，功甚重。管勒工名充歲
> 貢……爾知紫毫不易致，每歲宣城進筆時，紫毫之價如金貴。〔註44〕

這首詩描寫了宣州所生產的紫毫筆不易取得，而且在物以稀為貴的條件下，紫

〔註39〕 薛濤，字洪度。本長安良家女，隨父宦，流落蜀中，遂入樂籍，辨慧工詩……稱為女校書，出入幕府，歷事十一鎮，皆以詩受知……有《洪度詩集》一卷。詳請參閱《全唐詩》，卷803，頁9035。

〔註40〕 （五代）王定保撰、（清）蔣光煦校，《唐摭言》（臺北：世界書局，1995年），卷12，頁143。

〔註41〕 （宋）陶穀，《清異錄》，卷下，〈文用門・寶相枝〉，頁90，收錄於《全宋筆記》第一編（二）。

〔註42〕 《舊唐書》，卷198，〈歐陽通傳〉，頁5646。

〔註43〕 《筆史》，〈筆之製〉，頁264。

〔註44〕 《白居易詩集校注》，卷4，白居易〈紫毫筆〉，頁424。

毫筆的價格如金貴。

　　當時的筆價如同其他手工製品，成品價格的高低，其原料的價格佔很大的比重，因此毛筆的價格高低，主要取決於筆毛或者筆管原料價格。若成本高，那麼成品的價格也會居高不下，唐代時的筆價便曾高達「十金易一筆」〔註45〕的狀態。以筆毛的原料來說，當時宣州的紫毫，算是相當昂貴的筆毛原料。但是，也有部分毛筆的價格，乃取決於是否出自名家之手，也就是現代所謂的品牌概念。五代時全國製筆名家諸葛氏，他所製作的諸葛筆，一支價格就要十金：

　　　　偽唐宜春王從謙，喜書箚，學晉二王楷法。用宣城諸葛筆，一支酬以
　　　　十金，勁妙甲當時，號為「翹軒寶帚」，士人往往呼為「寶帚」。〔註46〕

諸葛氏的筆價所顯示的正是品牌走向，因此可以賣出比較高昂的價格。同時其筆價之昂貴，應該與其製作成本也有關係，因為諸葛筆使用的筆管材料，是琉璃象牙，而且還有裝飾物：

　　　　右軍〈筆經〉：昔人或以琉璃象牙為筆管，麗飾則有之。〔註47〕

諸葛筆的價格如此昂貴，除了使用高級的原料之外，應代表製作的品質精細程度，已經受到認可。綜上所述，毛筆還只是士人讀書必備文具之一而已，而且毛筆還是屬於損耗財，必須折舊與替換。由此知當時可以唸書的士人家庭生活之富裕。

　　還有一種筆稱之為「定名筆」，是筆匠製作完成後，刻錄自己的姓名在筆管上，待日後用這枝筆考上的考生回來答謝之用，也可稱為「謝筆」。這些筆的價格，比平常的筆價貴了十倍：

　　　　唐世舉子將入場，嗜利者爭賣健豪圓鋒筆，其價十倍，號「定名
　　　　筆」。筆工每賣一枝，則錄姓名，俟其榮捷，即詣門求阿堵，俗呼
　　　　「謝筆」。〔註48〕

上段文字被中國學者謝德萍與孫敦秀兩人認為考場外賣的筆是宣州諸葛筆，他們認為只有價如金貴的諸葛筆才能賣到這個價格〔註49〕。而張劍光先生雖然不認同其見解，但也僅附引文於註釋，未說明原因〔註50〕。筆者認為該「定

〔註45〕《新唐書》，卷190，〈鍾傳傳〉，頁5487。
〔註46〕《清異錄》，卷下，〈文用門・寶帚〉，頁90。
〔註47〕《筆史》，〈筆之製〉，頁264。
〔註48〕《清異錄》，卷下，〈文用門・定名筆〉，頁88。
〔註49〕謝德萍、孫敦秀著，《文房四寶縱橫談》（北京：天津出版社，1990年），頁49。
〔註50〕張劍光，《唐五代江南工商業佈局研究》，頁216，註釋②。

名筆」不是宣州筆的原因有二點：以台灣考場而言，第一，在考場外面所販售的筆，就如同今日考場外所販售的文具商品，小販哄抬價格賣筆的可能性很高，因此價格高昂與筆的品質精良與否，不一定能劃上等號。第二，雖然當時能夠唸書的家庭經濟都有一定水準，但一隻要價十金的諸葛筆恐怕不是每個人都能輕易買得起。更何況上述也提過，諸葛氏賣諸葛筆會選擇買賣對象，怎麼可能去考場外吆喝且隨意販賣高價的諸葛筆？或者請小販到考場外託售諸葛筆？筆者以為，這只是考場外兜售文具的小販，抬高價格販賣而已，不能以所販售的筆價比平常高出十倍，就以此認定是宣州筆。

二、紙業的發展

（一）全國造紙業的地理分佈

唐五代時全國的造紙業在地理分佈上，與其他文具相關業比較起來，不但貢紙的州多，而且密集，主要集中在江南與山南地區，特別是長江下游地區。從開元貢到北宋初年，有幾個州是比較穩定且幾乎不間斷的貢紙，分別是衢州、婺州、越州、杭州、宣州、歙州、池州七個州。

表 3-2：唐至北宋全國紙產地資料表

時　　間	州／縣	貢紙內容	出　　處
開元	衢州	籐紙	《唐六典》卷 3，頁 70。
		縣紙	《元和郡縣圖志》卷 26，頁 622。
		上細黃・白狀紙	《唐六典》卷 20，頁 546。
		案紙、次紙	《唐六典》卷 20，頁 546。
	婺州	籐紙	《唐六典》卷 3，頁 70。
		上細黃・白狀紙	《唐六典》卷 20，頁 546。
		紙	《元和郡縣圖志》卷 26，頁 621。
	越州	上細黃・白狀紙	《唐六典》卷 20，頁 546。
	益府	大小黃・白麻紙	《唐六典》卷 20，頁 546。
	杭州	上細黃・白狀紙	《唐六典》卷 20，頁 546。
		黃藤紙	《元和郡縣圖志》卷 25，頁 603。
	均州	大模紙	《唐六典》卷 20，頁 546。
	宣州	案紙、次紙	《唐六典》卷 20，頁 546。

	蒲州	百日油細薄白紙	《唐六典》卷 20，頁 546。
	常州	紙六十張	《元和郡縣圖志》卷 25，頁 599。
天寶	杭州餘杭郡	藤紙	《新唐書・地理志》卷 41，頁 1059。
	越州會稽郡	紙	《新唐書・地理志》卷 41，頁 1060。
	衢州信安郡	綿紙	《新唐書・地理志》卷 41，頁 1062。
	婺州東陽郡	藤紙	《新唐書・地理志》卷 41，頁 1063。
	宣州宣城郡	紙	《新唐書・地理志》卷 41，頁 1066。
	歙州新安郡	紙	《新唐書・地理志》卷 41，頁 1067。
	池州	紙	《新唐書・地理志》卷 41，頁 1067。
	江州潯陽郡	紙	《新唐書・地理志》卷 41，頁 1068。
	衡州衡陽郡	綿紙	《新唐書・地理志》卷 41，頁 1071。
元和	婺州	細紙	《元和郡縣圖志》卷 26，頁 621。
	信州	藤紙	《元和郡縣圖志》卷 28，頁 679。
五代	雅州	蠲紙	《太平寰宇記》卷 77，頁 1551。
	劍州	蠲紙	《太平寰宇記》卷 84，頁 1674。
	杭州	藤紙	《太平寰宇記》卷 93，頁 1863。
	睦州	紙	《太平寰宇記》卷 95，頁 1911。
	越州	剡牋	《太平寰宇記》卷 96，頁 1924。
	溫州	蠲紙	《太平寰宇記》卷 99，頁 1976。
	泉州	蠲符紙	《太平寰宇記》卷 102，頁 2031。
	汀州	蠲紙	《太平寰宇記》卷 102，頁 2036。
	宣州	紙	《太平寰宇記》卷 103，頁 2047。
	歙州	硾紙	《太平寰宇記》卷 104，頁 2059。
	池州	紙	《太平寰宇記》卷 105，頁 2086。
	袁州	紙	《太平寰宇記》卷 109，頁 2195。
	吉州	竹紙	《太平寰宇記》卷 109，頁 2207。
	撫州	紙、牛舌紙	《太平寰宇記》卷 110，頁 2233。
	江州	布水紙	《太平寰宇記》卷 111，頁 2250。
	鄂州	火紙	《太平寰宇記》卷 112，頁 2277。
	興元府	蠲紙	《太平寰宇記》卷 133，頁 2611。
	金州	紙	《太平寰宇記》卷 141，頁 2729。

北宋初年	真州	紙五百張	《元豐九域志》卷5，頁198。
	杭州	藤紙一千張	《元豐九域志》卷5，頁207。
	越州	紙一千張	《元豐九域志》卷5，頁209。
	婺州	藤紙五百張	《元豐九域志》卷5，頁212。
	溫州	紙五百張	《元豐九域志》卷5，頁215。
	衢州	藤紙五百張	《元豐九域志》卷5，頁218。
	歙州	紙一千張	《元豐九域志》卷6，頁242。
	池州	紙一千張	《元豐九域志》卷6，頁244。
	成都府	雜色牋五百張	《元豐九域志》卷7，頁308。

這些貢紙地區的地理分佈，與當地所生產的造紙原料有絕對相關。唐代貢紙種類最多的是藤紙，有衢州、婺州、杭州、信州等長期進貢藤紙給朝廷使用，這些州同時也是藤樹的生產區，因此可以就地生產藤紙。而藤紙在唐代的公文用紙中，是被規定於「敕旨、論事敕及敕牒」〔註51〕時所使用的紙，因此唐代中期以前，藤紙因為使用於政府公文用途而需要大量進貢〔註52〕。但由於藤的生產區域不廣，而且生長期久，因此出現供應不繼的狀況〔註53〕，這或許是五代時期都沒有進貢藤紙的原因。

除了藤紙以外，唐代文書用紙中用量也很大的是麻紙。所謂麻紙，是指用「故麻」〔註54〕造的紙，且唐代前期規定：凡「制書、慰勞制書、發日敕」都必須使用黃麻紙書寫〔註55〕；另外在重大場合如任用或罷免宰相、三公時、立

〔註51〕《唐六典》，卷9，頁274。

〔註52〕關於藤紙的產地分佈請參閱表3-2，唐代中期之前藤紙主要由下列這幾個地區進貢：衢州、婺州、杭州，公文用途前述已提及，不在此贅述。

〔註53〕「唐代藤紙甚為盛行，產地由剡溪而廣及江南其他地區……藤生長的區域不廣，加上成長時間頗長，不像大麻和楮樹只需一年和三年的時間即可收割，因此供應逐漸衰竭。不少文人都惋嘆由於過渡的斬伐和不注意栽培，使得藤的供應逐漸斷絕。唐人舒元輿（835年卒）在〈悲剡溪古藤文〉中感嘆：『人人筆下動數千萬言……自然殘藤命易甚』。由於剡溪藤日益衰竭，宋代藤紙的生產中心乃由浙江西部慢慢的移至浙江東部……宋代以後，藤紙的生產日漸式微，這主要是由於藤的來源不繼。自唐中葉以後，竹逐漸替代藤和麻成為造紙的主要原料。」請參閱錢存訓，《中國紙和印刷文化史》（桂林：廣西師範大學出版社，2004年），頁55。

〔註54〕「用故麻造者謂之麻紙」請參閱（東漢）劉珍等撰、吳樹平校注，《東觀漢記校注》（鄭州市：中州古籍出版社，1987年），卷18，〈蔡倫〉，頁786。

〔註55〕《唐六典》，卷9，頁274。

后、立太子、號令征戰時，使用的是白麻紙〔註56〕。除了公文用紙之外，唐代前期大量編印史書，用的是益州的麻紙：

> 四庫之書，兩京各二本，共二萬五千九百六十卷，皆以益州麻紙
> 寫。〔註57〕

由於黃麻與白麻紙在唐代的公文用紙的比重之高，益州在當時的造紙業也相當發達。也因為藤紙與麻紙在唐代公文書寫上的重要，使得生產藤紙與麻紙的州別在唐代時有著重要的地位。

（二）宣紙的製造原料

雖然宣歙地區從開元時就已經貢紙，但《唐國史補》對於全國各地名紙的記載，卻沒有宣歙地區：

> 紙則有越之剡藤苔牋，蜀之麻面、屑末、滑石、金花、長麻、魚子、
> 十色牋，揚之六合牋，韶之竹牋，蒲之白薄、重抄，臨川之滑薄。
> 〔註58〕

不管是越州的剡紙，或者揚州的六合牋，在唐代時都已經是很有名氣的紙品名。這些區域所造的紙都是以藤或麻做為造紙的原料，不僅美觀，還有各式各樣的花樣，而且如上述提到的，都是做政府公文用途，因此名氣得以響亮。

那麼宣歙地區的造紙業的原料是什麼？與其他造紙區域相較，又有什麼不同呢？今宣紙與古宣紙又有何不同？首先，唐至宋代由宣州所造的宣紙，與今日的宣紙材質不同。今日宣紙的材質是以青檀皮混合稻草等雜質所造的，由宋元之際的涇縣曹氏所創，成熟於明代中期。然而唐代的宣紙製造地點在宣城，用的原料主要是楮樹皮，這是古宣紙與今宣紙的不同〔註59〕。宣歙地區當時所用來造紙的原料，應該是楮樹皮。這種製造方法從唐代沿用到宋代，楮樹皮所製造的紙，取代了唐代以來以麻紙做為官方文書用紙的習慣，成為宋代的官方文書用紙，製造地點就在宣歙地區的池州：

〔註56〕「凡拜免將相，號令征伐，皆用白麻」請參閱《新唐書》，卷46，〈百官志〉，頁1183～1184；「凡赦書、德音、立后、建儲、行大誅討、拜免三公。宰相、命將日，並使白麻紙」請參閱《資治通鑑》，卷235，〈唐紀〉，頁7567。
〔註57〕《唐六典》，卷9，頁280。
〔註58〕《唐國史補》，卷下，頁60。
〔註59〕曹天生，〈《辭海》「宣紙」條目應重新定義〉，頁184～185，收錄於《江淮論壇》，2007年第6期。

（唐）學士制不自中書出，故獨用白麻紙而已，因謂之「白麻」。今
制不復以紙辨，號為白麻者，亦池州楮紙耳。曰「發日敕」，蓋今手
詔之類；而敕牒乃尚書省牒，其紙皆一等也。〔註60〕

這種以楮樹皮來造的紙，稱為「皮紙」。楮樹，就是榖樹。《說文》曰：「楮，
榖也」〔註61〕。古人用楮樹皮來造紙的時間很早，加上楮樹的生長範圍極廣，
江南地區以楮樹皮造紙的記錄在三國時代就有了：

今江南人績其皮以為布，又擣以為紙，謂之榖皮紙，絜白光澤，其
裏甚好。〔註62〕

表示江南地區以楮皮造紙的技術應該已經使用很久，宣歙地區應也不例外。北
魏賈思勰也曾說過楮樹皮可以造紙：「其（楮）皮可以為紙者也」〔註63〕。賈
思勰對於楮樹的種植方式與生長週期說得十分清楚：

楮宜澗榖間種之。地欲極良。秋上楮子熟時，多收，淨淘，曝令燥。
耕地令熟，二月樓耩之，和麻子漫散之，即勞。秋冬仍留麻勿刈，
為楮作暖。明年正月初，附地芟殺，放火燒之。一歲即沒人，三年
便中斫。〔註64〕

所謂「三年便中斫」，是指楮樹只需要三年的時間便能長成，那麼楮樹長成後
如何利用呢？

指地賣者，省功而利少。煮剝賣皮者，雖勞而利大。自能造紙，其
利又多。種三十畝者，歲斫十畝，三年一開，歲收絹百匹。〔註65〕

賈思勰從經營商品的角度看種植楮樹這個行為，從文中「指地賣者，省功而利
少」，到「煮剝賣皮者，雖勞而利大」，最後「自能造紙，其利又多」，這些乃
是從生產者到製造者的過程，生產者若只賣地或賣皮，都無法像造紙有極高的
收益，同時賈思勰也說明瞭造紙的確是能夠賺錢的產業，若能有造紙業，對當
地經濟的發展應該能有助益。

〔註60〕（宋）葉夢得撰，（宋）宇文紹奕考異、侯忠義點校，《石林燕語》（北京：中
　　　　華書局，1997年），卷3，頁37。

〔註61〕許慎，《說文解字》（北京：中華書局，2007年），卷6，頁117。

〔註62〕黃暉，《論衡校釋》（北京：中華書局，1990年），卷5，〈異虛第十八〉，頁213。

〔註63〕（北魏）賈思勰原著、繆啟愉校釋、繆桂龍參校，《齊民要術校釋》（北京市：
　　　　農業出版社，1982年），卷5，〈種穀楮第四十八〉，頁249。

〔註64〕《齊民要術校釋》，卷5，〈種穀楮第四十八〉，頁249～250。

〔註65〕《齊民要術校釋》，卷5，〈種穀楮第四十八〉，頁250。

（三）製造方式與用途

　　從表 3-2 中可以看到：宣歙地區在開元時，僅有宣州一州上貢；天寶年間
與五代時，增加到宣歙境內的宣州、歙州、池州三州全數貢紙；北宋時則又僅
存歙州、池州兩州貢紙，可見宣州當時的造紙業，在五代至北宋初年時，應該
正處於轉變期。就北宋資料而言，其貢紙資料記載得比較詳細，寫出了貢紙的
張數，可以看到貢紙張數以五百或一千為單位，其中以一千張最多，此時的歙
州及池州都分別上貢了一千張，但未寫出是哪一種材質的紙。在歷來上貢資料
中，僅有開元貢記載了宣州上貢「案紙」、「次紙」，以及五代末葉，歙州進貢
了「硾紙」。宣歙地區上貢的紙名稱，與其他州比較起來，有明顯的獨特性。
相較於上述提到的大量使用於政府文書，以及史書抄寫的藤紙與麻紙而言，可
以想見的是，宣歙地區所生產的紙，在用途上，應該不同於公文書寫的使用方
式。

　　其中「案紙」與「次紙」今日已不見其名稱，無法得知是何種紙質與用途；
而歙州所進貢的「硾紙」是什麼呢？「硾，擣也」〔註66〕。所謂「硾」，是指
一種將東西擣碎的動作。而「硾紙」，便是指古代造紙時，為了要讓造出來的
紙質堅硬不容易破裂，必須將初造好的紙捲在木桿上，用重椎不斷的敲擊，讓
在造紙過程中所產生的雜質去除，那麼造出來的紙就會又白又堅固，不容易破
損。中古時期的文獻史料對於何謂「硾紙」已無記載，僅能從清人的書籍中得
知「硾紙」的製造步驟，大致上脫離不了以椎不斷重擊的程序：

> 紙類不一，各隨所製。近時常用者不過竹料綿料兩種，竹料用之印
> 書，綿料用之寫字。然紙質雖細，總有灰性存乎其間，落筆輒滲。
> 若欲去其灰性，必用糯米漿，或白芨水，或清膠水拖之，然後卷在
> 木桿上，以椎千硾萬硾，則灰性去而紙質堅。〔註67〕

上文所述之「灰性去而紙質堅」，是指經過了「硾」的程序後，所造出來的紙
質顏色就是白色且堅固。從表 3-2 可以發現全國上貢的紙當中，只有歙州進貢
了硾紙，明顯與其他地區生產的紙質種類有區隔，用途也不同。這種潔白的紙
很適合拿來作畫，或者用於臨摹碑畫方面的摹寫：

> 江南地潤無塵，人多精藝……好事家（者？）宜置宣紙百幅，用法

〔註66〕《說文解字》，頁 196。
〔註67〕（清）錢泳撰，張偉點校，《履園叢話》（北京：中華書局，1997 年），〈藝能・
　　　　硾紙〉，頁 319。

　　蠟之，以備摹寫。古時（人？）好搨畫，十得七八，不失神采筆蹤
　　（跡？）。〔註68〕

其中所謂的「蠟之」，是指在宣紙上塗一層蠟，可以增強紙的硬度，避免紙張
容易撕裂。而且上了蠟的宣紙，會使紙張呈現半透明狀態〔註69〕。且有「生
宣」、「熟宣」之別：

　　唐人有熟紙、有生紙。熟紙，所謂妍妙輝光者，其法不一；生紙，
　　非有喪故不用。〔註70〕

原來在唐代時，就已經有所謂的「生宣」與「熟宣」，而且「宣紙」的叫法，
起自於唐代的張彥遠。上述引文中，將熟宣的製作手續又講得更仔細，除了上
蠟之外，還要磨光，所以才會有「妍妙光輝」，意指上過蠟的紙張表面光滑細
緻。生宣跟熟宣在唐代的使用方式，用在書畫裝訂上是不同的，張彥遠曾討論
裝背畫軸時說：

　　勿以熟紙，背必皺起，宜用白滑漫薄大幅生紙。〔註71〕

而這些書畫用紙，都是使用宣紙來書寫作畫的，也意味著宣歙地區所生產的紙
張用途在於繪畫、臨摹方面。

（四）澄心堂紙

　　宣歙地區的紙業發展到南唐時，終於成為全國最有名的紙張，原因就在於
李後主將「澄心堂紙」列為天下第一：

　　南唐後主留心筆箚，所用澄心堂紙、李廷珪墨、龍尾石硯三物為天
　　下之冠。〔註72〕

那麼「澄心堂紙」，是指什麼紙呢？為什麼要稱為「澄心堂紙」？又是哪裡製
造的呢？所謂的「澄心堂」，是指皇帝宮中的別殿。當時南唐歷代君主都喜愛
字畫，而澄心堂後來成為南唐君主用以練習書畫之地：

　　（南唐）李氏都於建業，其苑在北，故得稱北苑。水心有清輝殿，
　　張洎為清輝殿學士，別置一殿於內，謂之澄心堂，故李氏有澄心堂

〔註68〕（唐）張彥遠撰、（日）岡村繁譯注、俞慰剛譯，《歷代名畫記譯注》（上海：
　　　　上海古籍出版社，2002 年），卷 2，〈論畫體工（功？）用搨寫〉，頁 107～109。
〔註69〕《中國紙和印刷文化史》，頁 73。
〔註70〕（宋）邵博撰，劉德權、李劍雄點校，《邵氏聞見後錄》（北京：中華書局，1997
　　　　年），卷 28，頁 218。
〔註71〕《歷代名畫記譯注》，卷 3，〈論裝背標軸〉，頁 160。
〔註72〕《澠水燕談錄》，卷 8，〈事誌三十六事〉，頁 97。

紙，其曰北苑茶者，是猶澄心堂紙耳。〔註73〕

且長度長達五十尺：

> 黟歙間多良紙，有凝霜澄心之號，復有長者，可五十尺為一幅。〔註74〕

澄心堂紙之所以成為李後主所認定的絕佳紙張，是因為其質感如春冰那樣光滑，而且在南唐時的價格，花費百金還買不到一張：

> 昨朝人自東郡來，古紙兩軸縅滕開。滑如春冰密如繭，把玩驚喜心徘徊。蜀牋脆蠹不禁久，剡楮薄慢還可咍。書言寄去當寶惜，慎勿亂與人翦裁。江南李氏有國日，百金不許市一枚。澄心堂中唯此物，靜幾鋪寫無塵埃。〔註75〕

上文所提到的「蜀牋蠹脆不禁久」，是指四川地區的麻紙不耐捲，而澄心堂紙因為既白且薄，加上捲久不容易生毛，所以價格高昂。這在米芾的《畫史》一書中也曾提及澄心堂紙的產地應該是池州，而非歙州：

> 古書所用軸頭以木，性輕者紙，多有益於書。油拳麻紙硬堅，損書第一。池紙勻硾之易軟，少毛，澄心其制也。今人以歙為澄心，可笑。一書即兩分理，軟不耐卷，易生毛。古澄心以水洗浸一夕，明日鋪於車上曬乾，漿硾已去，紙復元性，乃今池紙也。〔註76〕

但同為宋朝的文人卻指出澄心堂紙出自歙州：

> 永叔新詩笑原父，不將澄心紙寄予。澄心紙出新安郡，臘月敲冰滑有餘。〔註77〕

> 《新安志》曰：「績溪紙，乃澄心堂遺物」。〔註78〕

梅堯臣認為澄心紙的產地在新安郡，也就是歙州；而《新安志》中所寫的「績溪紙」，績溪位於歙縣東北方，唐五代時皆轄於歙州，因此關於澄心堂紙的製造地點，在宋代有歙州與池州兩種說法。

〔註73〕（宋）吳曾，《能改齋漫錄》（北京：中華書局，1985年），卷9，〈地理‧北苑茶〉，頁232～233。

〔註74〕《文房四譜》，卷4，〈二之造〉，頁53。

〔註75〕（宋）梅堯臣，《宛陵集》，卷7，〈永叔寄澄心堂紙二幅〉，頁34。臺北：新文豐出版印行，1979年。

〔註76〕（宋）米芾，《書史》，頁251。收錄於《全宋筆記》第二編（四）。

〔註77〕《宛陵集》，卷35，〈潘歙州寄紙三百番石硯一枚〉，頁191。

〔註78〕中華書局編輯部編，《宋元方志叢刊》（北京：中華書局，1990年），〈新安志〉，卷10，〈襍說‧紙〉，頁7757-2。

第二節 製墨與製硯業

一、歙州墨業的發展

　　唐五代時期的製墨業產地並不多，在開元時，全國只有潞州與易州貢墨。這兩州在初唐時就已是全國製墨業重心，尤其是潞州墨，一直發展到北宋初年仍是每歲貢墨之地。至於絳州，則是天寶年間才開始貢墨，因為品質一直很穩定，因此到北宋初年的時候仍持續上貢。就地理位置而言，潞州、易州、絳州這三個州，皆位於河東及河北地區，江南地區唯一生產墨的地方，在歙州。

　　歙州為什麼是江南地區唯一貢墨之地？又為什麼到五代才開始貢墨？在五代以前，歙州有製墨業嗎？歙州墨跟易州墨、潞州墨、絳州墨又有什麼不同？在表 3-2 中可以看到，從唐至北宋，歙州僅有在五代時才有貢墨資料，既然五代時已有貢墨，又為什麼在北宋時不能繼續貢墨？是因為北宋時歙州墨停產了？抑或者是品質下滑，不足以上貢？以下將討論上述各項問題。

表 3-3：唐至北宋全國墨產地表

時　　間	州／縣	貢墨內容	出　　處
開元	潞州	墨	①《唐六典》卷3，頁66。②《元和郡縣圖志》卷15，頁418。
	易州	墨	《元和郡縣圖志》卷18，頁515。
天寶	絳州絳郡	墨	《新唐書・地理志》卷39，頁1001。
	潞州上黨郡	墨	《新唐書・地理志》卷39，頁1008。
	易州上穀郡	墨	《新唐書・地理志》卷39，頁1019。
五代	潞州	墨	《太平寰宇記》卷45，頁937。
	絳州	墨	《太平寰宇記》卷47，頁984。
	易州	墨	《太平寰宇記》卷67，頁1358。
	歙州	墨	《太平寰宇記》卷104，頁2059。
北宋	潞州	墨一百枚	《元豐九域志》卷4，頁163。
	絳州	墨一百枚	《元豐九域志》卷4，頁167。

（一）墨業起源與原料產地

歙州墨業的起源，首先要從唐代的製墨中心「易州」說起。易州墨的製造者不少[註79]，其中有位叫奚超，在易水時就是有名的製墨家。唐朝末年，奚超與兒子廷珪到歙州，發現當地有許多可以用來製墨的美松，便在歙州居住下來。

> 李超，易水人，唐末與其子廷珪亡至歙州，以其地多美松，因留居，以墨名家。本姓奚，江南賜姓李氏。珪或為邦，珪弟廷寬，男承宴、承安，男文用，皆有聞易水。[註80]

因此，從唐末開始，歙州才有了製墨業，由於歙州墨是由易水墨的製作者李超製作，所以歙州墨的製法與品質，應與易州墨相差不遠。同時因為奚氏一家所製的墨十分精良，受到南唐李後主的賞識，並賜其家國姓為「李」，其家所製的墨也稱為「李墨」，並且封李超其子孫世代為墨務官：「（李）廷珪，超之子，世為南唐墨官」[註81]。除了李氏之外，宣歙地區從唐末開始，逐漸出現了許多製墨名家。宣州主要有盛氏，歙州地區則有李氏、耿氏，這三家都是世代以製墨為業，另外在宣州還有業（柴？）詢、柴成務、朱君德這三位，也都是當代的製墨名家：

> 唐之匠氏……江南則歙州李超、超之子庭珪、庭寬、庭珪之子承浩、廷寬之子承晏、承晏之子文用、文用之子惟處、惟一、惟益、仲宣，皆世其家也；歙州又有耿仁、耿遂、遂之子文政、文壽，而耿德、耿盛皆其世家也；宣州則盛匡道、盛通、盛真、盛舟、盛信、盛浩，又有業（柴？）珣、柴承務、朱君德。[註82]

也有個人製造者，例如歙州的墨匠朱逢，為韓熙載燒墨：

> 韓熙載留心翰墨，四方膠煤，多不合意。延歙匠朱逢，於書館旁，燒墨供用。命其所曰「化松堂」，墨又曰「玄中子」，又自名「麝香月」，匣而寶之。[註83]

[註79] 易水墨的製造者，除了奚超之外，還有張遇、陳贇。詳請參閱（宋）晁氏，《墨經》，〈工〉，頁272。收錄於《叢書集成新編·四八》，臺北：新文豐出版公司印行，1985年。

[註80] 《澠水燕談錄》，卷8，〈事誌三十六事〉，頁97。

[註81] 平原陸友纂，《墨史》，卷上，頁12。收錄於《墨記（及其他兩種）》（北京：中華書局，1985年）。

[註82] 《墨經》，〈工〉，頁272。

[註83] 《清異錄》，卷下，〈文用門·麝香月〉，頁90。

如同宣州的諸葛氏製筆，當時的製墨者，世代為業相當多見。

　　而歙州之所以吸引這麼多製墨家停留，是因為宣歙地區松的等級，與易州地區松的品質相近。當時全國「松」的產地，也是主要生產墨的地方。唐朝時，有名的松產地有：易州、潞州、上黨，後唐時則有宣州、歙州這些州別生產美松：

　　　　唐則易州、潞州之松，上黨松心尤先見貴，後唐則宣州黃山、歙州
　　　　黟山、松羅山之松，李氏以宣歙之松類易水之松……池州九華山及
　　　　宣歙諸山，皆產松之所。〔註84〕

《墨經》將全國的松產地分為東山與西山兩部分，上述引文中所提到的州別，都是被劃歸在西山；至於東山，是指兗州、沂州、登州、密州之間〔註85〕。東山與西山的松有什麼差別呢？

　　　　蓋西山之松，與易水之松相近，乃古松之地。與黃山、黟山、（松？）
　　　　羅山之松品惟上上……九華山品中。〔註86〕

因為西山松的品質，與易水松相近。同時宣歙地區的黃山、黟山、松羅山的等級，與易水松並列為上上，而鄰近的池州九華山，也有中等的評品，這一帶都是製造上等松煙墨的好原料。東山松與西山松所提煉出來的煤也很不相同，大抵上東山松因為「色澤肥膩、性質沈重」〔註87〕，所提煉出來的煤比較重，西山煤比較輕：「凡煤貴輕……西山煤輕，東山煤重」〔註88〕，因此西山松所提煉出來的西山煤，才會被評鑑為上上。所以，李超父子既然因為歙州當地有生產美松，而在歙州定居下來，那麼歙州松的品質，就正如上述所說的十分高級。

　　既然宣歙地區的松等級評鑑為上上之選，也就是說，當地的原物料為其創造了有利的產業條件。配合著李超父子進入宣歙地區開始製墨，種種的條件，對唐末五代的宣歙地區來說，等於開闢了一個全新的產業。這麼多家世代相傳造墨為業，也足以說明，唐末五代的墨量需求，十分巨大，同時對於推動五代歙州製墨業發展，產生了積極的影響。

〔註84〕　《墨經》，〈松〉，頁269。
〔註85〕　《墨經》，〈松〉，頁269。
〔註86〕　《墨經》，〈松〉，頁269。
〔註87〕　《墨經》，〈松〉，頁269。
〔註88〕　《墨經》，〈煤〉，頁270。

（二）李廷珪墨的製法

　　既然李廷珪墨能夠舉國聞名，一定有其特殊的產品優勢。除了政府無形中製造了廣告效果之外，歙州李氏墨最主要的突破，是創造了「對膠法」。然而所謂的「對膠法」到底是如何對膠？「至李氏渡江，始用對膠，而秘不傳」〔註89〕，當時有一個名叫沈珪的人，也會製墨，與李廷珪當鄰居很久，發現李廷珪的對膠法，就算連兒子都不傳，從此對膠法便失傳了：

> 沈珪，嘉禾人……嘉禾復與珪連牆而居。日為餘言：「膠法並觀其手製，雖得其大概，至微妙處，雖其子宴（承浩？），亦不能傳也。」
> 珪年七十餘終，宴（承浩？）先珪卒，其法遂絕。〔註90〕

既然無法得知李廷珪如何利用「對膠法」製墨，那麼可以從「膠」在製作的重要性，來得知膠法的良莠對於墨成品的影響。

> 凡墨，膠為大，有上等煤而膠不如法，墨亦不佳；如得膠法，雖次煤能成善墨。〔註91〕

李廷珪對於墨的製法，除了對膠法的創造之外，又創造了一種利用桐油來製墨的方法〔註92〕，因為在唐代以前，以墨的製法來說，自古以來有兩種製法，分別是松煙法、石墨法兩種，但是魏晉之後，石墨製法就再也沒有聽說過了，但松煙法卻仍是製墨者最常使用的方法〔註93〕。李廷珪既掌握了對膠的技術，又掌握了由宣歙地區的上等松樹所提煉出來的松煙，因此與同時期其他製墨家所造的墨比較，其所生產的墨，已經有明顯的市場區隔，並且具有獨家特色，這對李廷珪墨來說，無疑是其面對市場競爭的一種利器。可以說李廷珪墨之所以能享譽全國，從他對墨的製作過程中，不斷創新技術的心態分析，李廷珪是透過不斷的實驗，創造更好的墨製品，對一個商品來說，若與其他未具有創新技術的製墨家心態相比較，李廷珪為其自身產品開創了新的商機，並在江南地

〔註89〕　《墨記》，〈漆煙對膠〉，頁267。

〔註90〕　《墨記》，〈漆煙對膠〉，頁267。何薳所寫到的李廷珪之子「宴」，應為傳抄之筆誤，因為根據比《墨記》更早的《墨經》中記載：「廷珪之子承浩，廷寬之子承晏。」因此這裡所提到的李廷珪之子，應該為李承浩。

〔註91〕　《墨經》，〈膠〉，頁270。

〔註92〕　「古墨皆松煙，南唐李廷珪始兼用桐油」請參閱（明）沈繼孫，《墨法集要》，〈目錄〉，頁2。收錄於《墨法集要（及其他五種）》（北京：中華書局，1985年）。

〔註93〕　「古用松煙、石墨兩種。石墨自魏晉以後無聞，松煙之製尚矣」請參閱《墨經》，〈松〉，頁269。

區的製墨業中站穩腳步。

（三）李廷珪墨的特色

蔡君謨曾評論李廷珪墨的特色：「莆陽蔡君謨嘗評李廷珪墨能削木，墜溝中，經月不壞」[註94]，甚至「寘之水中，三年不壞」[註95]，一挺墨能在水中浸泡三年沒有變形，而且光澤不變，可見李廷珪墨產品的優勢。宋人李薳也記載了李廷珪墨的特別之處，非其他十餘種墨能及：

> 余為兒時，於彭門寇鈞國家，見其先世所藏李廷珪、下至潘穀十三家墨，斷珪殘璧，璨然滿目。其廷珪小挺久不見膠彩，而書於紙間視之，其墨皆非餘墨所及。[註96]

李廷珪墨除了具備上述之優點之外，還能如何評價墨的優劣呢？可以由毛筆書寫時的觸感觀之。《墨經》說：

> 良膠初取之，和下等煤，再取之，和中等煤，最後取之，或上等煤。凡煤一片，古法用膠一斤，今用膠水一斤，水居十二兩，膠居四兩，所以不善。賈思勰墨法：煤一斤，用膠五兩，蓋亦未盡善也。況膠多利久，膠少利新，匠者以其速售，故喜用膠少。[註97]

但是李廷珪並不這麼做，他用「佳煤一斤，可受膠一斤，入手堅重，研不滯筆，所以獨貴於世」[註98]。

在宋朝初年時，李廷珪墨依然非常有名，也是皇帝御賜的禮物。宋仁宗嘉祐年間宴會群臣，曾拿歙州新安香墨贈送給大臣：

> （宋）仁宗嘉祐中，宴近臣於衛玉殿，嘗以墨賜之，其文曰「新安香墨」。其後翰林諸君承賜者，皆雙脊龍樣，尤為佳品。[註99]

有一大臣竟不知李超是李廷珪之父，將原本拿到的李超墨與蔡君謨拿到的廷珪墨交換：

> 昭陵晚歲開內宴，蓋數與大臣侍從從容談笑，嘗親御飛白書以分賜，仍命內相王岐公禹玉各題其上，更且以香藥名墨開賚焉。一大臣得「李超墨」，而（蔡）君謨伯父所得乃「廷珪」。君謨時覺大臣意歉

〔註94〕　《澠水燕談錄》，卷8，〈事誌三十六事〉，頁97。
〔註95〕　《墨志》，〈和製第五〉，頁14。
〔註96〕　《墨記》，〈十三家墨〉，頁268。
〔註97〕　《墨經》，頁10。
〔註98〕　《墨史》，卷中，頁32。
〔註99〕　《澠水燕談錄》，卷8，〈事誌‧三十六事〉，頁98。

有不足色，因密語：「能易之乎？」大臣者但知「廷珪」為貴，而不知有「超」也。既易，轉欣然。及宴罷，騎從出內門去，將分道，君謨於馬上始長揖曰：「還知廷珪是李超兒否？」〔註100〕

蔡君謨既然願意交換成李超墨，應該不是李超墨比廷珪墨佳，而是廷珪墨易得，李超墨難得的緣故吧！

當時留存的李廷珪墨，名稱留下來的有「小握子」，為李承晏所製；及「烏玉玦」，為李廷珪所製〔註101〕；另外還有下列四種曾進貢：

其制有劍脊圓餅、拙墨、進貢墨、供堂墨，其面多作龍紋，其幕有「宣府」字，或止云「宣」，或著姓氏，或別州府，今人閒已少傳者。〔註102〕

其實墨樣並沒有大、小、厚、薄之限〔註103〕，但通常以薄小為貴：

賈思勰曰：「墨璽不得過二、三兩，寧小不大」，世人遂以薄小為貴……宣府奚庭珪之類小墨，在古品中為佳。〔註104〕

徐鉉也曾經使用過李超墨，評價很高：

徐鉉云，幼年得李超墨一挺，長不過尺，細方如筋，與弟鍇共用之。日書不下五千字，凡十年乃盡，磨處邊際如刀，可以裁紙。自後用李氏墨，無及此者。〔註105〕

徐鉉兄弟所擁有的一挺墨，價值三萬。雖然未言及此墨為何地生產，不過以徐鉉所留下的敘述，可當作當時墨價的參考。

陶穀云：徐鉉兄弟工染翰，崇飾書具，嘗出一月團墨，曰此價值三萬。〔註106〕

李廷珪墨的售價如下：

慶歷（曆）中，有人持廷珪墨十丸求售……屢以萬錢市一丸。〔註107〕

上述所謂「團墨」，是指墨的外觀樣貌，「兩漢間稱墨，多言丸，魏晉後始稱螺，

〔註100〕《鐵圍山叢談》，卷5，頁94。

〔註101〕（明）麻三衡纂，《墨志》（北京：中華書局，1985 年），〈稽式第六〉，頁16。

〔註102〕《澠水燕談錄》，卷8，〈事誌・三十六事〉，頁98。

〔註103〕《墨經》，〈樣〉，頁15。

〔註104〕《墨經》，〈樣〉，頁15。

〔註105〕《十國春秋》，卷115，〈拾遺〉，頁4905。

〔註106〕《十國春秋》，卷115，〈拾遺〉，頁4905。

〔註107〕《墨史》，卷上，頁13～14。

取其上銳必肖，如今之梃形而丸」〔註108〕，常見的單位名稱有螺、量、丸、枚〔註109〕等。大體上來說，唐末五代時的歙墨，主要是做為貢品，蘇軾才有「墨成不敢用，進入蓬萊宮」〔註110〕的詩句，就是在描述此墨之精緻與珍貴，墨成後直接向中央進貢的情況。

（四）歙州墨業的興盛

唐末五代時，歙州的製墨業無疑是興盛的。產量之大，可由陶雅〔註111〕與李超之間的對話一窺端倪：

> （陶雅）「爾近所造之墨，殊不及吾初至郡時，何也？」（李超）對曰：
> 「公初臨郡，歲取墨不過十挺，今數百挺未已，何暇精好焉？」〔註112〕

從表3-3中，可以看到在北宋時，潞州與絳州的歲貢數量，一年為墨一百枚，然而歙州在唐末五代時，就已經達到這個數量了。可見當時的歙州墨，在產量上應該不亞於同時期的潞州、易州、絳州墨。歙州墨到了北宋初年未再上貢，可能是與五代時大量開採製造有關，從北宋初年的記載可以得知歙墨的品質逐年下降，所進獻的墨也常被責罵不好用：

> 歙州供進，墨務官李惟慶造者，其次也，此後李氏遂無聞。宋仁宗
> 時，其子孫尚有為務官者，歲貢上方絕不佳，每移本州責之，殊不
> 入用也。〔註113〕

李家的墨業到李惟慶之後，便不再有名氣。因此在宋仁宗時，雖然李家仍有子孫為墨務官，但與南唐時的品質比起來，已較不佳。歙州墨業在李超父子定居歙州後，才穩定發展起來，或許是歙州墨經過五代大量製造，品質大不如前，使得歙墨的美譽受損，導致北宋初年無法上貢，應該是原因之一。

歙州的製墨業，為什麼可以在五代時期快速發展起來呢？除了前述提到，是因為李超父子帶來易州墨的製造方式，以及當地本身的自然條件足夠之外，

〔註108〕《墨史》，卷上，頁23～24。

〔註109〕《墨志》引《北戶錄》，然今存《北戶錄》中並無記載關於墨的單位，請參閱《墨志》，〈和製第五〉，頁12。

〔註110〕（宋）蘇軾撰、王文誥輯注、孔凡禮點校，《蘇軾詩集》（北京：中華書局，2009年），〈孫莘老寄墨四首·其一〉，卷25，頁1320。

〔註111〕陶雅，字國華，廬州合肥人。楊行密逐廬州刺史郎幼復，以雅為左衝山將，討定鄉盜。田頵既破歙州，雅自池州團練使來（歙州）為刺史。詳請參閱《宋元方志叢刊·新安志》（北京：中華書局，1990年）卷9，〈陶雅〉，頁7745-2。

〔註112〕《古今圖書集成》，〈理學彙編·字學典〉（清雍正銅活字本），頁12053。

〔註113〕《墨史》，卷上，頁22。

最主要的就是南唐政府的支持。

> 南唐後主留心筆箚，所用澄心堂紙、李廷珪墨、龍尾石硯三物為天
>
> 下之冠。〔註114〕

當時南唐李後主喜愛文墨，因此文具業在南唐時也特別興盛。其中澄心堂紙、歙州李廷珪墨、龍尾石硯被認為是天下最好的三種文具用品。除了皇帝個人喜好的加持之外，南唐曾在歙州設官監督硯務：

> 南唐有國時，於歙州置硯務，選工之善者，命以九品之服，月有俸
>
> 廩之給，號硯務官。〔註115〕

這些墨務官中，也有李超的子孫，世代為官。對任何一個產業來說，若能得到政府支持，無形中就能得到向全國推銷的機會。而且由於皇室的喜愛，與李超時打下的好形象與好口碑，使得李廷珪墨在五代時，成為全國製墨業的代表。

二、歙硯的發展

從唐至北宋，歙硯一直沒有在上貢的名單之中。當時全國最有名的應該是虢州硯，從開元到北宋初年，虢州貢硯的資料從來沒有間斷過，而歙硯僅是土產而已〔註116〕。雖然歙硯在唐代並沒有上貢，但柳公權曾評青州第一與絳州硯第二：

> （柳公權）常評硯，以青州石末為第一，言墨易冷，絳州黑硯次之。
>
> 〔註117〕

而青州硯與絳州硯在中古時期也從未上貢。

表 3-4：唐至北宋全國硯產地表

時　　間	州／縣	內　　容	出　　處
開元	虢州	硯瓦	《唐六典》卷3，頁66
天寶	虢州弘農郡	瓦硯	《新唐書‧地理志》卷38，頁986。
五代	虢州	硯瓦	《太平寰宇記》卷6，頁110。
	衢州	硯	《太平寰宇記》卷97，頁1945。

〔註114〕《澠水燕談錄》，卷8，〈事誌三十六事〉，頁97。

〔註115〕收錄於《歲時習俗資料彙編》（臺北市：藝文印書館印行，1970年），卷2，〈月令粹編‧每月令‧硯務官〉，頁99。該書引歐陽修〈試筆〉為註解，然現今所存〈試筆〉篇已無此句。

〔註116〕《太平寰宇記》，卷104，〈江南西道二〉，頁2059。

〔註117〕《舊唐書》，卷165，〈柳公權傳〉，頁4312。

北宋	虢州	硯二十枚	《元豐九域志》卷3，頁116。
	寧州	硯一十枚	《元豐九域志》卷3，頁118。
	端州	石硯一十枚	《元豐九域志》卷9，頁414。

（一）歙硯起源

　　討論歙硯之前，首先應先來討論「硯」的材料是什麼？又從何而來？據東漢許慎《說文解字》：「硯，石滑也」〔註118〕，而東漢劉熙《釋名》載：「硯，研也，研墨使和濡也」〔註119〕，都說明暸石頭是硯的基本材料。

　　雖然宣歙地區的硯石在唐五代時，一直沒有成為上貢的精品，但是唐代以來有很多人稱頌過宣歙地區所產的硯石，例如李白曾說：「宣州石硯墨色光」〔註120〕。從地理書中的記載可以看到，宣歙地區產石硯的地方，在歙州黟縣的墨嶺，有出墨石〔註121〕。石硯的品質好壞，決定在於出產硯石的山，所謂「硯之施也被乎用，石之質也本乎山」〔註122〕，並且以能夠磨出溫潤的墨汁者為上乘〔註123〕。歙州出產的硯石，應也符合此條件，才能被李白所稱頌。

　　那歙硯什麼時候開始開採的呢？目前多指開元中期的一則傳說：據說有一位獵人因追逐野獸，而發現了一塊疊石，他把這塊疊石帶回家粗略的製做成硯，評價竟然高過於端溪硯。過了好幾代的時間，婺源硯才逐漸流傳開來。

　　　　婺源硯，在唐開元中，獵人葉氏逐獸至長城裏，見疊石如城壘狀，

　　　　瑩潔可愛，因攜以歸刊，粗成硯，溫潤大過端溪。後數世，葉氏諸

　　　　孫持以與令，令愛之，訪得匠手，斲為硯，由是山下始傳。〔註124〕

這則史料之所以成為歷來各學者探究歙硯起源的根據，是因為出自於宋人唐積所撰之《歙州硯譜》一書，這部書是目前記載歙硯最早的著作。但筆者發現，早在開元二年（714）時，唐玄宗已經將歙硯列為賞賜的禮物：

〔註118〕　《說文解字》，頁195。

〔註119〕　（東漢）劉熙撰、（清）王謨輯，《釋名》（北京：中華書局，1985年），卷6，〈釋書契第十九〉，頁95。

〔註120〕　《李太白全集》，卷8，〈草書歌行〉，頁456。

〔註121〕　《元和郡縣圖志》，卷28，〈江南道四〉，頁687。

〔註122〕　《全唐文》，卷455，張少博〈石硯賦〉，頁2755。

〔註123〕　《全唐文》，卷455，張少博〈石硯賦〉，頁2755。

〔註124〕　（宋）唐積，《歙州硯譜》，〈採發第一〉，頁1。收錄於《硯史（及其他四種）》（北京：中華書局，1985年）。

開元二年(714)，賜宰相張文蔚、楊涉、薛貽寶……龍鱗月硯各一……

鱗，石紋似之；月，硯形象之，歙產也。〔註125〕

既然歙硯在開元二年（714）就已成為皇室賜給大臣的禮物，那麼歙硯的開採應該早於開元年間。也因此前述唐積所撰之獵人葉氏為發現婺源硯最早之人的傳說，應不可信。

（二）婺源硯之開採狀況與交通

歙州生產的硯石主要分佈在歙縣、祁門、婺源三縣〔註126〕。蘇易簡《文房四譜》說：「歙州之山有石，俗謂之龍尾石，匠鑄之硯」〔註127〕。龍尾石出自歙州的哪一座山呢？

龍尾山亦名羅紋山，下名芙蓉溪，石坑最多，延蔓百餘里，取之不

絕。〔註128〕

羅紋山亦曰芙蓉溪，硯坑十餘處，蔓延百餘里。〔註129〕

龍尾山又叫羅紋山、芙蓉溪，歐陽修在其〈硯譜〉中說：「歙石出於龍尾溪」〔註130〕，而宋人曹繼善在《歙硯說》中引《圖經》：「龍尾山在婺源縣長城裏」〔註131〕，說明瞭龍尾山位於歙州婺源縣。由於開採的地點在龍尾山，因此歙硯也被直接稱為龍尾硯〔註132〕。龍尾山共有十一個石坑，分別是眉子坑、羅紋裏山坑、羅紋坑、水舷坑、水巖坑、溪頭坑、葉九山坑、羅紋金星坑、驢坑、濟源坑、洞靈巖〔註133〕。這十一個石坑中，在唐五代曾經開採的有眉子坑、羅紋裏山坑、羅紋坑：

眉子坑在羅紋山，開元中發。

〔註125〕《清異錄》，卷下，〈文用門·寶相枝〉，頁90。

〔註126〕「祁門縣出細羅紋石……婺源泥漿石……歙縣出刷絲硯」。請參閱洪適輯，《辯歙石說》，頁3。收錄於《硯史（及其他四種）》（北京：中華書局，1985年）。

〔註127〕《文房四譜》，卷3，〈硯譜〉，頁41。

〔註128〕（宋）曹繼善撰，洪適輯，《歙硯說》，頁1。收錄於《硯史（及其他四種）》（北京：中華書局，1985年）。

〔註129〕《歙州硯譜》，〈石坑第二〉，頁1。

〔註130〕「歐陽永叔云：『歙石出龍尾溪』」此段文字出處為《古今事文類聚》，〈別集〉，卷14，頁9439。

〔註131〕《歙硯說》，頁1。

〔註132〕「歙州之山有石，俗謂之龍尾石，匠鑄之硯」請參閱《文房四譜》，卷3，〈硯譜〉，頁41。

〔註133〕《歙州硯譜》，〈石坑第二〉，頁1～2。

> 羅紋裏山坑在羅紋山後，李氏時發。
>
> 羅紋坑在眉子坑之東，李氏時發。〔註134〕

另外，在宋代初年就已經廢坑的有羅紋裏山坑、水巖坑、溪頭坑、葉九山坑、羅紋金星坑：

> 羅紋裏山坑在羅紋山後，李氏時發。今廢五十餘年。
>
> 水巖坑……景祐中發，今廢四十年。
>
> 溪頭坑……廢已二十年。
>
> 葉九山坑……不取已三十年。
>
> 羅紋金星坑……今廢。〔註135〕

在這十一個石坑中，有三個石坑在唐五代時有開採的記錄，其中羅紋裏山坑在五代時開採後，於宋代初年已經廢坑。接近半數的廢坑不再開採，是否代表在開採上有什麼困難呢？首先，從交通路程來看，龍尾山的位置既高又陡，距離州縣遙遠：

> 自歙州大路一百八十里，至西坑口入山三十里，至羅紋山皆山谷、大林、莽盤、屈鳥道也。自婺源縣大路三十里，過溪皆大嶺，重複九十里至羅紋山下，自州至濟源口一百九十里，入小路七十里至濟源。自縣至濟口八十里，入小路七十里至濟源。〔註136〕

《歙硯說》引《唐侍讀硯譜》云：

> 二十年前，頗見人用龍尾石硯。求之江南故老，云：「昔李後主留意翰墨，用澄心堂紙、李庭邦墨、龍尾硯三者為天下冠，當時貴之。自李氏亡而石不出，亦有傳至今者。嘉祐中，校理錢仙芝守歙，始得李氏取石故處，其地本大溪也，常患水深，工不可入。仙芝改其流，使由別道行，自是方能得之。其後縣人病其須索，復溪流如初，石乃中絕。後邑官復改溪流，遵錢公故道，而後所得盡佳石也，遂與端石並行。」〔註137〕

前述提及歙州婺源縣之硯坑近半數的石坑停產，除了交通不便的因素之外，當地溪流水深也是導致硯石難以開採的原因。歙硯的興盛時期在晚唐五代，南唐

〔註134〕《歙州硯譜》，〈石坑第二〉，頁1～2。

〔註135〕《歙州硯譜》，〈石坑第二〉，頁1～2。

〔註136〕《歙州硯譜》，〈道路第八〉，頁6。

〔註137〕《歙硯說》，頁1。

亡國後停產，在宋代初年，歙硯的開採狀況比南唐時沒落，到北宋嘉祐中期才又恢復生產。

（三）製作形式與特點

歙硯最為後人稱道的特別之處，在於本身的花紋種類多而美。每一個石坑所產的硯石花紋都不一樣，茲將歙硯各石坑所產的不同花紋整理如下表：

表 3-5：歙州硯石坑與花紋對照表〔註 138〕

項次	石坑名稱	花紋名稱
1	眉子石	金星地眉子、對眉子、短眉子、長眉子、簇眉子、闊眉子、金眉子。
2	外山羅紋	麤羅紋、細羅紋、古犀羅紋、角浪羅紋、金星羅紋、松紋羅紋、石心羅紋、金暈羅紋、絞絲羅紋、刷絲羅紋、倒理羅紋、烏釘羅紋、卵石羅紋。
3	裏山羅紋	金星疎慢
4	金星	葵花、金暈、金星
5	驢坑	青色綠暈
6	洞靈巖	紫石大小如肝色
7	水舷金紋	金紋如常壽偃人者、青斑金紋如鶴舞者、金紋如雙鴛鴦者、金紋如鬥者、金紋如枯槎偃人者、如金雲氣者、眉如臥蠶者、如雙魚蹲鷗者、金紋如湖中寒雁者、如金壺餅者。

除了每一個石坑所產的花紋不同之外，當時做出來的硯石樣貌就高達四十種：

> 端樣、舍人樣、都官樣、玉堂樣、月樣、方月樣、龍眼樣、圭樣、方龍眼樣、瓜樣、方葫蘆樣、八角辟雍樣、方辟雍樣、馬蹄樣、新月樣、鏊樣、眉心樣、石心樣、瓢樣、天池樣、科鬥樣、銀鋌樣、蓮葉樣、人面樣、毬頭樣、寶餅樣、笏頭樣、風字樣、古錢樣、外方裏圓、筒硯樣、蟾蜍樣、犀牛樣、鸚鵡樣、琴樣、龜樣。〔註 139〕

這四十種樣式是唐積已經繪製成圖者，其餘還有多種樣式未取。歙州出產的羅紋硯，無論從哪一坑中所出的硯石，都各有特色。

> 歙溪羅紋，如羅之紋，細潤如玉；刷絲如髮之密，金銀間刷絲，亦

〔註 138〕《歙州硯譜》，〈品目第四〉，頁 3～4。
〔註 139〕《歙州硯譜》，〈名狀第六〉，頁 5。

細密；眉子如甲痕，為舊坑四種石也，色俱青黑。其新坑者，羅紋
如蘿蔔紋，刷絲每條相去一二分，眉子或長一二寸。金星新舊坑石
色雖淡青，質並粗燥。銀星新舊坑同。故歙石有龍尾、金星、峨眉、
角浪、松文等名。〔註140〕

雖然樣式頗多，但評價硯石的好壞在於是否容易發墨：

歙石出龍尾溪者，其石堅勁發墨，故前人多用之。以金星為貴，石
理微粗，以手磨之，索索有鋒芒者，尤佳。〔註141〕

目前可以看到唐五代的文獻記載中歙硯的樣式，有「月樣」者，就在上述提
到的唐玄宗賜給宰相張文蔚、楊涉、薛貽寶三人的龍麟月硯。三衢徐氏也有
收藏：

三衢徐氏所寶龍尾溪石，近貯水處有圓暈幾寸許，正如一月狀，其
色明暗隨月虧盈，是亦異矣。〔註142〕

還有底部有兩足者：

涵星研，龍尾溪石，風字樣，下有二足，琢之甚薄。〔註143〕

另外李煜所收藏的紅絲硯、靈壁石硯，更是珍品〔註144〕。李後主還曾經拿到
「青石硯」：

李後主得青石硯，墨池中有黃石如彈丸，水常滿，終日用之不耗。
陶穀見而異之，硯大不可持，乃取石彈丸去。後主索之良苦，陶曰：
「要當碎之。」石破，中有小魚跳地即死，自是硯無復潤澤。〔註145〕

李煜還有一塊寶石硯山，光是長度就已經超過一尺：

南唐有寶石硯山，徑長才逾尺尺，前聳二（三？）十六峰，皆如大手
指，不假雕琢，有華蓋峰、月巖、方壇、玉筍、翠巒，上洞下洞，三
折相通。有龍池，遇天雨則津潤，滴水少許，池內經旬不竭。〔註146〕

〔註140〕（明）高濂編撰，王大淳點校，《遵生八箋》（成都：巴蜀書社，1992年），
〈論硯〉，頁569。
〔註141〕《遵生八箋》，〈論硯〉，頁570。
〔註142〕（宋）何薳撰，張明華點校，《春渚紀聞》（北京：中華書局，1983年），卷
9，〈記硯・龍尾溪月硯〉，頁133。
〔註143〕《春渚紀聞》，卷9，〈記硯・龍尾溪研不畏塵垢〉，頁141。
〔註144〕《十國春秋》，卷115，〈拾遺〉，頁4901。
〔註145〕《十國春秋》，卷115，〈拾遺〉，頁4902。
〔註146〕《十國春秋》，卷115，〈拾遺〉，頁4902。

李後主之硯山，因為南唐國破，後來被米元章〔註147〕所得：

> 江南李氏後主寶一研山，徑長尺踰咫，前聳三十六峰，皆大如手指，
> 左右則引兩阜坡陀，而中鑿為研。及江南國破，研山因流轉數士人
> 家，為米元章所得。〔註148〕

歙硯在南唐時代的地位很高，硯工也因此得到好的待遇。例如歙州的地方官將
龍尾硯獻給中主李璟（元宗），並推薦一位硯工李少微給皇帝，李少微因此封
為硯務官。

> 南唐有國時，於歙州置硯務，選工之善者命以九品之服，月有俸廩
> 之給，號硯務官，歲為官造硯有數。其硯四方而平淺者，南唐官硯
> 也，其石尤精。〔註149〕

> 南唐元宗精意翰墨，歙守獻研，並薦研工李少微，國主嘉之，擢為
> 研官。〔註150〕

龍尾硯的結構如何呢？為何能夠成為後世聞名的硯台？蘇東坡曾這樣形容過
龍尾硯：

> 澀不留筆，滑不拒墨，瓜膚而穀理，金聲而玉德。〔註151〕

古人評斷硯台的好壞，多用發墨的狀態作為評判的標準。歙硯的特點便是發墨
的質地細緻而不損筆。所謂的「拒墨」，便是指磨不出墨汁，而歙硯可見並無
此狀況而得佳名。

第三節　金屬礦冶製造業

　　從唐代全國金屬礦產地分佈數量可以看到，江南道在總數上最多，佔的比
例最高。而宣歙地區位於江南道，所轄之下的各縣分幾乎都有金屬礦藏。

〔註147〕 「米芾字元章，吳人也。以母侍宣仁後藩邸舊恩，補浛光尉。歷知雍丘縣、
　　　　漣水軍，太常博士，知無為軍。召為書畫學博士，賜對便殿，上其子友仁所
　　　　作楚山清曉圖，擢禮部員外郎，出知淮陽軍。卒年四十九」。請參閱《宋史‧
　　　　米芾傳》，卷444，頁13123。
〔註148〕 《鐵圍山叢談》，卷5，頁96。
〔註149〕 收錄於《歲時習俗資料彙編》（臺北市：藝文印書館印行，1970年），卷2，
　　　　〈月令粹編‧每月令‧硯務官〉，頁99。該書引歐陽修〈試筆〉為註解，然
　　　　現今所存〈試筆〉篇已無此句。
〔註150〕 《宋元方志叢刊‧新安志》，卷10，〈研〉，頁7755-2。
〔註151〕 （宋）蘇軾著、孔凡禮點校，《蘇軾文集》（北京：中華書局，1986年），〈孔
　　　　毅甫龍尾硯銘〉，頁549。

表 3-6：《新唐書‧地理志》所載全國金屬礦產地分佈數量表〔註152〕

道別名稱	金	銀	銅	鐵	鉛	錫	總　　數
關內道	2	1	2	1	0	1	7
山南道	11	0	0	2	0	0	13
隴右道	6	0	0	0	0	0	6
淮南道	1	1	4	1	0	0	7
江南道	12	13	20	16	6	5	72
劍南道	17	1	1	13	0	0	32
嶺南道	31	19	1	4	0	0	55
總數	80	35	28	37	6	6	192

唐代時全國最重要的金屬礦藏集中在陝、宣、潤、饒、衢、信六州：

> 凡銀、銅、鐵、錫之冶一百六十八。陝、宣、潤、饒、衢、信五（六）
> 州，銀冶五十八，銅冶九十六，鐵山五，錫山二，鉛山四。〔註153〕

宣歙地區金屬礦藏分佈表如下：

表 3-7：《新唐書‧地理志》所載宣歙地區金屬礦產地數量表

道　　別	縣　　名	銀	銅	鐵	鉛
宣州	宣城				●
	溧水		●		
	溧陽		●	●	
	寧國	●			
	南陵	●	●	●	
	當塗		●	●	
歙州	績溪	●			●

〔註152〕　本表的數據來源為《新唐書‧地理志》。此表的數據統計結果，與張澤咸先生
　　　　　（請參閱《唐代的工商業》，頁 13。）、張劍光先生（請參閱《唐五代江南工
　　　　　商業佈局研究》，頁 97。）等皆不同，在數量方面，曾經有過學者做過詳細
　　　　　的數據統計，例如楊遠先生的《唐代的礦產》（台灣：學生書局，1982 年）
　　　　　一書，已做過詳盡的資料統計。上述諸位先生對於唐代礦物分佈的統計數量
　　　　　一致認為，由於當時編撰史書的學者掌握的資料各有差異，因此對數量的正
　　　　　確與否沒有深究的必要。此表所提供讀者的訊息在於使讀者一目了然唐代各
　　　　　道別的礦產集中在哪些區域，詳細探討的部分將於文字中闡述。
〔註153〕　《新唐書》，卷 54，〈食貨志〉，頁 1383。

池州	池州			●	●
	秋浦	●	●		
	青陽	●	●		

宣歙地區主要的金屬礦種類有銀、銅、鐵、鉛、錫這五種，其中又以產銅的縣分最多、銀與鐵次之。若就宣歙地區的所有金屬礦分佈縣分數量，與全國各地相互對比，再參照上述引文，便能發現宣歙地區的金屬礦分佈，對全國而言，最重要的是銅與鉛。以《新唐書‧地理志》對於各類金屬礦產地的記載來計算的話，宣歙地區的銀礦佔全國的 14.2%、銅礦佔全國的 21.4%、鐵礦 10.8%、鉛礦佔 50%；若與江南道內部比較，宣歙地區的銀礦佔江南道的 38.4%、銅礦佔 30%、鐵礦佔 25%、鉛礦佔 50%。針對宣歙地區的礦產分佈，以及對於江南道的重要性，張劍光先生已經在其書中討論過〔註154〕，但筆者認為每個區域之所以能夠產生不同的影響力，主要是針對全國而言，而非指單純一個道別。若只探究個別區域內部的產業活動，而沒有將該產業的重要性與全國相同產業做連結比較，將容易導致結論過於誇大，因此應將宣歙地區放置到全國金屬礦中才能看出重要性。

一、銀礦產地與製造品

（一）產地分佈

宣歙地區生產銀礦的縣分有五個，分別是宣州的南陵縣、寧國縣，池州的績溪縣、秋浦縣、青陽縣。

表 3-8：唐代宣歙地區銀礦產地表

出產州別	出產縣份	出產地點	資料出處
宣州	南陵縣	鳳凰山	《新唐書》，卷41，〈江南道〉，頁1066。
	寧國縣	無記載	《新唐書》，卷41，〈江南道〉，頁1067。
歙州	績溪縣	無記載	《新唐書》，卷41，〈江南道〉，頁1067。
池州	秋浦縣	無記載	《新唐書》，卷41，〈江南道〉，頁1067。
	青陽縣	無記載	《新唐書》，卷41，〈江南道〉，頁1067。

貞觀年間，宣州地區有銀可以鑿山開採：

（權）萬紀為持書御史，即奏言：「宣、饒部中可鑿山冶銀，歲取數

〔註154〕張劍光，《唐五代江南工商業佈局研究》，頁96～128。

百萬。」〔註155〕

雖然權萬紀沒有說出宣州生產銀礦的地點，但應該就是指南陵縣或者寧國縣，這兩地的開採自唐初就有了。至於歙州的績溪縣，依據《弘治徽州府志》的記載，績溪縣於天寶中期之後，便沒有再產銀了：「績溪縣大鄣山，唐天寶中出銀，然其後遂絕」。〔註156〕

（二）銀製品出土物

各類金屬礦的鑄造，必須考慮到熔點的不同，熔點越高者製造技術越困難。銀的熔點為 961.93℃、金的熔點為 1064.43℃，最高者是銅，有 1083℃〔註157〕。所以就冶煉及加工技術的困難度來說，銅冶最困難，而銀冶相對而言較為容易。從 1970 年西安何家村出土的唐代銀器鑑定結果得知，其純度均在 98%以上，顯示唐代的冶銀技術已經十分優越〔註158〕。且無論是銀器或銅器，都受限於礦產地點，而在特定地區發展，宣歙地區的金屬礦藏豐富，主要的製造品有錢幣、銀鋌、銀器、兵器等項。在現今出土的唐代金屬製品資料中，發現有宣州製造的銀製品，包括銀鋌、銀盤等。

表 3-9：唐代宣州製銀器出土物一覽表

項次	州別	物　品	刻　　文	資料來源
1	宣州	銀鋌一件	正面： 專知諸道鑄錢使兵部侍郎兼御使中丞知度支事臣楊國忠進 背面： ①宣城郡和市銀壹鋌五拾兩 ②專知官大中大夫使持節宣城郡諸軍事守宣城郡太守上柱國臣苗奉請 ③天寶十載（751）四月二十九日	《文物參考資料》，〈彌足珍貴的天寶遺物—西安市郊發現楊國忠進貢銀鋌〉，1957 年第 4 期，頁 11。
2	宣州	銀鋌一件	天寶十三載（754）採丁課銀每鋌五十兩	《文物》1964 年第 6 期、《文物》1972 年第 7 期。

〔註155〕《新唐書》，卷 100，〈權萬紀傳〉，頁 3939。
〔註156〕（明）彭澤、汪舜民等纂修，弘治十五年（1502）刊本，《徽州府志》（莊嚴文化出版，1996 年），卷 2，頁 32。
〔註157〕齊東方，《隋唐考古》（北京：文物出版社，2002 年），頁 173。
〔註158〕《隋唐考古》，頁 174。

| 3 | 宣州 | 銀盤一件 | 朝議大夫使持節宣州諸軍事守宣州刺史兼御史中丞充宣歙池等州都團練觀察處置采石軍等使彭城縣開國男賜紫金魚袋臣劉贊進 | 《考古》,〈遼寧昭盟喀喇沁旗發現唐代鎏金銀器〉,1977年第5期,頁330~331。 |

　　表3-9中第一件與第二件,都是天寶年間徵收的礦稅。第一件是1956年在西安市郊曾挖掘到三塊銀鋌,其中一塊為宣城郡太守和市五十兩,並交由楊國忠進獻的。第二件則是天寶十三載(754)的銀鋌,也是每錠五十兩。根據考古報告,銀鋌的樣式與笏很相似,依照進獻的年份為天寶十載(751)看來,當時規定開採礦必須課稅,是所謂的「礦稅」,雖然宣城的礦稅資料並沒有流傳下來,不過仍可參考唐代伊陽縣每年歲稅銀一千兩〔註159〕,而此次所挖掘出的銀鋌壹鋌為五拾兩,雖然無法證實這些由宣城郡太守進奉的銀鋌製造地點,不過唐代出產銀礦的地區很少,最多者為嶺南道,次多者為江南道,而宣歙地區產銀的縣分就高達五個,筆者認為宣城郡太守沒有必要從其他地區購買銀鋌,因此這件銀鋌在宣歙地區就地鑄造的可能性很高,也代表宣城郡當時必定為礦冶業十分興盛。

圖3-1:1976年遼寧出土之宣州銀盤

〔註159〕《元和郡縣圖志》,卷5,頁136。

　　表 3-9 中第三件銀盤，是 1976 年在遼寧所挖掘出的物品，該次出土的銀器總共六件，花紋都十分精美，但以宣州刺史劉贊進貢的銀盤最為精緻。而且僅有此銀盤底部有刻銘文，直書、楷字，每個字只有兩毫米大小，雕工精細，可以看出宣歙地區即使是私人作坊都能製作出高品質的銀製品。

二、銅、鐵、鉛、錫礦產地與製造

（一）產地分佈

　　由於銅、鐵、鉛、錫等金屬礦物衍生出的製造物品相似，因此在產地分佈，與製造品上一起說明。宣歙地區生產的銅礦產地，共計有六個縣分。分別是宣州的當塗縣、南陵縣、溧水縣、溧陽縣，以及池州秋浦縣、青陽縣。

表 3-10：唐代宣歙地區銅礦產地一覽表

出產州別	出產縣份	出產地點	資料出處
宣州	當塗縣	①無記載 ②赤金山	①《新唐書》，卷 41，〈江南道〉，頁 1066。 ②《太平寰宇記》，卷 103，〈江南西道一〉，頁 2047。
	南陵縣	利國山	《新唐書》，卷 41，〈江南道〉，頁 1066。
	溧水縣	無記載	《新唐書》，卷 41，〈江南道〉，頁 1057。
	溧陽縣	銅官山〔註 160〕	《宋元方志叢刊·景定建康志》，卷 17，〈山川志一·山阜·溧陽縣·銅官山〉，1579-2。
池州	秋浦縣	無記載	《新唐書》，卷 41，〈江南道〉，頁 1067。
	青陽縣	無記載	《新唐書》，卷 41，〈江南道〉，頁 1067。

除了文獻史料之外，從實地考古的煉渣礦坑遺址分佈得知，南陵（銅陵）在先秦時就已經開始開採銅礦，發展於春秋戰國，興盛於漢唐，到北宋時呈現衰弱。也就是說，南陵煉銅業延續了兩千多年之久〔註 161〕。南陵一地從漢至宋的銅礦遺址分佈在鳳凰山、獅子山、銅官山、天秤山一帶〔註 162〕，就目前所挖掘

〔註 160〕 「銅官山，在溧陽縣東南五十八里。高十八丈、周迴十六里，昔嘗出銅故名。《唐書·地理志》：溧陽有銅，此其地也。今土中熒然有銅，如麩狀，然董董取之不足以償費」。詳請參閱《宋元方志叢刊·景定建康志》，卷 17，〈山川志一·山阜·溧陽縣·銅官山〉，1579-2。

〔註 161〕 安徽省文物考古研究所、銅陵市文物管理所，〈安徽銅陵市古代銅礦遺址調查〉，頁 515。收錄於《考古》，1993 年第 6 期。

〔註 162〕 〈安徽銅陵市古代銅礦遺址調查〉，頁 511。

的遺址來看，唐代曾經開採過的遺址，在今日的銅陵縣西湖鄉曹山，面積有五萬平方米；還有朱村鄉的胡村，面積有兩萬平方米；這兩者都有煉渣的遺跡，而且都是冶銅，胡村除了煉渣之外，還是採礦的洞穴〔註163〕。這些實地考古資料的出土，也證實了文獻記載。

　　宣歙地區出產鐵礦的有四個縣分，分別是宣州的當塗縣、南陵縣、溧陽縣，以及池州的秋浦縣。

表3-11：唐代宣歙地區鐵礦產地一覽表

出產州別	出產縣份	出產地點	資料出處
宣州	當塗縣	無記載	《新唐書》，卷41，〈江南道〉，頁1066。
	南陵縣	無記載	《新唐書》，卷41，〈江南道〉，頁1066。
	溧陽縣	無記載	《新唐書》，卷41，〈江南道〉，頁1057～1058。
池州	池州	無記載	《新唐書》，卷41，〈江南道〉，頁1067。

在上述這些產地中，最重要的產地是銅陵，就是指南陵。因為銅陵不僅有銅，還有鐵。

> 宣州，秦故郡之地。阻以重山，緣以大江，封方數百里；而銅陵鐵
> 冶，繁阜乎其中。〔註164〕

雖然宣歙地區還有其他縣分生產鐵礦，不過唐代於南陵設置梅根冶、梅根監〔註165〕，加上鑄錢需雜以鐵、鉛、錫等金屬礦，宣州也有製造兵器重要的作坊，這些器物都需要鐵礦作為原料，所以銅陵的冶煉技術十分重要且進步。

　　宣歙地區生產鉛礦的縣分有三個，分別是宣州的宣城縣、歙州的績溪縣、池州的秋浦縣，雖然生產鉛礦的縣分不多，但卻已經佔了全國產量的一半。

表3-12：唐代宣歙地區鉛礦產地分佈表

出產州別	出產縣份	出產地點	資料出處
宣州	宣城縣	無記載	《新唐書》，卷41，〈江南道〉，頁1067。
	績溪縣	無記載	《新唐書》，卷41，〈江南道〉，頁1067。
池州	池州	無記載	《新唐書》，卷41，〈江南道〉，頁1067。

〔註163〕〈安徽銅陵市古代銅礦遺址調查〉，頁516～517。
〔註164〕《文苑英華》，卷830，陳簡甫〈宣州開元以來良吏記〉，頁4830。
〔註165〕《新唐書》，卷41，〈江南道〉，頁1066。

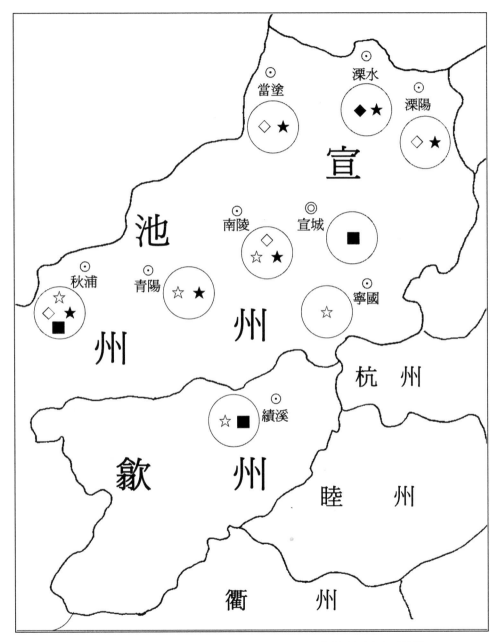

各類金屬礦表示符號：

☆銀　★銅　◇鐵　◆錫　■鉛

圖 3-2：宣歙地區各類金屬礦產地分佈圖

唐代宣歙地區整體產地分佈如下：

表 3-13：唐代宣歙地區金屬礦產地分佈表〔註 166〕

州　名	縣　名	銀	銅	鐵	鉛	錫
宣州	宣城				★	
	當塗		★	★		
	南陵	★	★	★		
	寧國	★				
	溧水		★			★
	溧陽		★	★		
歙州	績溪	★			★	
池州	秋浦	★	★	★	★	
	青陽	★	★			

（二）兵器

　　除了銅器、銀器之外，宣歙地區最多的其他金屬製造品是兵器。可能與宣州歷代以來，一直是兵家必爭之地有關，且「宣、洪、蘄、鄂彊弩，號天下精兵」〔註167〕；兵器的製造原料以鐵為主，銅製的兵器較少。大曆七年（722），宣州的兵器作坊曾因夏季無雨而停止生產：

　　　　大曆七年（772）十一月詔：以淮南數州夏秋無雨，楊（揚？）、洪、
　　　　宣等三州作坊，往以軍興，是資戎器，既屬時歲大歉，應乎！人不寧
　　　　居，徵夫役工，損費尤甚。務從省約，以息疲人，亦宜竝停。〔註168〕

除了臨時的天災影響之外，宣州的作坊製造了哪些器械呢？主要是以弓箭等戰爭用器械為主。長慶元年（821），宣州觀察使元錫〔註169〕曾進助弓箭器械五萬兩千：

〔註166〕本表的資料來源，主要有《新唐書·地理志》、《元和郡縣圖志》、《太平寰宇記》等地理書。對於上述該書中所提到的產地引文，將於本節正文中引述，此表僅提供讀者便於查閱。

〔註167〕《新唐書》，卷146，〈李吉甫傳〉，頁4738。

〔註168〕（北宋）王欽若等編，《冊府元龜》（北京：中華書局，2003年），卷135，〈帝王部·湣征役〉，頁1631。

〔註169〕元錫於兩《唐書》無傳，此引《全唐文》元錫簡介：「錫，字君貺，元和九年（814），蘇州從事。歷淄王傅，終衢州刺史。」《全唐文》又引《岑記》：「元錫歷衢、婺、蘇三州刺史，遷福建、宣歙觀察，除秘書監分司，終淄王傅」。請參閱《全唐文》，卷693，〈元錫〉，頁4194。

　　元錫為宣州觀察使，長慶元年（821），進助軍綾絹一萬匹、弓箭器
　　械共五萬二千事。〔註170〕

另外，杜牧曾說池州「征行產強弩」〔註171〕，表示池州也有生產弩。

（三）鑄錢

　　宣歙地區的金屬礦藏最多者為銅礦，佔全國產銅縣分的五分之一。雖然縣
分多，並不一定代表產銅量豐富，卻也代表了銅對於宣歙地區的工業發展，具
有一定的指標意義。而在所有的礦產中，銀礦在當時並不是容易獲利的產業，
政府為了擔憂以開採銀坑為業的坑戶失業，便請各州縣長官輔導坑戶轉而開
採銅礦：

　　天下有銀之山，必有銅鑛。銅者，可資於鼓鑄，銀者，無益於生人，
　　權其重輕，使務專一。其天下自五嶺以北，見採銀坑，並宜禁斷。
　　恐所在坑戶，不免失業，各委本州府長吏勸課，令其採銅，助官中
　　鑄作。〔註172〕

所以宣歙地區當時以開採銀礦為主的坑戶，應該也在此時轉而開採銅礦了。銅
礦最主要的用途是鑄錢：

　　銅者，餒不可食，寒不可衣，既不堪於器用，復不同於寶物，唯以
　　鑄錢，使其流布。〔註173〕

因為「銅以為兵則不如鐵，以為器則不如錫」〔註174〕，故鑄錢為銅礦最主要
的用途。唐代下過多次詔令，允許民間開採銅礦，也允許民間私鑄錢。特別
在中晚唐之後，更下令除了鑄錢之外，不准鑄造其他銅器。例如在後晉高祖
時，許百姓開採廢治沒有開採的銅冶，而且只允許鑄錢，不准鑄造其他的銅
器：

　　諸道應有久廢銅冶，許百姓取便開鍊（煉？），永遠為主，官中不取
　　課利。除鑄錢外，不得接便別鑄銅器。〔註175〕

鑄錢所需的金屬礦有銅、鉛、錫、鐵四種，就成分比例而言，以唐代開元通
寶為例，銅礦佔了 70.21%、鉛礦佔了 17.85%、錫礦佔了 8.64%、鐵礦佔了

〔註170〕《冊府元龜》，卷485，〈邦計部・濟軍〉，頁5798。
〔註171〕《樊川文集》，卷1，〈題池州弄水亭〉，頁18。
〔註172〕《舊唐書》，卷48，〈食貨志〉，頁2102。
〔註173〕《全唐文》，卷23，玄宗〈申嚴銅禁制〉，頁158。
〔註174〕《唐會要》，卷89，〈泉貨〉，頁1930。
〔註175〕《全唐文》，卷114，晉高祖〈許百姓鑄錢詔〉，頁702。

0.81%〔註176〕。銅是鑄錢的主要原料，混雜一定比例的鉛與錫，及少量的鐵。宣歙地區皆有生產銅、鉛、銀、鐵，因此梅根冶成為全國鑄錢重心。在開元二十六年（738）以前，宣州共有十個官鑪數：

> 今絳州三十鑪，楊（揚？）、宣、鄂、蔚各十鑪，益、鄧、郴各五鑪，洋州三鑪，定州一鑪。〔註177〕

那麼每一鑪的年產量有多少呢？平均可鑄出三千三百貫。

> 每鑪約用銅二萬一千二百一十斤，白鑞三千七百九斤，黑錫五百四十斤。約每貫錢用銅鑞錫價約七百五十文，丁匠在外。每鑪計鑄錢三千三百貫，約一歲計鑄錢三十二萬七千餘貫文。〔註178〕

可以看出鑄錢的原料有銅、白鑞、黑錫。所謂白鑞，是指鉛錫合金〔註179〕。依照鑄錢所需每鑪的金屬量來計算，宣州十鑪共需用銅二百一十二萬一百斤、白鑞三萬七千零九十斤、黑錫五千四百斤，估計一年總共可鑄錢三萬三千貫，佔全國官鑪鑄錢總比重的10%，這是以全國平均值去計算的結果。到了建中元年（780），「江淮七監，歲鑄錢四萬五千貫」〔註180〕。所謂的江淮七監，王怡辰師認為可能是永平監、梅根監、宛陵監、丹楊監、廣陵監、鳳山監、玉山監等處〔註181〕。也提到宣州的梅根監、宛陵監可能因為地位已不如其他五監，因此在《新唐書·地理志》的記載上，與其他五監有別〔註182〕。到了元和年間，梅根監和宛陵監每年鑄錢合計五萬貫，較中唐時一年鑄錢三萬三千貫的平均數多一萬七千貫。

> 梅根監並宛陵監，每歲共鑄錢五萬貫。〔註183〕

梅根監與宛陵監是宣歙地區的兩個錢監，唐代於中央設置少府監管理鑄錢業務〔註184〕，而地方的鑄錢業務則是交由掌冶署及冶監：

〔註176〕請參閱：王怡辰師，《魏晉南北朝貨幣交易和發行》，表1-3兩漢魏晉南北朝主要貨幣元素成分表，頁27。

〔註177〕《唐六典》，卷22，頁579。

〔註178〕《通典》，卷9，〈食貨九〉，頁204。

〔註179〕請參閱：王怡辰師，《魏晉南北朝貨幣交易和發行》，頁23。

〔註180〕《舊唐書》，卷129，〈韓洄傳〉，頁3606。

〔註181〕請參閱：王怡辰師，〈由武宗會昌錢看經濟領域的割據〉，頁5。

〔註182〕請參閱：王怡辰師，〈由武宗會昌錢看經濟領域的割據〉，頁5，註釋19。

〔註183〕《元和郡縣圖志》，卷28，頁682。

〔註184〕「儀鳳四年（679）四月……惡錢令少府司農相知，即令鑄破。其厚重徑合斤兩者，任將行用……錢賤而物貴。於是權停少府監鑄錢，尋而復舊。」請參閱《舊唐書》，卷48，〈食貨志〉，頁2096。

少府監之職，掌百工伎巧之政令……掌冶署令掌鎔鑄銅鐵器物之事；
丞為之貳。凡天下諸州出銅鐵之所，聽人私採，官收其稅……凡諸
冶所造器物，皆上於少府監，然後給之……諸冶監掌鎔鑄銅鐵之事，
以供少府監……諸鑄錢監以所在州府都督、刺史判之；副監一人，
上佐判之；丞一人，判司判之；監事一人，參軍及縣尉知之。〔註185〕

宣歙地區的梅根監與宛陵監，就是負責當地礦產的管理單位。唐代在南陵設了
「梅根、宛陵二監錢官」〔註186〕，宛陵所在的地理位置是唐代的宣州宣城郡，
漢代時為丹陽郡宛陵縣〔註187〕，漢代在當地設有銅官，因此宛陵有可能是從
漢代以來持續不斷開採的冶煉場。而梅根冶的地理位置，經過裴士京先生的考
證，大抵上得出隋至唐初屬於宣州南陵縣，中唐之後屬於池州貴池縣的結論
〔註188〕。宣州地區的錢監設置時間，始於開元二十六年（738）：

（開元）二十六年（738），宣、潤等州初置錢監。〔註189〕

但在設置錢監之前，梅根冶已經存在很久，最早的記錄是始於東晉。東晉時梅
根冶管法門場及石埭場〔註190〕，法門到了隋代升為義安縣，唐代又廢義安縣，
改為銅官縣〔註191〕，又為銅官場〔註192〕；南朝齊、梁之時：「自齊、梁之代
為梅根冶，以烹銅鐵」〔註193〕，說明瞭梅根冶的開採由來已久。梅根冶所冶
煉的銅鐵，來自周圍各州縣的山區，包括有銅陵縣的銅山、當塗縣的赤金山、
南陵縣的利國山等周圍各縣分的礦山。

銅山，在（銅陵）縣南十里。其山出銅，以供梅根監。〔註194〕

利國山，在（南陵）縣西一百一十里。出銅，供梅根監。〔註195〕

梅根冶在唐代開採的盛況，孟浩然〈夜泊宣城界〉一詩提到：「火熾梅根冶，

〔註185〕 《唐六典》，卷22，頁577～579。
〔註186〕 《新唐書》，卷41，〈江南道〉，頁1066。
〔註187〕 《太平寰宇記》，卷103，〈江南西道一〉，頁2045。
〔註188〕 裴士京，《江南銅研究》，第四篇〈六朝隋唐五代時期梅根冶及相關問題研究〉，
　　　　 三、梅根冶和梅根監考辯，頁201～214。
〔註189〕 《新唐書》，卷54，〈食貨志〉，頁1386。
〔註190〕 《太平寰宇記》引虞子山〈枯樹賦〉云：「（南陵）東南以梅根作冶地，元管
　　　　 法門、石埭兩場」。請參閱《太平寰宇記》，卷105，〈江南西道三〉，頁2089。
〔註191〕 《太平寰宇記》，卷105，〈江南西道三〉，頁2089。
〔註192〕 《太平寰宇記》，卷103，〈江南西道一〉，頁2049。
〔註193〕 《太平寰宇記》，卷105，〈江南西道三〉，頁2089。
〔註194〕 《太平寰宇記》，卷105，〈江南西道三〉，頁2090。
〔註195〕 《元和郡縣圖志》，卷28，頁682。

煙迷楊葉洲」〔註196〕。梅根冶的煙能飄到楊葉州，表示兩地之間的距離應該不遠，從楊葉州的位置判斷，推測梅根的位置應該在江邊：

> 楊葉州，在（貴池）縣西北二十里大江中。〔註197〕

且南朝宋時，梅根附近的錢溪，就因為有鑄錢監而命名為錢溪，《資治通鑑》胡三省註：

> 《新唐書·地理志》：宣州南陵縣有梅根監錢官，下云：陳慶至錢溪，
> 軍於梅根，蓋今之梅根港是也；以有鑄錢監，故謂之錢溪。〔註198〕

梅根監設在江邊的原因，可能是臨江交通便利，方便將梅根冶鑄的錢送交中央之故。李白曾提到銅官山開採的人數：「銅官幾萬人，諍訟清玉堂」〔註199〕，可以想見生活在梅根冶鄰近的百姓，可能多數依靠採礦為業，也就是所謂的坑戶。開元時宣州有十鑪在鑄錢，當時每鑪的丁匠有三十人〔註200〕，以十個官鑪數計算，宣州起碼有三百位丁匠。

在元和十五年（820）以前，鑄錢品質的控管，包括惡錢與私錢的查緝，是由各地的觀察使負責〔註201〕；到了元和十五年（820），唐中央才正式的將鑄錢的業務，完全轉移到中央政府能夠控制的地方州郡〔註202〕。

> （元和）十五年（820）八月，中書門下奏：「伏準羣官所議鑄錢，或
> 請收市人間銅物，令州郡鑄錢……仍令本處軍人鎔鑄。其鑄本，請以
> 留州留使年支未用物充，所鑄錢便充軍府州縣公用……州府有出銅鉛
> 可以開鑪處，具申有司，便令同諸監冶例，每年與本充鑄」。〔註203〕

而地方州縣擁有貨幣發行權，始於開成元年（836）：

> 開成元年（836），復以山澤之利歸州縣，刺史選吏主之。其後諸州
> 牟利以自殖，舉天下不過七萬餘緡，不能當一縣之茶稅。〔註204〕

〔註196〕 《全唐詩》，卷160，孟浩然〈夜泊宣城界〉，頁1665。

〔註197〕 《太平寰宇記》，卷105，〈江南西道三〉，頁2087。

〔註198〕 《資治通鑑》，卷131，〈宋紀〉，頁4116。

〔註199〕 《全唐詩》，卷170，李白〈贈劉都使〉，頁1751。

〔註200〕 《新唐書》，卷54，〈食貨志〉，頁1386。

〔註201〕 「（建中）二年（781）八月諸道鹽鐵使包佶奏，江淮百姓近日市肆交易……
　　　　 絹價騰貴，惡錢漸多……諸州山野地窖，皆有私錢，轉相貿易，姦濫漸深，
　　　　 今後委本道觀察使明立賞罰，切加禁斷」。請參閱《冊府元龜》，卷501，頁
　　　　 6000。

〔註202〕 此段請參閱王怡辰師，〈由武宗會昌錢看經濟領域的割據〉，頁7。

〔註203〕 《舊唐書》，卷48，〈食貨志〉，頁2104。

〔註204〕 《新唐書》，卷54，〈食貨志〉，頁1383。

故從全國金屬礦開採的數量，也從元和初年（806），全國銅礦共開採了二十六萬六千斤，鐵二百七萬斤；到開成元年（836）時，銅礦的開採增加到六十五萬五千斤，鐵礦增加到鐵五十三萬二千斤：

> 元和初（806），天下銀冶廢者四十，歲采銀萬二千兩，銅二十六萬六千斤，鐵二百七萬斤，錫五萬斤，鉛無常數。〔註205〕
>
> （大曆八年，834）天下銅坑五十，歲采銅二十六萬六千斤。〔註206〕
>
> 開成元年（836）……鹽鐵轉運使裴休請復歸鹽鐵使以供國用，增銀冶二、鐵山七十一、廢銅冶二十七、鉛山一。天下歲率銀二萬五千兩、銅六十五萬五千斤、鉛十一萬四千斤、錫萬七千斤、鐵五十三萬二千斤。〔註207〕

雖然梅根冶的開採數量史無明文，但從唐五代政府公佈的開採各類金屬礦數量，可推敲一二。

三、空青、石綠

宣州所上貢的還有一種叫空青、石綠的礦物，多生長在銅礦中，經過銅冶或鐵冶之後提煉出來。《太平寰宇記》引《太康地志》云：

> 梅根鐵冶出空青，其色特妙於廣州。〔註208〕

所謂空青，是一種礦石〔註209〕，球狀中空：「銅精熏則生空青，其腹中空」〔註210〕，在天寶元年（742）三月，代表宣城郡送往京城的船中，就有空青石了。

> 宣城郡船，即空青石、紙筆、黃連。〔註211〕

上述引文中的「空青石」，在《新唐書·韋堅傳》中是記載為空青、石綠〔註212〕，

〔註205〕　《新唐書》，卷54，〈食貨志〉，頁1383。

〔註206〕　《新唐書》，卷54，〈食貨志〉，頁1390。

〔註207〕　《新唐書》，卷54，〈食貨志〉，頁1383。

〔註208〕　《太平寰宇記》，卷105，〈江南西道三〉，頁2090。

〔註209〕　《兩唐書辭典》解釋空青：「礦物名。碳酸鹽類礦物藍銅礦（$Cu_3[CO_3]_2(OH)_2$）的礦石，成球形或中空者。按藍銅礦礦石成層狀者為曾青，其他不規則形狀者亦名石青、碧青、扁青。皆供入藥，功用明目，去翳，利竅。石青亦用作繪畫顏料」詳請參閱趙文潤、趙吉惠主編，《兩唐書辭典》（濟南市：山東教育出版社，2004年），〈空青〉，頁631。

〔註210〕　（唐）孫思邈，《千金翼方》（臺北市：中國醫藥研究所，1974年），卷2，〈空青〉，頁14-1。

〔註211〕　《舊唐書》，卷105，〈韋堅傳〉，頁3222。

〔註212〕　《新唐書》，卷134，〈韋堅傳〉，頁4560。

石綠也是一種礦物：

> 礦物名。又名碌、碌青、扁青。范成大《桂海虞衡志》：「綠，銅之苗
> 也，亦出右江有銅處，生石中，質如石者名石綠。」〔註213〕

石綠生長於銅坑中，跟空青、曾青是同一源頭：

> 石綠，陰石也。生銅坑中，乃銅之祖氣也。銅得紫陽之氣而生綠，綠
> 久則成石，謂之石綠，而銅生於中，與空青、曾青同一根源也。〔註214〕

生產空青的地方，有益州、越州、宣州，以宣州出產的空青品質最佳：

> 空青生益州山谷，及越巂。今出同（銅？）官者，色最鮮深。出始
> 興者，不如益州也……然宣州者最上。〔註215〕

無論空青或者石綠，都是屬於赤銅的一種，而且可以拿來入藥：

> 銅有赤銅、白銅、青銅……惟赤銅為用最多，且可入藥……《寶藏
> 論》云：赤金一十種：丹陽銅、武昌白慢銅、一生銅、生銀銅，皆不
> 出陶冶而生者，無毒，宜作鼎器……石綠、石青、白、青等銅，並
> 是藥製成。〔註216〕

空青或者石綠的作用與功能很多，可以拿來繪畫、入藥、煉丹藥，可參閱空青
與石綠的用途一覽表：

表 3-14：空青、曾青、石綠用途一覽表

用　途	礦物名	引　文	出　處
繪畫	空青、石綠	備彩畫之用	《隋史遺文》〔註217〕，卷5，〈新皇大逞驕奢　黔首備遭塗毒〉，頁278。
入藥	空青	眼風虛勞熱暗運內起方	《千金翼方》，卷11，〈眼病第三合一百三十三方灸法二首論一首・決明圓〉，頁133-1。
	空青	利血脈	《千金翼方》，卷1，〈用藥處方第四・利血脈藥品〉，頁13-2。

〔註213〕 《兩唐書辭典》，〈石綠〉，頁240。
〔註214〕 （明）李時珍，《本草綱目》（北京：人民衛生出版社，1975年），卷10，〈金石之四石類下四十種・綠青〉，頁597。
〔註215〕 白雲觀長春真人編纂，《正統道藏》（臺北市：新文豐出版社，1985年），卷15，〈明諸石藥之精靈・空青出處〉，頁652-2。
〔註216〕 《本草綱目》，卷8，〈金石之一金類二十八種・赤銅〉，頁465。
〔註217〕 （明）袁於令評改，李又文、曾良校點，《隋史遺文》，成都市：巴蜀書社，1999年。

	空青	益肝膽	《千金翼方》，卷 1，〈用藥處方第四‧益肝膽藥品〉，頁 10-2。
	空青	目赤痛	《千金翼方》，卷 1，〈用藥處方第四‧目赤痛藥品〉，頁 10-2。
	空青、曾青	止淚	《千金翼方》，卷 1，〈用藥處方第四‧止淚藥品〉，頁 10-2。
	空青	明目	《千金翼方》，卷 1，〈用藥處方第四‧明目藥品〉，頁 10-1。
	空青	治狼漏……其根在肝。	《備急千金要方》〔註218〕，卷 23，〈痔漏‧九漏第一〉，頁 413-1～413-2。
	空青	治蠐螬漏……其根在心。	《備急千金要方》，卷 23，〈痔漏‧九漏第一〉，頁 414-1。
	空青	治瘰癧漏……其根在腎。	《備急千金要方》，卷 23，〈痔漏‧九漏第一〉，頁 414-1。
	空青	治九漏方	《備急千金要方》，卷 23，〈痔漏‧九漏第一〉，頁 414-2。
	空青	治癲病	《備急千金要方》，卷 14，〈小腸腑‧風癲第五狂邪針灸圖訣附〉，頁 256-2。
	空青	辟溫殺鬼丸。熏百鬼惡氣方。	《備急千金要方》，卷 9，〈傷寒上‧辟溫第二治瘴霧氣附〉，頁 176-1。
	空青	治口喎不止方。	《備急千金要方》，卷 8，〈諸風‧風懿第六口噤 失音 口喎 屍厥附〉，頁 170-2。
煉丹藥	空青	太清八瓊丹方	《正統道藏》，〈太清八瓊丹方〉，頁 440-1。
	空青	太一金英神丹方	《正統道藏》，〈太一金英神丹方〉，頁 532-1。
	空青	造大還丹方	《正統道藏》，〈造大還丹方〉，頁 532-1。
	空青	黃帝九鼎大還丹方	《正統道藏》，〈黃帝九鼎大還丹方〉，頁 532-2。
	空青	太一金膏丹方	《正統道藏》，〈太一金膏丹方〉，頁 533-1。

〔註218〕（唐）孫思邈，《備急千金要方》，臺北：臺北中國醫藥研究所，1990 年。

空青	紫游丹方	《正統道藏》，〈紫游丹方〉，頁 534-1。
空青	八石丹方	《正統道藏》，〈八石丹方〉，頁 536-2。
空青	龍朱丹方	《正統道藏》，〈龍朱丹方〉，頁 536-2。
空青	八神丹方	《正統道藏》，〈八神丹方〉，頁 539-1。
空青	淩霄丹方	《正統道藏》，〈淩霄丹方〉，頁 541-2。

空青在《神農本草經》中，藥品列為上等〔註219〕，因此常被拿來入藥。除此之外，還能拿來煉丹。

> 空青久服，輕身不老，令人不忘，志高神化，能化銅、鐵、鉛、錫，
>
> 作金。〔註220〕

歷來皇帝都有服用丹藥的習慣，空青之所以在天寶三載（744）能代表宣城郡特產上京入貢，動機與用途應該與當時皇帝習慣服用丹藥有關。

第四節　茶製造與旅遊業

一、製茶業

（一）茶葉產區

眾所周知，江南地區為稻米主要生產地。但宣歙地區受到地形的限制，所以在江南以稻米為盛產的特點中，格外引人注目。例如在元和三年（808）盧坦為宣歙觀察使時，因為碰上旱災，食物來源必須從其他州縣進口，暴露了宣歙山多平原少、不利農耕的特點。

> 宣歙土狹穀少，所仰四方之來者。〔註221〕

因為土狹穀少，宣歙地區的稻米產量，不但無法自給，有時甚至必須仰賴周圍州縣，從別的地區進口米糧；也因為土地多丘陵，已經符合茶葉適合種植在山坡地的天然條件。當時江南地區的百姓，種茶的比例很高。

> 伏以江南百姓營生，多以種茶為業。〔註222〕

而茶葉的發展到唐代，民眾對於茶葉的日常需要，已經與米飯、鹽巴等每日必需品不相上下，唐代民眾以茶葉做為一般日常生活的飲料，已相當普遍。

〔註219〕《本草綱目》，第二卷，〈神農本草經目錄〉，頁 128。
〔註220〕《正統道藏》，〈神仙養道術〉，頁 222-2。
〔註221〕《資治通鑑》，卷 237，〈唐紀〉，頁 7653。
〔註222〕《全唐文》，卷 967，闕名〈禁園戶盜賣私茶奏〉，頁 5935。

古人亦飲茶耳，但不如今人腻之甚。〔註223〕

茶為食物，無異米鹽……田閭之閒，嗜好尤切。〔註224〕

雖然唐代開始飲茶的人數漸多，不過南方人與北方人對茶葉的依賴程度，在初期時並不相同。南方因為茶山多，故造成「南人好飲之，北人初不多飲」〔註225〕的現象，這種飲茶習慣一直到開元中期，才逐漸的散佈到北方各大城市，由於茶葉主要生產在南方，因此北方人所喝的茶都來自長江、淮河流域一帶。

開元中，泰山靈巖寺有降魔師大興禪教，學禪務於不寐，又不夕食，皆許其飲茶。人自懷挾，到處煮飲，從此轉相倣效，遂成風俗。自鄒、齊、滄、棣，漸至京邑，城市多開店鋪煎茶賣之，不問道俗，投錢取飲。茶自江淮而來，舟車相繼，所在山積，色額甚多。〔註226〕

同時茶葉的名目也很多，有蒙頂石花、小方、散芽、顧渚紫筍、神泉、小團、昌明、獸目、碧澗、明月、芳蕊、茱萸簝、露芽、香山、楠木、衡山、含膏、義興紫筍、東白、鳩坑、白露、黃芽、團黃等茶品名稱。

風俗貴茶，茶之名品益眾。劍南有蒙頂石花，或小方，或散牙，號為第一。湖州有顧渚之紫筍，東川有神泉、小團、昌明、獸目，峽州有碧澗、明月、芳蕊、茱萸簝，福州有方山之露牙，夔州有香山，江陵有南木，湖南有衡山，岳州有浥湖之含膏，常州有義興紫筍，婺州有東白，睦州有鳩坑，洪州有西山之白露，壽州有霍山之黃牙，蘄州有蘄門團黃。〔註227〕

著名的陸羽《茶經》，也是唐代茶葉文化興盛下的經典著作。陸羽在《茶經‧八之出》中，詳細列出全國茶葉產區，並且將茶葉分為上、下兩種等級。宣州的茶葉產地在宣城縣雅山，而歙州茶產在婺源山谷〔註228〕，等級皆列為下。雖然宣歙地區的茶葉在陸羽的《茶經》中被評鑑為下等，不過同為唐人的楊曄卻在《膳夫經手錄》中，認為宣歙地區的茶葉品質「精好」〔註229〕。陸羽《茶

〔註223〕　《封氏聞見記校注》，卷6，〈飲茶〉，頁52。
〔註224〕　《唐會要》，卷84，〈雜稅〉，頁1831。
〔註225〕　《封氏聞見記校注》，卷6，〈飲茶〉，頁51。
〔註226〕　《封氏聞見記校注》，卷6，〈飲茶〉，頁51。
〔註227〕　《唐國史補》，卷下，頁60。
〔註228〕　（唐）陸羽，《茶經》，卷下，〈八之出〉，頁717。收錄於《叢書集成新編‧四七‧應用科學類》（臺北：新文豐出版公司印行，1985年）。
〔註229〕　（唐）楊曄，《膳夫經手錄》，頁525。收錄於《續修四庫全書‧子部》，上海：上海古籍出版社，2002年。

經》中所列舉的全國茶葉產區並不普遍，同時也未嘗不是以其個人喜好做為寫入的評比標準，關於唐代的茶葉產區，絕不止於其書中提到的幾個州縣而已。除了《茶經》外，從唐代的筆記小說，以及各種地理書、地方誌中，可以看到更完整的茶葉產區分佈，整理如下表 3-15 所示：

表 3-15：宣歙地區茶葉產地一覽表

州　　名	縣　　名	產　　地	茶品名	出　　處
宣州	宣城	雅山	瑞草魁茶	《茶經》，〈八之出〉，頁 717。
	寧國	鴉山		《太平寰宇記》，卷 103，頁 2050。
	廣德	鴉山		《明一統志》，〈廣德州・鴉山〉。
	太平	上涇、下涇	未記載	《太平寰宇記》，卷 103，頁 2051。
	當塗	未記載		《因話錄》〔註230〕，卷 4，頁 29。
	未記載	鶴山	鶴山茶	《膳夫經手錄》，頁 525。
歙州	祁門	未記載	方茶	《全唐文》，卷 802，張途〈祁門縣新修閶門溪記〉，頁 4964。
	婺源	未記載	方茶、含膏	《茶經》，〈八之出〉，頁 717。
池州	青陽	九華山	仙人掌茶	《容齋隨筆》〔註231〕，卷 10，〈容齋四筆・青蓮居士〉，頁 749。
	至德	無記載	方片茶、厚片茶	《膳夫經手錄》，頁 524。

　　唐代宣州產茶區分佈在宣城、寧國、太平、當塗、廣德、旌德這六個縣分。其中宣城縣茶葉產地在雅山、廣德縣為鴉山、寧國縣產在鴉山，無論是雅山、鴉山、鴉山，所指皆是同一座山，此山位於三縣之中〔註232〕，寧國縣的鴉山茶當時還曾為貢品：

　　（寧國縣）鴉山，出茶，尤為時貢。〔註233〕

〔註230〕（唐）趙璘撰，《因話錄》，收錄於《唐國史補等八種》。
〔註231〕（宋）洪邁撰、孔凡禮點校，《容齋隨筆》，北京：中華書局，2006 年。
〔註232〕雖然史冊中並無記載鴉山的正確位置，但從今人編寫的《宣城地區志》（北京市：方志出版社出版，1998 年）中可以得知，鴉山位於今日安徽省宣城縣與郎溪縣交界，確切的劃歸在郎溪縣境內，唐代的廣德與寧國兩縣今日也屬於宣城地區，而鴉山所產的瑞草魁茶，從唐代開始被記載入史冊，迄今仍有該款茶品，詳請參閱該書頁 171。
〔註233〕《太平寰宇記》，卷 103，〈江南西道一・寧國縣〉，頁 2050。

圖 3-3：宣歙茶葉產區分佈圖

鴉山，在《寧國府志》中記載該山與廣德州交界，並云《乾隆府志》將「鴉」山記載為「鴉」山。

> 鴉山，在（寧國）縣西北三十里，高四十五丈，週三十里，與廣德
> 州界。出茶。尤為時貢……按《乾隆府志》「鴉」皆作「鴉」，今依
> 《一統志》校正。〔註234〕

寧國縣與廣德縣之縣志、府志均記載兩縣同有鴉山，並皆有產茶。宣城的雅山茶五代時還被稱做「丫山」，並且因為樣式屬於方餅狀，加上茶葉種植方位向

〔註234〕　（明）魯銓、鍾英修，洪亮吉、施晉纂，《嘉慶寧國府志》，頁68，據民國八
　　　　　年影印清嘉慶二十年刻本，收錄於《續修四庫全書》，上海：上海古籍出版社，
　　　　　2002年。

陽，因此稱為「丫山陽坡橫紋茶」，宣城郡太守還曾將此茶推薦給京洛地區的
人士享用。

> 宣城縣有丫山，小方餅橫鋪茗牙裝面。其山東為朝日所蝕，號曰陽
>
> 坡，其茶最勝。太守嘗薦於京洛人士，題曰丫山陽坡橫紋茶。〔註235〕

唐詩中說：「小江園裡火煎嘗，吳僧漫說鴉山好」〔註236〕。鴉山茶自從唐代起
就頗負盛名，江南雖然是茶葉盛產區域，但只有宣州地區才有鴉山茶；鴉山茶
相傳是烏鴉唧著茶葉的種子播種所生，故名鴉山茶；其味道與顧渚茶及蒙頂茶
近似，可知鴉山茶並不遜於其他高等級茶品。

> 昔觀唐人詩，茶詠雅山嘉。雅銜茶子生，遂同山名雅。重以初槍旗，
>
> 采之穿煙霞。江南雖盛產，處處無此茶。纖嫩如雀舌，煎烹比露芽。
>
> 競收青篛焙，不重漉酒紗。顧渚亦頗近，蒙頂來以遐。〔註237〕

所以雖然在文獻記載中的文字並不相同，但指的都是同一座山出產的茶。

宣州另外兩個產茶的地區是太平縣與當塗縣，僅有部分資料零星的記載
該地產茶。就太平縣而言，陸羽對該地的記載是「太平縣生上睦、臨睦，與黃
州同」〔註238〕，《太平寰宇記》也說「上涇、下涇。《邑圖》云：『產茶，味與
黃州同』」〔註239〕。而當塗縣的產茶資料為私人種植的小茶園：

> 盧子嚴說，早年隨其懿親鄭常侍東之。同遊宣州當塗。隱居山巖……
>
> 有僧甚高潔……所居有小圃，自植茶，為鹿所損。〔註240〕

既然是僧人私自種植的茶園，想必產量不高，該則史料僅表示當塗縣有茶葉的
種植而已。

雖然上述宣州太平縣與當塗縣的茶葉產量不高，但歙州的祁門縣與婺源
縣產量是很高的。這兩個縣分的茶葉產量，能與浮梁茶、德興茶並駕齊驅。

> 太（大？）和中，以婺源、浮梁、祁門、德興四縣，茶貨實多。〔註241〕

婺源與祁門是宣歙地區最重要的茶葉產區，陸羽《茶經》說：「歙州生婺源山

〔註235〕（清）陳元龍，《格致鏡原》，卷21，〈飲食類〉引《茶譜》，頁1031～296。
收錄於《景印文淵閣四庫全書‧子部》，臺北：台灣商務印書館發行，1986
年。

〔註236〕《全唐詩》，卷676，鄭穀〈峽中嘗茶〉，頁7742。

〔註237〕《宛陵集》，卷35，〈答宣城張主簿遺鴉山茶次其韻〉，頁189。

〔註238〕《茶經》，卷下，〈八之出〉，頁717。

〔註239〕《太平寰宇記》，卷103，〈江南西道一‧太平縣〉，頁2051。

〔註240〕《因話錄》，卷4，頁29。

〔註241〕《全唐文》，卷871，劉津〈婺源諸縣都制置新城記〉，頁5374。

谷」〔註242〕。南唐歙州刺史陶雅，還曾在婺源設置茶院〔註243〕；昇元二年
（938），也將婺源縣升級為都制置〔註244〕，可見婺源是歙州非常重要的茶葉
產區。婺源所生產的茶葉樣式與祁門相同，都是方茶。茶商們對於婺源方茶的
茶品等級評價很高，將婺源的早春含膏茶，與頤渚茶品並列。因此當地茶葉買
賣的生意非常興盛，唐人楊曄《膳夫經手錄》一書中便指出，婺源茶葉於唐代
時就已銷售到梁、宋、幽、並這些地區了。

> 婺源方茶，製置精好，不雜木葉，自梁、宋、幽、並間，人皆尚之，
> 賦稅所入，商賈所賣，數千里不絕於道路。其先春含膏，亦在頤渚
> 茶品之並列。祁門所出方茶，川源制度略同，差小耳。〔註245〕

婺源方茶之所以被評價為「精好」，乃是因該茶不雜木葉，且婺源方茶能與頤
渚茶品並列的是早春所採收的含膏茶，所謂「含膏」，乃是指茶葉製作過程中
榨取汁液的這個步驟省略。若將茶葉先榨出汁液後，所製作的茶餅表面上就會
有一層光亮；若少了這個步驟，茶餅的表面就會緊皺，這就是《茶經》中所說：
「出膏者光，含膏者皺」〔註246〕的意思。

　　至於祁門茶的特色是「色黃而香」，因此在茶商之間廣為散佈其優點，使
得祁門所生產的茶葉也越來越有名氣〔註247〕。當地以種植茶葉為生的茶農人
數很多，咸通三年（862），張途為歙州司馬時，祁門縣編戶有五千四百多戶，
其中從事製茶葉為生者有七八成之多。

> （祁門）邑之編籍民五千四百餘戶，其疆境亦不為小。山多而田
> 少，水清而地沃。山且植茗，高下無遺土。千里之內，業於茶者七
> 八矣。〔註248〕

當時江淮以種植茶葉為生的人口比例佔 20% 至 30%，祁門一地的茶農就佔了
70% 至 80%，比例是相當高的。由於唐代的口數僅記載至天寶年間，因此以天
寶時歙州的戶口比 1：6〔註249〕來計算，祁門當地的口數可能有三萬二千四百

〔註242〕《茶經》，卷下，〈八之出〉，頁 717。
〔註243〕《十國春秋》，卷 115，〈拾遺〉，頁 4897。
〔註244〕《全唐文》，卷 871，劉津〈婺源諸縣都制置新城記〉，頁 5374。
〔註245〕《膳夫經手錄》，頁 525。
〔註246〕《茶經》，卷上，〈三之造〉，頁 8。
〔註247〕《全唐文》，卷 802，張途〈祁門縣新修閭門溪記〉，頁 4964。「色黃而香，賈
　　　　客咸議，愈於諸方。」
〔註248〕《全唐文》，卷 802，張途〈祁門縣新修閭門溪記〉，頁 4964。
〔註249〕請參閱表 2-15。

口，而從事製茶為生的「園戶」總口數則可能高達兩萬五千九百二十口之多，可以說茶葉是祁門的經濟命脈。因此張途為歙州司馬時，才會說：「由是，給衣食，供賦役，悉恃此祁之茗」〔註250〕，說明瞭茶葉對於祁門縣居民的重要性。

雖然祁門茶與婺源茶已經聞名遐邇，但到底賣出多少產量？比較難有確切的數字。以饒州浮梁縣來說，當時每年可出茶七百萬馱〔註251〕，「馱」的意思有兩種，一種是指牲畜背上載負之物，另一種則是做為量詞使用：

表3-16：「馱」之用法一覽表

解　　釋	引　　文	出　　處
牲畜背上載負之物	商旅騾馬擔馱往來。	《唐會要》，卷86，〈道路〉，頁1575。
	妻子乘驢，某自控，兒女尚幼，共以一驢馱之。	《邵氏聞見錄》，卷17，頁188。
	官馬、牛、駝、騾、驢，私馱物，不得過十斤。	《唐律疏議》〔註252〕，卷15，〈乘官畜車私馱載〉，頁192。
量詞	贈賣繒錦一馱，其價值數百千。	《太平廣記》，卷167，〈廖有方〉，頁1222。
	西域胡僧者，自西京造袈裟二十餘馱。	《太平廣記》，卷329，〈張守珪〉，頁2615。
	裝金銀羅錦二十馱。	《太平廣記》，卷486，〈無雙傳〉，頁4002。
	劍南節度使張延賞獻帛數十馱。	《新唐書·朱泚傳》，卷225，頁6446。
	朱砂一千觔、水銀二百馱	《舊唐書·德宗紀》，卷13，頁386。
	唐天寶中，有劉清真者，與其徒二十人於壽州作茶，人致一馱為貨。	《太平廣記》，卷24，〈劉清真〉，頁160。
	斷作雇介，每月麥粟一馱	《敦煌資料》第一輯第五章，日野開三郎〈唐代先進地帶的莊園〉，收錄於《產業經濟》24卷3號。
	饒州浮梁縣：出茶七百萬馱	《元和郡縣圖志》，卷28，頁672。

〔註250〕《全唐文》，卷802，張途〈祁門縣新修閶門溪記〉，頁4964。
〔註251〕《元和郡縣圖志》，卷28，頁672。
〔註252〕（唐）長孫無忌，《唐律疏議》，臺北：商務印書館，1965年。

在作量詞解釋的時候，所應用的範圍很廣，可以用於金、銀、羅、錦、帛、袈裟、水銀、麥、粟、茶葉等方面。但不同物品每一馱的單位是否都相同呢？《唐六典》中提到：「諸州運租、庸、雜物等腳，每馱一百斤，一百里一百文」〔註253〕，日野開三郎也曾經對「每月麥粟一馱」〔註254〕考證麥粟一馱相當於一石，也相當於一百斤。那麼茶葉呢？如果以一馱一百斤計算，浮梁每年出茶七百萬馱，就有高達七億斤的產量。不過根據韓鄂《四時纂要》記載，唐代茶葉每畝產量約一百二十斤〔註255〕，若浮梁縣能有七億斤的茶葉產量，則必須有六萬頃的茶園才行，因此茶葉一馱可能並非一百斤。那有沒有可能是別的單位呢？唐代茶葉形式有團茶，單位是串：

> 兼令專使來問何日出城、取何路去，兼賜團茶一串……今交郎君將
> 書來，送潞絹二疋、蒙頂茶二斤、團茶一串。〔註256〕

但唐代的團茶僅寫一串，並沒有說明多少重量，而蒙頂茶雖然以斤計算，但也非團茶的一種。宋代的記載就較為詳細，普通團茶一斤八餅，小團茶一斤則有二十餅：

> 建茶盛於江南，近歲製作尤精，龍、鳳團茶最為上品，一斤八餅。
> 慶歷（曆）中，蔡君謨為福建運使，始造小團以充歲貢，一斤二十
> 餅，所謂上品龍茶者也。〔註257〕

宋代也更詳細的將茶葉的分類記載下來，片茶與散茶正式記載於《宋史·食貨志》，為茶葉最主要的兩大類別，而饒州、歙州、池州、宣州等處生產的茶葉，都是片茶。

> 茶有二類，曰片茶，曰散茶。片茶蒸造，實捲摸中串之……其出虔
> 袁饒池光歙潭岳辰澧州……有仙芝、玉津、先春、綠芽之類二十六
> 等，兩浙及宣、江、鼎州又以上中下或第一至第五為號。散茶出淮
> 南、歸州、江南、荊湖。〔註258〕

而無論是片茶或者散茶，其價格皆以「斤」計算：

〔註253〕《唐六典》，卷3，頁80。
〔註254〕《敦煌資料》第一輯第五章，日野開三郎〈唐代先進地帶的莊園〉，收錄於《產業經濟》24卷3號。
〔註255〕《四時纂要》，〈二月〉，頁8。
〔註256〕（日）圓仁撰，顧承甫、何泉達點校，《入唐求法巡禮行記》（上海：上海古籍出版社，1986年），卷4，〈會昌五年〉，頁186。
〔註257〕《澠水燕談錄》，卷8，頁99。
〔註258〕《宋史》，卷183，〈食貨志〉，頁4477～4478。

歙州，片茶華英、先春、來泉，並折稅。江州，散茶下號每斤十六文五分。池州，片茶慶合每斤百三十二文，福合百二十一文，運合百一十文，不及號七十七文，散茶十三文。饒州，片茶慶合每斤百四十三文，運合百三十二文，仙芝百一十文，不及號七十七文。〔註259〕

故茶貨一馱應該也是以斤計算。而《元和郡縣圖志》記載浮梁每年出茶七百萬馱，稅茶十五餘萬貫〔註260〕，若按照建中三年（782）茶稅每十稅一〔註261〕計算，浮梁每年出產的茶價總額約為一百五十萬貫，一馱約可賣兩百一十四文錢，而由於唐代並沒有留下任何茶價資料，因此若由上述宋代饒州片茶價格觀之，宋代饒州片茶價格介於每斤七十七文至一百四十三文之間，故《元和郡縣圖志》所記載之茶葉一馱可能為半斤，而唐代浮梁年產茶量可能為三百五十斤左右。而從上述引文中提到的婺源、浮梁、祁門、德興四縣茶貨產量並列，婺源與祁門的年產量應該與浮梁不相上下。但若茶葉一馱為半斤，那麼表 3-16《太平廣記》所載之「唐天寶中，有劉清真者，與其徒二十人於壽州作茶，人致一馱為貨」，又無法解釋為何每人僅致一馱為貨？特地跑一趟壽州，又帶了二十名人力，每人僅帶回半斤茶葉似乎並不合算。由於「馱」字之解釋也表示動物負載托運之意，故所謂「一馱」，應該是針對不同狀況，而有不同的解釋。

除了宣州與歙州主要的產茶區之外，池州九華山也有產茶。至德年間時，新羅國僧金地藏到達九華山，他在當地煮茶飲用，證明九華山地區有茶葉的生產。

金地藏，新羅國僧。至德間渡海，居青陽九華山。〔註262〕

禮別雲房下九華……烹茗甌中罷弄花。〔註263〕

九華山的茶當時並未記載是何種品名，不過可確知的是，池州青陽縣在唐代是

〔註259〕（清）徐松輯，《宋會要輯稿》（北京：中華書局，1957 年），〈補編‧茶價〉，頁 293-1。

〔註260〕《元和郡縣圖志》，卷 28，頁 672。

〔註261〕《舊唐書》，卷 49，〈食貨志〉，頁 2125。「（建中三年，782）天下所出竹、木、茶、漆，皆十一稅之」。

〔註262〕陳尚君輯校，《全唐詩補編》（北京：中華書局，1992 年），〈外編‧第三編全唐詩續補遺‧附錄友邦‧金地藏〉，頁 558。另外，雖然金地藏的身份在《全唐詩補編》中記載為新羅國僧，但在《全唐詩》中卻記載其為新羅國王子，詳請參閱《全唐詩》，卷 808，〈金地藏〉，頁 9121～9122。「金地藏，新羅國王子。至德初，航海居九華山，詩一首。」

〔註263〕《全唐詩》，卷 808，金地藏〈送童子下山〉，頁 9122。

有茶葉生產的。

　　池州另外一個至德縣也有生產茶葉，從《膳夫經手錄》中可以看到記載至
德縣稅茶的金額比浮梁還多。

　　　　（至德縣）並方片、厚片，自陳、蔡已北，幽、並已南，人皆尚之，

　　　　其濟生收藏榷稅，又倍於浮梁矣。〔註264〕

浮梁縣當時一年的稅茶金額是十五餘萬貫〔註265〕，至德的茶稅又「倍於浮梁」，
所以至德一年的稅茶金額可能高達三十萬貫。而唐代規定稅茶的標準從建中
三年（782）的 10%〔註266〕，長慶元年（821）甚至一度達到 50%〔註267〕，因
此至德每年茶貨所獲得的收益金額，建中三年（782）時可能有三百萬貫；若
以長慶元年（821）計算，則有六十萬貫。從貞元九年（793）張滂奏議收茶稅
之後，國家每年可以多增加四十萬貫的茶稅收入〔註268〕。而上述浮梁與至德
兩地的茶稅金額相加，早已超過四十萬貫這個數字，故宣歙地區除了祁門與婺
源之外，至德茶葉的年產量也是很豐厚的。

（二）茶賊

　　茶商們通常在茶葉採收後，到宣歙地區挑選茶葉，然後依靠長江水運，將
茶葉送往各地販售。以祁門來說，每年的二、三月收成後，就由商人將茶葉銷
往各地。

　　　　每歲二三月，齎銀緡繒素求市，將貨他郡者，摩肩接跡而至。〔註269〕

對於歙州這樣的產茶大區來說，從四面八方來歙州挑選茶貨的商賈數量極多，
王敷便曾記錄此眾商雲集的現象，且將歙州與浮梁並列：「浮梁、歙州，萬國
來求」〔註270〕。浮梁產茶數量上述已提及，歙州也不遑多讓，證明歙州地區
的茶葉產量極高。但歙州的交通不便，以祁門來說，從祁門要運往他地販售的
茶葉，一定要通過閶門溪，因為閶門溪當時容易翻覆，所以必須先用輕舟載少
量的貨物，再轉到大船上，通過閶門溪之後，再轉長江水運。

〔註264〕　《膳夫經手錄》，頁 524。

〔註265〕　《元和郡縣圖志》，卷 28，頁 672。

〔註266〕　《舊唐書》，卷 49，〈食貨志〉，頁 2125。「（建中三年，782）天下所出竹、木、
　　　　　茶、漆，皆十一稅之」

〔註267〕　《唐會要》，卷 84，〈租稅下・雜稅〉，頁 1831。

〔註268〕　《唐會要》，卷 84，〈租稅下・雜稅〉，頁 1831。

〔註269〕　《全唐文》，卷 802，張途〈祁門縣新修閶門溪記〉，頁 4964。

〔註270〕　（唐）王敷，《敦煌變文集》（北京：人民文學出版社，1984 年），卷 3，〈茶
　　　　　酒論一卷並序〉，頁 267。

其欲廣市多載，不果遂也。或乘負，或肩荷，或小轍而陸也。如此，

縱有多市，將泛大川，必先以輕舟寡載，就其巨艎。〔註271〕

當時依靠長江往來貿易的茶商，時常碰到江賊劫取貨物，這些江賊趁茶商利用長江運輸航行時打劫船上的茶葉，並往北輸送，藉此獲利。杜牧在〈上李太尉江賊書〉中便詳細的說明暸江賊的可惡：

伏以江淮賦稅，國用根本，今有大患，是劫江賊耳。某到任纔九月日，尋窮詢訪，實知端倪。夫劫賊徒，上至三船兩船百人五十人，下不減三二十人，始肯行劫，劫殺商旅，嬰孩不留。所劫商人，皆得異色財物，盡將南渡，入山博茶。蓋以異色財物，不敢貨於城市，唯有茶山，可以銷受。蓋以茶熟之際，四遠商人，皆將錦繡繒纈、金釵銀釧，入山交易，婦人稚子，盡衣華服，吏見不問，人見不驚。是以賊徒得異色財物，亦來其間，便有店肆為其囊橐，得茶之後，出為平人，三二十人，挾持兵仗。凡是鎮戍，例皆單弱，止可供億漿茗，呼召指使而已。鎮戍所由，皆云「賒死易，就死難」。縱賊不捉，事敗抵法，謂之賒死；與賊相拒，立見殺害，謂之就死。若或人少被捉，罪抵止於私茶，故賊云：「以茶壓身，始能行得」。凡千萬輩，盡販私茶。

亦有已聚徒黨，水劫不便，逢遇草市，泊舟津口，便行陸劫，白晝入市，殺人取財，多亦縱火，唱棹徐去。去年十月十九日。劫池州青陽縣市，凡殺六人，內取一人屠剖心腹，仰天祭拜。自邇以來，頻於鄰州，大有劫殺，沉舟滅跡者，即莫知其數。凡江淮草市，盡近水際，富室大戶，多居其間。自十五年來，江南、江北，凡名草市，劫殺皆徧，只有三年再劫者，無有五年獲安者。一劫之後，州縣糜費，所由尋捉，烽火四出。凡是平人，多被恐脅，求取之外，恩讎並行，追逮證驗，窮根尋葉，狼虎滿路，狴牢充塞。四五月後，炎鬱蒸濕，一夫有疾，染習多死，免之則蹤跡未白，殺之則賊狀不明。一獄之中，凡五十人，中二十人，悉是此輩，至於真賊，十人不得一。

濠、亳、徐、泗、汴、宋州賊，多劫江南、淮南、宣、潤等道，許、蔡、申、光州賊，多劫荊襄、鄂岳等道，劫得財物，皆是博茶，

北歸本州貨賣，循環往來，終而復始。更有江南土人，相為表裏，校其多少，十居其半。蓋以倚淮介江，兵戈之地，為郡守者，罕得文吏，村鄉聚落，皆有兵仗，公然作賊，十家九親，江淮所由，屹不敢入其間。所能捉獲，又是沿江架船之徒，村落負擔之類，臨時脅去，分得涓毫，雄健聚嘯之徒，盡不能獲。為江湖之公害，作鄉閭之大殘，未有革鼇，實可痛恨。

今若令宣、潤、洪、鄂各一百人，淮南四百人，每船以三十人為率，一千二百人分為四十船，擇少健者為之主將。仍於本界江岸刱立營壁，置本判官專判其事，揀擇精銳，牢為舟棹，晝夜上下，分番巡檢，明立殿最，必行賞罰。江南北岸添置官渡，百里率一，盡絕私載，每一宗船上下交送。是桴鼓之聲，千里相接，私渡盡絕，江中有兵，安有烏合蟻聚之輩敢議攻刦。

或曰：「制置太大，不假如此。」答曰：今西北邊，禦未來之寇，備向化之戎，長傾東南物產，供百萬口。況長江五千里，來往百萬人，日殺不辜，水滿冤骨，至於嬰稚，曾不肯留。葛伯殺餉童子，湯征滅之，蓋以童子無知而殺之，王者不捨其罪。今長江連海，群盜如麻，驟雨絕絃，不可尋逐，無關可閉，無要可防。今者自出五道兵士，不要朝廷添兵，活江湖賦稅之鄉，絕寇盜劫殺之本，政理之急，莫過於斯。若此制置，凡去三害，而有三利。人不冤死，去一害也；鄉閭獲安，無追逮證驗之苦，去二害也；每擒一私茶賊，皆稱買賣停泊，恣口點染，鹽鐵監院追擾平人，搜求財貨，今私茶盡黜，去三害也。商旅通流，萬貨不乏，獲一利也；鄉閭安堵，狴犴空虛，獲二利也；擷茶之饒，盡入公室，獲三利也。三害盡去，三利必滋，窮根尋源，在劫賊耳。〔註272〕

為什麼這些人要冒著有牢獄之災的風險行搶呢？因為茶葉買賣的利潤太高了。使得大家挺而走險。從「婦人稚子盡衣華服」可以想見茶葉買賣獲利豐厚，這些江賊之所以搶劫上述這些地區，就是因為這些區域皆生產茶葉，且會依靠長江輸送茶貨，有利可圖，且江賊們「得茶之後，出為平人」，販售私茶者也聚結成黨，在各地的草市、津泊渡口，光天化日行搶縱火，池州青陽縣市也遭搶匪劫掠。所以杜牧才會說：「活江湖賦稅之鄉，絕寇盜劫殺之本，政理之急，

〔註272〕《樊川文集》，卷11，〈上李太尉論江賊書〉，頁168～171。

莫過於斯」。

茶葉相對於米糧，屬於單位價值較高的經濟作物，可做為商品買賣、交易。何況唐代時茶葉的飲用習慣上，已經無異於米糧，民眾的需求量也比以往增多。或許對宣歙地區的民眾來說，當初會選擇種植茶葉，是出自於迫不得已的天然環境限制，而非特意種植。然而除了本身土地的天然條件恰巧適合種植之外，加上水利建設在唐代的進步，祁門對外的交通也改善不少，造就唐代時宣歙地區的製茶葉技術與產量提高。

二、觀光旅遊業

（一）宣州敬亭山

敬亭山是宣州境內非常著名的山脈，也是觀光休閒勝地。敬亭山位於宣城縣〔註273〕，《太平寰宇記》更仔細的指出敬亭山位於宛陵之北〔註274〕，而《文選》引《宣城郡圖經》曰：「敬亭山，宣城縣北十里」〔註275〕。自古以來便有許多詩詞在描繪敬亭山之美。目前記載上最早遊歷敬亭山且留下詩文者，是南齊時的謝朓〔註276〕，至於唐代文人到敬亭山旅遊者更多了，李白〔註277〕、白居易〔註278〕、鮑溶〔註279〕、杜牧〔註280〕、耿湋〔註281〕、許渾〔註282〕、許

〔註273〕 《新唐書》，卷41，〈地理志〉，頁1067。

〔註274〕 「《郡國志》及《宋永初山川記》云：『宛陵北有敬亭山』」請參閱《太平寰宇記》，卷103，頁2047。

〔註275〕 （梁）蕭統編，（唐）李善注，《文選》（上海：上海古籍出版社，1986年），卷27，〈謝玄暉敬亭山詩〉，頁1260。

〔註276〕 謝朓曾留下多首關於敬亭山的詩作，如：〈賽敬亭山廟喜雨詩〉、〈祀敬亭山廟詩〉、〈祀敬亭山春雨〉三首。請分別參閱：逯欽立輯校，《先秦漢魏晉南北朝詩·齊詩》（北京：中華書局，1983年），卷3，謝朓〈賽敬亭山廟喜雨詩〉，頁1434、《先秦漢魏晉南北朝詩·齊詩》，卷3，謝朓〈祀敬亭山廟詩〉，頁1450、《先秦漢魏晉南北朝詩·齊詩》，卷4，謝朓〈祀敬亭山春雨〉，頁1457。

〔註277〕 《李太白文集》，卷14，〈寄從弟宣州長史昭〉，頁691、《李太白文集》，卷23，〈獨坐敬亭山〉，頁1078、《全唐詩》，卷171，李白〈登敬亭山南望懷古贈竇主簿〉，頁1764、《李太白文集》，卷12，〈自梁園至敬亭山見會公〉，頁620。

〔註278〕 《白居易詩集校注》，卷35，〈宣州崔大夫閣老忽以近詩數十首見示吟諷之下竊有所喜因成長句寄題郡齋〉，頁2666。

〔註279〕 《全唐詩》，卷485，鮑溶〈宣城北樓昔從順陽公會於此〉，頁5514。

〔註280〕 《全唐詩》，卷520，杜牧〈自宣州赴官入京路逢裴坦判官歸宣州因題贈〉，頁5948。

〔註281〕 《全唐詩》，卷269，耿湋〈賀李觀察禱河神降雨〉，頁3000～3001。

〔註282〕 《全唐詩》，卷531，許渾〈送僧歸敬亭山寺〉，頁6068。

棠〔註283〕、劉滄〔註284〕等人都曾到過敬亭山一遊，並留下多首詩文。

　　敬亭山特色是雲雨淒淒，李白從弟為宣州長史，常誇敬亭山之雲月好，
邀李白同遊〔註285〕，而敬亭山之所以能被稱頌雲月好，乃是地勢高的關係，
故能「目盡天南端」〔註286〕。李白形容：「敬亭白雲氣，秀色連蒼梧。下映
雙溪水，如天落鏡湖」〔註287〕，而他所留下的〈獨坐敬亭山〉更為千古傳頌
之作：

　　　　眾鳥高飛盡，孤雲獨去閒。相看兩不厭，只有敬亭山。〔註288〕

觀賞敬亭山的地點，除了親自到覽之外，可以從宣城北樓的順陽宮望見敬亭山
〔註289〕，山下有百頃竹〔註290〕、溪水〔註291〕、麻姑壇〔註292〕；山中幽靜奇
趣〔註293〕，除了有鶴、鸇〔註294〕等動物，也種有梅花〔註295〕、古木〔註296〕，
常有人在此吹笙作樂〔註297〕。因為謝朓曾歌詠過敬亭山之美，山中還有一座

〔註283〕《全唐詩》，卷603，許棠〈寄敬亭山清越上人〉，頁6972。
〔註284〕《全唐詩》，卷586，劉滄〈題敬亭山廟〉，頁6792。
〔註285〕「爾佐宣州郡，守官清且閒。常誇雲月好，邀我敬亭山」。請參閱《李太白文
　　　　集》，卷14，〈寄從弟宣州長史昭〉，頁691。
〔註286〕《全唐詩》，卷171，李白〈登敬亭山南望懷古贈竇主簿〉，頁1764。
〔註287〕《李太白文集》，卷12，〈贈宣州靈源寺仲濬公〉，頁631。
〔註288〕《李太白文集》，卷23，〈獨坐敬亭山〉，頁1078。
〔註289〕「詩樓郡城北，窗牖敬亭山。幾步塵埃隔，終朝世界閒」。請參閱《全唐詩》，
　　　　卷485，鮑溶〈宣城北樓昔從順陽宮會於此〉，頁5514。
〔註290〕《全唐詩》，卷520，杜牧〈自宣州赴官入京路逢裴坦判官歸宣州因題贈〉，
　　　　頁5948。
〔註291〕「下聽一溪寒水聲」請參閱《全唐詩》，卷520，杜牧〈自宣州赴官入京路逢
　　　　裴坦判官歸宣州因題贈〉，頁5948。
〔註292〕「溪流琴高水，石聳麻姑壇」請參閱《全唐詩》，卷171，李白〈登敬亭山南
　　　　望懷古贈竇主簿〉，頁1764。
〔註293〕「我行雖紆組。兼得尋幽蹊。緣源殊未極。歸徑宛如迷。要欲追奇趣。即此
　　　　陵丹梯」。請參閱逯欽立輯校，《先秦漢魏晉南北朝詩‧齊詩》（北京：中華書
　　　　局，1983年），卷3，謝朓〈遊敬亭山詩〉，頁1424～1425。以及「雙鶴啼天
　　　　影未迴」請參閱《全唐詩》，卷586，劉滄〈題敬亭山廟〉，頁6792。
〔註294〕「獨鶴方朝唳。飢鼯此夜啼」請參閱《先秦漢魏晉南北朝詩‧齊詩》，卷3，
　　　　謝朓〈遊敬亭山詩〉，頁1424～1425。以及「雙鶴啼天影未迴」請參閱《全
　　　　唐詩》，卷586，劉滄〈題敬亭山廟〉，頁6792。
〔註295〕「梅花落徑香繚繞，雪白玉璃花下行」《全唐詩》，卷520，杜牧〈自宣州赴
　　　　官入京路逢裴坦判官歸宣州因題贈〉，頁5948。
〔註296〕「森森古木列巖限」請參閱《全唐詩》，卷586，劉滄〈題敬亭山廟〉，頁6792。
〔註297〕「縈風酒斾掛朱閣，半醉遊人聞弄笙」請參閱《全唐詩》，卷520，杜牧〈自
　　　　宣州赴官入京路逢裴坦判官歸宣州因題贈〉，頁5948。

「詩人小謝城」，杜牧形容「城高跨樓滿金碧」〔註298〕，依據杜牧的描述，此樓城應該十分雄偉。敬亭山中有一座敬亭山寺，是僧人遙想論禪處〔註299〕，據說有位清越上人曾在敬亭山的寺廟中修禪〔註300〕。而敬亭山上還有一座響山，在此可「登高望山海」〔註301〕，回程可由南峰歸〔註302〕。

　　敬亭山也是古代祈雨場所，謝朓曾寫過〈賽敬亭山廟喜雨詩〉、〈祀敬亭山廟詩〉、〈祀敬亭山春雨〉〔註303〕三首，茲摘錄〈祀敬亭山春雨〉詩如下：

　　　　水府眾靈出。石室寶圖開。白雲帝鄉下。行雨巫山來。歌風讚靈德。
　　　　舞蹈起輕埃。高軒乍留吹。玄羽或徘徊。福降群仙下。識逸百神該。
　　　　青鳥飛層隙。赤鯉泳瀾隈。〔註304〕

據說山有神祠，其神稱為「梓華府君」，頗有靈驗〔註305〕。《太平寰宇記》云此神祠就是謝朓賽雨賦詩之所〔註306〕。劉滄提到敬亭山廟時說：「雲雨只從山上起，風雷多向廟中來」〔註307〕。唐代時當州觀察使也曾到此祈禱降雨，而且祈雨成功〔註308〕。宣歙觀察使鄭薰也曾經於大中十二年（858）祭拜過敬亭山梓華府君〔註309〕，鄭薰於〈祭梓華府君神文〉中所請託梓華府君事項，已不止祈雨，還包括請求協助使宣歙治安良好等請託。

〔註298〕《全唐詩》，卷520，杜牧〈自宣州赴官入京路逢裴坦判官歸宣州因題贈〉，頁5948。

〔註299〕「秋風歸敬亭，開門新樹綠，登閣舊山青。遙想論禪處，松陰水一瓶」請參閱《全唐詩》，卷531，許渾〈送僧歸敬亭山寺〉，頁6068。

〔註300〕「南朝山半寺」、「高禪星月近」請參閱《全唐詩》，卷603，許棠〈寄敬亭山清越上人〉，頁6972。

〔註301〕《全唐詩》，卷173，李白〈宣州九日聞崔四侍御與宇文太守遊敬亭餘時登響山不同此賞醉後寄崔侍御，二首之一〉，頁1777。

〔註302〕《全唐詩》，卷173，李白〈宣州九日聞崔四侍御與宇文太守遊敬亭餘時登響山不同此賞醉後寄崔侍御，二首之一〉，頁1776。

〔註303〕請分別參閱：逯欽立輯校，《先秦漢魏晉南北朝詩・齊詩》（北京：中華書局，1983年），卷3，謝朓〈賽敬亭山廟喜雨詩〉，頁1434、《先秦漢魏晉南北朝詩・齊詩》，卷3，謝朓〈祀敬亭山廟詩〉，頁1450、《先秦漢魏晉南北朝詩・齊詩》，卷4，謝朓〈祀敬亭山春雨〉，頁1457。

〔註304〕《先秦漢魏晉南北朝詩・齊詩》，卷4，謝朓〈祀敬亭山春雨〉，頁1457。

〔註305〕《太平寰宇記》，卷103，頁2047。

〔註306〕《太平寰宇記》，卷103，頁2047。

〔註307〕《全唐詩》，卷586，劉滄〈題敬亭山廟〉，頁6792。

〔註308〕「質明齋祭北風微，騶馭千群擁廟扉。玉帛繽敷雲淡淡，笙鏞未轍雨霏霏。路邊五稼添膏長，河上雙旌帶溼歸」請參閱《全唐詩》，卷269，耿湋〈賀李觀察禱河神降雨〉，頁3000～3001。

〔註309〕《全唐文》，卷790，鄭薰〈祭梓華府君神文〉，頁4873～4874。

　　琴谿是宣州另外一個被形容為仙境之地,琴谿周圍的森林與澄潭〔註310〕,都是令人激賞的好景致,邢巨與武平一同遊琴谿時便說:「靈谿非人跡,仙意素所秉」〔註311〕,而此詩被刻在石頭上留存下來〔註312〕。宣州溪流眾多,其中清溪、琴溪都有詩文形容其美麗之處。清溪形容的是新安江不但清澈,且「水色異諸水」,新安江上除了有鳥之外,向晚時還能聽到猩猩的啼叫聲〔註313〕。而宣州的琴溪中有鶴,成為贈送的禮物〔註314〕。

　　宣州與友人宴會處,如宣州使院〔註315〕、干後溪〔註316〕、謝朓樓〔註317〕、東峰亭〔註318〕、北樓〔註319〕等處所。干後溪也是一個美麗的景點,有山峰、魚、鳥、林、池、花,宴會時欣賞夕陽,更添風味〔註320〕。宣州夜憩之處,若在江上航行,便直接睡在船上〔註321〕,如宣城界夜泊時可看到湖上的夕流,也能看到敬亭山、梅根冶、楊葉洲、沙鷗〔註322〕。東峰亭是另外一個休憩及宴會之所,該亭的周圍多種有樹木,如松樹,旅人在休息時便能夠在亭中觀賞周圍的景致,如月色〔註323〕等。東峰亭也是宴會的地點,在此

〔註310〕《全唐詩》,卷117,邢巨〈遊宣州琴谿同武平一作〉,頁1183。
〔註311〕《全唐詩》,卷117,邢巨〈遊宣州琴谿同武平一作〉,頁1183。
〔註312〕《全唐詩》引《宣城總集》云:「唐開元甲子,武平一同河間邢巨同遊涇川琴谿,題絕句,古刻尚存」請參閱《全唐詩》,卷795,杜偉〈句〉,頁8943。
〔註313〕《李太白文集》,卷8,〈清溪行〉,頁449。
〔註314〕「令弟佐宣城,贈餘琴溪鶴」請參閱《全唐詩》,卷185,李白〈宣州長史弟昭贈余琴溪中雙舞鶴詩以見志〉,頁1891。
〔註315〕《全唐詩》,卷148,劉長卿〈赴宣州使院夜宴寂上人房留辭前蘇州韋使君〉,頁1512。
〔註316〕《全唐詩》,卷148,劉長卿〈奉陪鄭中丞自宣州解印與諸姪宴餘干後溪〉,頁1528。
〔註317〕《李太白文集》,卷18,〈宣州謝朓樓餞別校書叔云〉,頁861。
〔註318〕《全唐詩》,卷252,劉太真〈宣州東峰亭各賦一物得古壁苔〉,頁2841。
〔註319〕《全唐詩》,卷510,張祜〈陪范宣城北樓夜讌〉,頁5805~5806。
〔註320〕「跡遠親魚鳥……林中阮生集,池上謝公題……夕陽山向背,春草水東西。度雨諸峰出,看花幾路迷」請參閱《全唐詩》,卷148,劉長卿〈奉陪鄭中丞自宣州解印與諸姪宴餘干後溪〉,頁1528。
〔註321〕《全唐詩》,卷160,孟浩然〈夜泊宣城界〉,頁1665。
〔註322〕「西塞沿江島,南陵問驛樓。湖平津濟闊,風止客帆收。去去懷前浦,茫茫泛夕流。石逢羅剎礙,山泊敬亭幽。火識梅根冶,煙迷楊葉洲。離家復水宿,相伴賴沙鷗」請參閱《全唐詩》,卷160,孟浩然〈夜泊宣城界〉,頁1665。
〔註323〕「光含孤翠動,色與暮雲寂。深淺松月間,幽人自登歷」。請參閱《全唐詩》,卷252,劉太真〈宣州東峰亭各賦一物得古壁苔〉,頁2841。

也有歌舞表演〔註324〕。

　　宣州開元寺是文人歌詠詩文中最多的。唐代諸州寺廟名稱為開元寺者眾多〔註325〕，宣州開元寺是東晉時所置〔註326〕，「樓飛九十尺，廊環四百柱」〔註327〕，開元寺中種有竹〔註328〕、松桂樹，聽得到鳥語、溪聲〔註329〕，景致清幽，另外開元寺也是可以住宿〔註330〕的地點。另外宣州還有許多景點，僅有在詩題提到，而無任何描述者，有北樓〔註331〕、延慶寺〔註332〕等處。

（二）歙州黃山

　　歙州的黃山，位於宣州與歙州交界處，原稱黃山，後改為北黟山：

> 北黟山，在宣、歙二洲界，（歙）縣西北一百六十里。高一千一百七十丈，南屬歙州，豐樂水出焉。舊名黃山，天寶六年（載，747年）敕改為北黟山。浙之東西歙、池、饒等山，皆此山之支脈。〔註333〕

〔註324〕「吳姬對酒歌千曲」。請參閱《全唐詩》，卷307，鮑防〈人日陪宣州範中丞傳正與範侍御傳真宴東峰亭〉，頁3485。

〔註325〕開元寺是唐代開元年間所建，「天授元年（690）十月二十九日，兩京及天下諸州，各置大雲寺一所·至開元二十六年（738）六月一日，並改為開元寺。」（請參閱《唐會要》，卷48，〈寺〉，頁996）目前在文獻史料上看到各州開元寺者，有杭州（請參閱《全唐文》，卷319，李華〈杭州開元寺新塔碑〉，頁1923）、湖州（請參閱《全唐文》，卷319，李華〈杭州餘姚縣龍泉寺故大律師碑〉，頁1924）、婺州（請參閱《全唐文》，卷319，李華〈衢州龍興寺故律師體公碑〉，頁1925）、越州、福州（請參閱《全唐文》，卷320，李華〈揚州龍興寺經律院和尚碑〉，頁1930）、魏州（請參閱《全唐文》，卷440，封演〈魏州開元寺新建三門樓碑〉，頁2663）、泗州（請參閱《全唐文》，卷480，崔恭〈唐右補闕梁肅文集序〉，頁2906）、洪州（請參閱《全唐文》，卷501，權德輿〈唐故洪州開元寺石門道一禪師塔銘　並序〉，頁3024～3025）、宣州（請參閱《全唐文》，卷605，劉禹錫〈澈上人文集序〉，頁3612）、荊州（請參閱《全唐文》，卷916，〈神會〉，頁5625）、蘇州（請參閱《全唐文》，卷918，清晝〈唐蘇州開元寺律和尚墳銘　並序〉，頁5642）、岳陽（請參閱《全唐詩》，卷849，修睦〈宿岳陽開元寺〉，頁9615）。

〔註326〕《全唐詩》於杜牧〈題宣州開元寺〉標題下之註解，請參閱《全唐詩》，卷520，杜牧〈題宣州開元寺〉，頁5947。

〔註327〕《全唐詩》，卷520，杜牧〈題宣州開元寺〉，頁5947。

〔註328〕《全唐詩》，卷537，許渾〈冬日宣城開元寺贈元孚上人〉，頁6129。

〔註329〕《全唐詩》，卷520，杜牧〈題宣州開元寺〉，頁5947。

〔註330〕《全唐詩》，卷528，許渾〈宿開元寺樓〉，頁6039。

〔註331〕《全唐詩》，卷524，杜牧〈和宣州沈大夫登北樓書懷〉，頁6000。

〔註332〕《全唐詩》，卷763，楊夔〈題宣州延慶寺益公院〉，頁8661～8662。

〔註333〕《太平寰宇記》，卷104，頁2060。

但唐代文人依然習慣稱呼北黟山為黃山，在詩題中多以黃山為名，而詩文中以黃山或黟山、黟峰稱之〔註334〕。黃山共有三十六峰〔註335〕，黃山上有黃山樓，可以北瞰黃山山勢〔註336〕，不過黃山在唐代尚未受到青睞，較之於宣州的敬亭山，與池州的九華山，描繪黃山的詩詞並不多見。反而是在其山之東峰下有一座溫泉，很受歡迎：

> 湯泉，在（歙）縣北北黟山東峰下香溪中，泉口大如碗，出於石澗，熱可燖雞。〔註337〕

賈島也曾形容此湯之優點：

> 維泉肇何代，開鑿同二儀……霞掀祝融井，日爛扶桑池。氣殊礜石屬，脈有靈砂滋。驪山豈不好，玉環汙流脂……此水真吾師。一濯三沐髮，六鑿還希夷。伐毛返骨髓，髮白令人黟……再來池上遊，觸熱三伏時。〔註338〕

大中五年（851）十二月，李敬方因頭風癢悶，故前往黃山浴湯〔註339〕，沿途「慢遊登竹逕，高步入山根」，並稱此湯為靈泉〔註340〕，可以療病〔註341〕。

（三）池州九華山

九華山被稱為「靈山」〔註342〕、「奇峰」〔註343〕，位於池州青陽縣西南

〔註334〕 「黟峰翠色自天流」《全唐詩補編‧外編》，卷6，於德晦〈歙郡有黃山樓北瞰黃山山勢中拆若巨門狀因題一絕〉，頁157、《全唐詩補編‧外編》，卷12，繆島雲〈遊黃山懷古〉，頁226、《全唐詩補編‧外編》，卷12，繆島雲〈望黃山諸峯〉，頁227。

〔註335〕 「三十六峯頂，不知何處奇」《全唐詩補編‧外編》，卷12，繆島雲〈遊黃山懷古〉，頁226、「峭拔雖傳三十六」《全唐詩補編‧外編》，卷12，繆島雲〈望黃山諸峯〉，頁227。

〔註336〕 《全唐詩補編‧外編》，卷6，於德晦〈歙郡有黃山樓北瞰黃山山勢中拆若巨門狀因題一絕〉，頁157。

〔註337〕 《太平寰宇記》，卷104，頁2061。

〔註338〕 《全唐詩補編‧外編》，卷6，賈島〈紀湯泉〉，頁157。

〔註339〕 「並序：敬方以頭風癢悶。大中五年十二月。因小恤假內。再往黃山浴湯。題四百字」。《全唐詩》，卷508，李敬方〈題黃山湯院〉，頁5775。

〔註340〕 「靈泉浴聖源」《全唐詩》，卷508，李敬方〈題黃山湯院〉，頁5775。

〔註341〕 「療病奪醫門」《全唐詩》，卷508，李敬方〈題黃山湯院〉，頁5775。

〔註342〕 「妙有分二氣，靈山開九華」。請參閱《李太白文集》，卷788，〈改九子山為九華山聯句：李白、高霽、韋權輿〉，頁1154。

〔註343〕 「奇峰一見驚魂魄」。請參閱《全唐詩》，卷356，劉禹錫〈九華山歌〉，頁3996。

端〔註344〕，山高數十丈「如劍插雲霓」〔註345〕，山峰高聳直上天際〔註346〕，「九峰競秀」〔註347〕似九龍攀天貌〔註348〕，原名稱「九子山」，李白因其山九峰如蓮花，而改稱之為九華山〔註349〕。山中雲霧飄渺，還有峭壁、懸崖〔註350〕、溪水〔註351〕、瀑布，所謂「入林寒瘁瘁，近瀑雨濛濛」〔註352〕，冬天積雪映照著山上人家，更顯其美麗〔註353〕。劉禹錫曾以為除了太華山、幾荊山之外，再也沒有別座山能與其媲美，直到見九華山神采奇異，且因地處偏遠，不為世所稱，故作詩文稱頌之〔註354〕。文人雅士作詩稱頌山嶽本自然，而文人之間對於山嶽喜好而衍生出的較勁心態，也反映在詩文之間，劉禹錫說：

> 君不見敬亭之山黃索漠，兀如斷岸無稜角。宣城謝守一首詩，遂使聲名齊五嶽。九華山，九華山，自是造化一尤物，焉能籍甚乎人間。
> 〔註355〕

楊鴻也說群峰盡不如九華山之氣象〔註356〕，甚有「五嶽歸來不看山，黃山歸

〔註344〕「九華山在池州清陽縣西南」。請參閱《全唐詩》，卷356，劉禹錫〈九華山歌〉，頁3996。

〔註345〕「九華如劍插雲霓」請參閱《全唐詩》，卷516，柴夔〈望九華山〉，頁5900。

〔註346〕「山頂連青冥」、「山青水碧千萬丈」請參閱《全唐詩》，卷557，孟遲〈發蕙風館遇陰不見九華山有作〉，頁6458。「岩嶢萬丈倚秋天」請參閱《全唐詩》，卷566，郭夔〈九華山〉，頁6559。

〔註347〕《全唐詩》，卷356，劉禹錫〈九華山歌〉，頁3996。

〔註348〕「疑是九龍天矯欲攀天」。請參閱《全唐詩》，卷356，劉禹錫〈九華山歌〉，頁3996。

〔註349〕《李太白文集》，卷788，〈改九子山為九華山聯句：李白、高霽、韋權輿〉，頁1154。

〔註350〕「夾天開壁峭」、「懸崖一萬重」。請參閱《全唐詩》，卷495，費冠卿〈答蕭建〉，頁5162～5163。

〔註351〕「澗水潺潺聲不絕，溪壟莊莊野花發」請參閱《全唐詩》，卷866，九華山白衣〈吟〉，頁9789。

〔註352〕《全唐詩》，卷495，費冠卿〈答蕭建〉，頁5162～5163。

〔註353〕「層標遏遲日，半壁明朝霞。積雪曛陰壑，飛流歕陽崖，青瑩玉樹色，縹緲羽人家」。請參閱《李太白文集》，卷788，〈改九子山為九華山聯句：李白、高霽、韋權輿〉，頁1154。

〔註354〕「九峰競秀，神采奇異。昔予仰太華，以為此外無奇。愛女幾荊山，以為此外無秀。及今年見九華，始悼前言之容易也。惜其地偏且遠，不為世所稱，故歌以大之」。請參閱《全唐詩》，卷356，劉禹錫〈九華山歌〉並引，頁3996。

〔註355〕《全唐詩》，卷356，劉禹錫〈九華山歌〉，頁3996。

〔註356〕《全唐詩》，卷542，楊鴻〈晴望九華山〉，頁6262。

來不看嶽」之意味。九華山氣勢死如騰企，夜晚月影映江，更添幽靜〔註357〕，
九華山上有猿、鳥〔註358〕、泉魚〔註359〕等動物。九華山路面為石頭路〔註360〕、
石橋〔註361〕，山上也有石室〔註362〕，因為九華山地處偏遠，也成為隱士選擇
隱居〔註363〕之地。九華山中有寺院，院中有幡花、榖樹、畬田、深潭〔註364〕，
另外也可提供旅客住宿休息〔註365〕。

〔註357〕 「氣勢不死如騰企，雲含幽兮月添冷。月凝暉兮江漾影，迴秀長在無人境」。
　　　　 請參閱《全唐詩》，卷356，劉禹錫〈九華山歌〉，頁3996。

〔註358〕 「獨與猿鳥愁青熒」。請參閱《全唐詩》，卷356，劉禹錫〈九華山歌〉，頁3996。
　　　　 「天風嫋嫋猿咿咿」請參閱《全唐詩》，552，林滋〈望九華山〉，頁6391～
　　　　 6392。

〔註359〕 「泉魚候洗鉢」。請參閱《全唐詩》，卷495，費冠卿〈答蕭建〉，頁5162～
　　　　 5163。

〔註360〕 「石路人攀上漢梯」請參閱《全唐詩》，卷516，柴夔〈望九華山〉，頁5900。

〔註361〕 「兢兢行石橋」請參閱《全唐詩》，卷823，神穎〈和王季文題九華山〉，頁
　　　　 9283。

〔註362〕 「石室和雲住」請參閱《全唐詩》，卷509，顧非熊〈寄九華山費拾遺〉，頁
　　　　 5783。

〔註363〕 「先生九華隱，鳥道隔塵埃」請參閱《全唐詩》，卷509，顧非熊〈寄九華山
　　　　 費拾遺〉，頁5783。「（張）喬，池州人，咸通中進士。黃巢之亂，隱九華山」
　　　　 請參閱《全唐文》，卷806，〈張喬〉，頁4992。

〔註364〕 「幡花撲淨地……潭深碧有龍，畬田一片淨，榖樹萬株濃」請參閱《全唐詩》，
　　　　 卷495，費冠卿〈答蕭建〉，頁5162～5163。

〔註365〕 「寺開山掌中……野客登臨慣，山房幽寂同」。請參閱《全唐詩》，卷495，
　　　　 費冠卿〈答蕭建〉，頁5162～5163。

第四章　鄂岳地區的經濟發展

第一節　觀光旅遊業

　　鄂岳地區位於長江中游，屬於今日的湖北省及湖南省南部。唐代的鄂岳地區包含了鄂州、岳州、蘄州、黃州、安州及沔州。鄂岳地區自古以來就是征戰頻仍之地，境內的黃州、安州、蘄州等地的旅遊，都充滿著古城懷舊的味道；而南方的鄂州、岳州、沔州，幸賴長江水運，擁有完整的交通運輸線，有著經濟上的先天優勢，這一點也反映在旅遊觀光方面，如鄂岳地區多處的酒樓、歌舞娛樂、端午競渡活動，都是發生在鄂、岳、沔這三州。基於目前討論唐代鄂岳地區的旅遊觀光，仍不多見，且筆者發現在唐代的詩文中，對於鄂岳地區的風景名勝的記載、遊記等都十分豐富，然卻未見有學者針對鄂岳地區的旅遊研究，因此試圖針對鄂岳地區的景點與食、宿、交通、休閒活動等進行探究，以期補足目前旅遊研究上闕如的部分。

一、食宿地點與遊玩方式

　　鄂岳地區在唐代的行政區劃上，包括鄂州、岳州、蘄州、黃州、安州、沔州。風景名勝主要集中在鄂州與岳州兩州。主要是因為鄂州的夏口，以及岳州的洞庭湖，自古以來便是交通轉運重要渡口，因此成為唐人送行或者遊歷山水的必經之地，所以留下的文章數量也較其他州別多。有些地方雖然僅是文人雅士偶爾路過之所，對於該地未曾留下描述，本文也將此地列在表 4-1 中，如漢陽的雙松亭、鄂州的修靜寺等處。

　　古人在遊玩時，除了除了觀賞風景之外，會以彈琴〔註1〕、吹笛〔註2〕、喝酒〔註3〕、飲茶〔註4〕、唱歌〔註5〕、賞月〔註6〕、看星空〔註7〕解悶。累了就坐在石頭上，找陰涼的地方休息，吹著涼風、耳聽鳥鳴、欣賞桃花、樹木〔註8〕，都是當時文人雅士遊山玩水的方式。這些遊玩行為中，也透露著許多與當地經濟發展相關的產業訊息，如「吹笛」這個休閒活動，在鄂岳地區的風景名勝中被記載的比例很高，如黃鶴樓〔註9〕、岳陽樓〔註10〕等地，都曾被記載在此吹竹笛為樂。笛子的原料是竹，所以當地或者鄰近各州一定有生產竹子，鄂岳地區與江西緊鄰，而江西地區是唐代林木業最為興盛的地區〔註11〕，白居易曾形容江州是「竹鄉」〔註12〕，江西地區所提供的原料，往北輸送，就可能在蘄州、鄂州、岳州等地，產生部分的竹編手工業者，生產竹笛〔註13〕、

〔註1〕《全唐詩》，卷148，劉長卿〈鄂渚聽杜別駕彈胡琴〉，頁1505。

〔註2〕「落花風裡數聲笛」請參閱《全唐詩》，卷642，來鵠〈鄂渚清明日與鄉友登頭陀山〉，頁7357。「黃鶴樓前吹笛時」《全唐詩》，卷858，呂巖〈題黃鶴樓石照〉，頁9701。「黃鶴樓中吹玉笛」《全唐詩》，卷182，李白〈與史郎中欽聽黃鶴樓上吹笛〉，頁1857。該詩於《李太白文集》中並無收存，故引用自《全唐詩》。

〔註3〕「大夫乃減徒御，挈琴酒，相與屢遊乎其間。」請參閱《全唐文》，卷690，符載〈送崔副使歸洪州幕府序〉，頁4171。

〔註4〕「松花滿碗試新茶，樓中飲興因明月」請參閱《全唐詩》，卷359，劉禹錫〈送蘄州李郎中赴任〉，頁4047。

〔註5〕「時歌浩渺間」請參閱《全唐詩》，卷603，許棠〈過洞庭湖〉，頁6962。

〔註6〕「黃鶴樓中月並鉤」請參閱《全唐詩》，卷317，武元衡〈送田三端公還鄂州〉，頁3563。

〔註7〕「星河盡涵泳，俯仰迷下上」請參閱《全唐詩》，卷337，韓愈〈岳陽樓別竇司直〉，頁3778。

〔註8〕「遭石而坐，觸陰而息，雅杯徐行，微微春風，好鳥一聲，為我笙鏞……又有東城石壁。壁前有桃李樹千株。澤國多雨。芳華久困。適值寒食前後。天野清明。眾花齊發。火然雪白」請參閱《全唐文》，卷690，符載〈送崔副使歸洪州幕府序〉，頁4171。

〔註9〕「黃鶴樓前吹笛時」請參閱《全唐詩》，卷858，呂巖〈題黃鶴樓石照〉，頁9701。

〔註10〕「岳陽城上聞吹笛」請參閱《全唐詩》，卷235，賈至〈西亭春望〉，頁2598。

〔註11〕「豫章諸縣，盡出良材」請參閱《太平廣記》，卷331，〈楊溥〉，頁2632。

〔註12〕「此州乃竹鄉，春筍滿山谷」請參閱《全唐詩》，卷430，白居易〈食筍〉，頁4745。此詩於《白居易詩集校注》中並無收存，故引自《全唐詩》。

〔註13〕「往年鎮戍到蘄州，楚山蕭蕭笛竹秋。當時買材恣搜索，典卻身上烏貂裘……曾將黃鶴樓上吹，一聲占盡秋江月。」請參閱《全唐詩》，卷356，劉禹錫〈武昌老人說笛歌〉，頁4000。

薪簞〔註14〕等物。

　　夜晚休憩的點若是在長江船行中，便就近停靠江中的洲，用餐也是在戶外或船上食用〔註15〕，若是在陸地上，可能就選擇鄰近的大樓，如岳陽樓及黃鶴樓，都有提供餐飲〔註16〕。古人在旅遊時期間的住宿地點，大概有幾種可以選擇：可分為住在朋友家、寺廟、館驛、旅舍、借住鄰近民家〔註17〕，如果是在長江或湖中夜航，就會直接睡在船上〔註18〕。

二、風景名勝

（一）鄂州

　　鄂州的旅遊方式可以選擇登山、登樓，或者游江。若選擇登山，可以選擇登頭陀山及黃鶴山。頭陀山的描繪較少，僅來鵠曾與鄉友一起旅遊過〔註19〕，但未曾對頭陀山的景致有任何描述。而黃鶴山則是鄂州的著名旅遊勝地，該山

〔註14〕 「薪簞未經春，君先拭翠筠。知為熱時物，預與瘴中人。礪玉連心潤，編牙小片珍。霜凝青汗簡，冰透碧遊鱗」請參閱《元稹集》（北京：中華書局，1982年），卷15，〈酬樂天寄蘄州簞〉，頁178。

〔註15〕 「水宿風餐鬢髮焦」請參閱《全唐詩》，卷492，殷堯藩〈還京口〉，頁5569。及「眾湖湖口繫蘭船，睡起中餐又卻眠」請參閱《全唐詩》，卷765，王周〈岳州眾湖阻風二首〉，頁8676。

〔註16〕 「開筵交履舃，爛漫倒家釀。杯行無留停，高柱送清唱。中盤進橙栗」請參閱《全唐詩》，卷337，韓愈〈岳陽樓別竇司直〉，頁3778。及《白居易詩集校注》，卷15，〈盧侍御與崔評事為予於黃鶴樓置宴宴罷同望〉，頁1222。

〔註17〕 古人旅行時，以住在寺廟或朋友家兩者比例最高，由於佐證資料過多，無法一一列舉，此處僅舉出兩例：《全唐詩》，卷702，張蠙〈宿山寺〉，頁8074，以及《全唐詩》，卷304，劉商〈白沙宿竇常宅觀妓〉，頁3462。第三種是跟山中的民宅借住，如《全唐詩》，卷696，韋莊〈宿山家〉，頁8006。而夜宿館驛的部分在鄂岳地區如白沙驛，請參閱《全唐詩》，卷233，杜甫〈宿白沙驛〉，頁2567。館、驛是提供給官吏居住之處，關於鄂岳地區的館驛名稱、地點、數量，可參考表2-29：鄂岳地區館驛一覽表；至於住宿在店家的比例則較少，應與山中旅店不多有關，如「山店燈前客……風雨夜深來」請參閱《全唐詩》，卷515，朱慶餘〈宿山居〉，頁5888，以及「旅館無良伴」《全唐詩》，卷525，杜牧〈旅宿〉，頁6014。此詩於《樊川文集》中並無收錄，因此引自《全唐詩》。《全唐詩》，卷343，韓愈〈題張十一旅舍三詠〉，頁3843。都曾提到住在旅館或者山中店家中。

〔註18〕 「十隻畫船何處宿，洞庭山腳太湖心。」請參閱《全唐詩》，卷447，白居易〈宿湖中〉，頁5024。此詩在《白居易詩集校注》中並無收錄，因此引自《全唐詩》。

〔註19〕 《全唐詩》，卷642，來鵠〈鄂渚清明日與鄉友登頭陀山〉，頁7357。

位在距離江夏縣東方九里處：

> 黃鶴山，一名黃鵠山，在江夏縣東九里，去縣西北二里有黃鶴磯。
>
> 〔註20〕
>
> 黃鵠山東北對夏口城。〔註21〕

時人對於「鵠」與「鶴」兩字常混淆不辨，因此黃鶴山又被記載為黃鵠山、黃鵠磯〔註22〕，都是指同一座山。李白形容黃鶴山的山勢雄偉，群峰層層相疊，四面被白雲包圍，景色奇特，非其他諸嶽可比擬：

> 東望黃鶴山，雄雄半空出。四面生白雲，中峰倚紅日。巖巒行穹跨，
>
> 峰嶂亦冥密……觀奇遍諸嶽，茲嶺不可匹。〔註23〕

若繼續往黃鶴山中前進，可以拜訪頭陀大雲精舍顥師竹院惟一師的茶園，內有東城石壁，壁前有桃樹、李樹千株可欣賞〔註24〕。黃鶴山上還有一間頭陀寺〔註25〕，《方輿勝覽》引黃魯直詩云：

> 頭陀全盛時，宮殿梯雲級。城中空金碧，雲外僧渺渺。人亡經緯盡，
>
> 屋破龍象泣。惟有簡西碑，文章巍然立。〔註26〕

白居易曾經在旅遊黃鶴樓時到訪過〔註27〕，是前往黃鶴樓旅行時的沿途景點之一。

　　鄂州另外一種旅遊方式更為普遍，就是搭著船在長江中航行，順便欣賞沿岸的風光。主要因為鄂州的夏口，是交通上非常重要的轉運站，無論要北上或南下，都得在夏口這個地方搭船，許多文人墨客都曾在這裡為親友送行，因此

〔註20〕《方輿勝覽》，卷28，頁495。

〔註21〕《水經注疏》，卷35，〈江水〉，頁2899。

〔註22〕《水經注疏》，卷39，〈贛水〉，頁3246。守敬注：「鶴」與「鵠」往往相亂，如武昌黃鵠磯，一名黃鶴山是也。

〔註23〕《李太白全集》，卷21，〈望黃鶴山〉，頁992。

〔註24〕「江夏郡東有黃鶴山。山中頭陀大雲精舍顥師竹院惟一師茶園。又有東城石壁。壁前有桃李樹千株。澤國多雨。芳華久困。適值寒食前後。天野清明。眾花齊發。火然雪白。」請參閱《全唐文》，卷690，符載〈送崔副使歸洪州幕府序〉，頁4171。

〔註25〕（宋）祝穆撰、祝洙增訂、施和金點校，《方輿勝覽》（北京：中華書局，2003年），卷28，〈鄂州〉，頁499。

〔註26〕《方輿勝覽》，卷28，〈鄂州〉，頁499。

〔註27〕「江邊黃鶴古時樓，勞置華筵待我遊……白花浪濺頭陀寺，紅葉林籠鸚鵡洲」請參閱《白居易詩集校注》，卷15，〈盧侍御與崔評事為予於黃鶴樓置宴宴罷同望〉，頁1222。

留下許多佳文。若要從夏口上船，可以以步行或者騎馬〔註28〕的方式到達夏口搭船。長江中的航運不只白天航行，夜晚也有行進〔註29〕。長江上的鸚鵡洲〔註30〕是著名的船隻中途休憩站，如果夜晚航行，鸚鵡洲也是夜宿的地點〔註31〕。鸚鵡洲位於長江中，橫跨沔州漢陽縣〔註32〕，洲之尾端為黃鵠磯（山），此兩處為同一條路線的景點。

　　（胡注）鸚鵡洲在江夏江中，昔黃祖使禰衡賦鸚鵡賦於此洲，因以

　　得名，洲之下即黃鵠磯。〔註33〕

　　（黃鵠磯）直鸚鵡洲之下尾。〔註34〕

鸚鵡洲為長江通往鄂州的必經之地，自古以來對鸚鵡洲描寫的詩文極多，洲上的風景迷人，有許多鳥類駐足，如鴛鴦、鸂鶒〔註35〕，成為遊歷到長江中的必停景點：

　　鸚鵡來過吳江水，江上洲傳鸚鵡名。鸚鵡西飛隴山去，芳洲之樹何

　　青青。煙開蘭葉香風暖，岸夾桃花錦浪生。〔註36〕

若想在鄂州武昌城內登高望遠，不需出城也能欣賞美景的觀看點，就在武昌城下的釣臺，因為位於武昌城下的釣臺位置很高，遠觀風景能盡收眼底。

　　釣臺，武昌城下有石圻臨江懸崿，四眺極目。〔註37〕

同樣是陸地上的活動，出武昌城便能欣賞夏口古城，古城已是空城，別有一番

〔註28〕「祖帳管弦絕，客帆西風生。回車已不見，猶聽馬嘶聲」請參閱《全唐詩》，
　　　　卷364，劉禹錫〈始發鄂渚寄表臣二首〉，頁4107。

〔註29〕「煙澹月濛濛，舟行夜色中」請參閱《白居易詩集校注》，卷15，〈江夜舟行〉，
　　　　頁1216。

〔註30〕「豈知鸚鵡洲邊路，得見鳳皇池上人」請參閱《全唐詩》，卷514，朱慶餘〈鄂
　　　　渚送白舍人赴杭州〉，頁5875、「芳洲號鸚鵡」請參閱《全唐詩》，卷701，王
　　　　貞白〈曉泊漢陽渡〉，頁8062。

〔註31〕「夜泊鸚鵡洲」請參閱《全唐詩》，卷433，白居易〈夜聞歌者〉，頁4791。此
　　　　詩於《白居易詩集校注》並無收錄，故引自《全唐詩》。「鸚鵡洲頭夜泊船」請
　　　　參閱《全唐詩》，卷642，來鵠〈鄂渚除夜書懷〉，頁7357。

〔註32〕「鸚鵡洲橫漢陽渡」請參閱《李太白全集》，卷11，〈贈漢陽輔錄事二首〉，頁
　　　　582～583。

〔註33〕《資治通鑑》，卷163，〈梁紀〉，頁5052。

〔註34〕《水經注疏》，卷35，〈江水〉，頁2898。

〔註35〕「鴛鴦鸂鶒滿灘頭」請參閱《全唐詩》，卷159，孟浩然〈鸚鵡洲送王九之江
　　　　左〉，頁1630。

〔註36〕《李太白全集》，卷20，頁992～993。

〔註37〕《太平寰宇記》，卷112，〈江南西道十‧鄂州〉，頁2282。

空蕩的景致：

> 空城秋氣歸……但見荒郊外，寒鴉暮暮飛。〔註38〕

除了釣臺之外，在鄂州另外一個能在高處欣賞風景的地點，是黃鶴樓，距離江夏縣西方兩百八十步，傳說中是因為費禕登仙，皆乘黃鶴於此樓憩駕，所以才稱為黃鶴樓〔註39〕。黃鶴樓是遠近馳名的景點〔註40〕，崔顥的〈黃鶴樓〉一詩更是千古傳頌：

> 昔人已乘黃鶴去，此地空餘黃鶴樓。黃鶴一去不復返，白雲千載空悠悠。晴川歷歷漢陽樹，芳草萋萋鸚鵡洲。日暮鄉關何處是，煙波江上使人愁。〔註41〕

黃鶴樓前就是長江水〔註42〕，李白、白居易、孟浩然等人都曾對黃鶴樓有多次的描寫〔註43〕，黃鶴樓裡也有提供餐飲，白居易曾與盧侍御與崔評事在黃鶴樓內享用筵席。

> 江邊黃鶴古時樓，勞置華筵待我遊。〔註44〕

黃鶴樓應該是鄂州旅遊勝地中最大的休憩地點，樓內不但有提供飲食，也有音樂演奏〔註45〕，為旅客提供了周全的服務。

〔註38〕《全唐詩》，卷147，劉長卿〈步登夏口古城作〉，頁1492。

〔註39〕《太平寰宇記》，卷112，〈江南西道十‧鄂州〉，頁2279。

〔註40〕「桃花春水漲，之子忽乘流。峴首辭蛟浦，江中問鶴樓」。請參閱《全唐詩》，卷160，孟浩然〈送元公之鄂渚尋觀主張驂鸞〉，頁1640。

〔註41〕《全唐詩》，卷130，崔顥〈黃鶴樓〉，頁1329。

〔註42〕「黃鶴樓前春水闊」請參閱《全唐詩》，卷521，杜牧〈送王侍御赴夏口座主幕〉，頁5958。

〔註43〕請參閱《李太白全集》卷15，〈黃鶴樓送孟浩然之廣陵〉，頁734。《全唐詩》，卷180，李白〈望黃鶴樓〉，頁1837。《全唐詩》，卷159，孟浩然〈鸚鵡洲送王九之江左〉，頁1630。「江邊黃鶴古時樓，勞置華筵待我遊」《白居易詩集校注》，卷15，〈盧侍御與崔評事為予於黃鶴樓置宴宴罷同望〉，頁1222。

〔註44〕《白居易詩集校注》，卷15，〈盧侍御與崔評事為予於黃鶴樓置宴宴罷同望〉，頁1222。

〔註45〕「商聲清脆管弦秋」請參閱《白居易詩集校注》，卷15，〈盧侍御與崔評事為予於黃鶴樓置宴宴罷同望〉，頁1222。

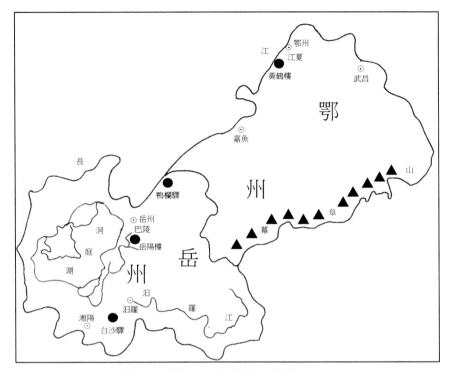

圖 4-1：鄂州及岳州觀光地圖 〔註 46〕

（二）岳州

　　岳州有「山城」〔註47〕、「水國」〔註48〕之稱，而更貼切的形容詞，則是匯集山城與水國，稱呼其為「山水郡」〔註49〕，可知岳州集結了有山有水的特色。岳州之所以稱為水國，是因為州內除了有佔地面積極廣的洞庭湖之外，還有許多大大小小的湖泊，如湖水、雲夢澤〔註50〕、巴丘湖〔註51〕、生江湖、青草湖、象湖〔註52〕、赤沙湖〔註53〕、赤鼻湖〔註54〕、湓湖〔註55〕等，各湖畔

〔註46〕 此圖底圖來源為譚其驤，《中國歷史地圖集》，〈隋・唐・五代十國時期〉，〈江南西道〉，頁 57～58。另參考黃台香主編，《博覽中國・4・華中》（臺北市：中國百科出版社，1988 年），頁 16 湖北旅遊地圖及頁 42 湖南旅遊地圖。

〔註47〕 「山城豐日暇」請參閱《全唐詩》，卷 87，張說〈岳州山城〉，頁 953。

〔註48〕 「水國生秋草」請參閱《全唐詩》，卷 88，張說〈岳州作〉，頁 974。

〔註49〕 「巴陵山水郡」請參閱《全唐詩》，卷 518，雍陶〈送徐使君赴岳州〉，頁 5911。

〔註50〕 《太平寰宇記》，卷 113，〈江南西道十一・岳州〉，頁 2299。

〔註51〕 《太平寰宇記》，卷 113，〈江南西道十一・岳州〉，頁 2300。

〔註52〕 《太平寰宇記》，卷 113，〈江南西道十一・岳州〉，頁 2301。

〔註53〕 《太平寰宇記》，卷 113，〈江南西道十一・岳州〉，頁 2302。

〔註54〕 《太平寰宇記》，卷 113，〈江南西道十一・岳州〉，頁 2303。

〔註55〕 《李太白全集》，卷 21，〈與賈至舍人於龍興寺剪落梧桐枝望湓湖〉，頁 998。

邊都停靠著許多船隻〔註56〕。也因為岳州的湖泊眾多，且南邊就是屈原葬身的
汨羅江，許多詩文留下的活動便是競渡、泛舟〔註57〕、垂釣〔註58〕。張說及徐
夤便曾在岳州觀競渡〔註59〕，雖然張說沒有記載當時的狀況，但從徐夤所描寫
的詩文中可得知，當時正是端午佳節，而「競渡相傳為汨羅」〔註60〕，故在端
午節時，岳州的各湖旁擠滿了人潮正在觀看競渡活動。薛逢很精彩的記載了當
時競渡活動是如何進行的：

> 鼓聲三下紅旗開，兩龍躍出浮水來。擢影幹波飛萬劍，鼓聲劈浪鳴
> 千雷。
>
> 雷聲衝急波相近，兩龍望標目如瞬。江上人呼霹靂聲，竿頭綵掛虹
> 霓暈。
>
> 前船搶水已得標，後船失勢空揮橈。瘡眉血首爭不定，輸岸一朋心
> 似燒。
>
> 只將標示輸贏賞，兩岸十舟五來往。須臾戲罷各東西，競脫文身請
> 書上。〔註61〕

由於洞庭湖是通往瀟湘的重要轉運點〔註62〕，當時接駁的船隻不一定都是載
大量的遊客或商船，也有孤舟只載一人的船隻〔註63〕，所以除了很多慕名而
來的遊客之外，也有許多人是因為轉運的關係而到洞庭湖。許多文人都曾到
過洞庭湖一遊，甚至有人願意移居洞庭居住〔註64〕，張說就曾留下洞庭湖遊
記兩首，分別描寫出洞庭湖的湖光山色之美〔註65〕。洞庭湖中除了可以看到

〔註56〕 「眾湖湖口繫蘭船，睡起中餐又卻眠」請參閱《全唐詩》，卷765，王周〈岳
　　　　州眾湖阻風，二首之一〉，頁8676。

〔註57〕 《全唐詩》，卷98，尹懋〈同燕公汎洞庭〉，頁1061。

〔註58〕 「坐觀垂釣者，空有羨魚情」請參閱《全唐詩》，卷160，孟浩然〈望洞庭湖
　　　　贈張丞相〉，頁1633。

〔註59〕 《全唐詩》，卷88，張說〈岳州觀競渡〉，頁973。及「競渡岸傍人掛錦」請參
　　　　閱《全唐詩》，卷709，徐夤〈岳州端午日送人遊郴連〉，頁8166。

〔註60〕 《白居易詩集校注》，卷18，〈競渡〉，頁1453。

〔註61〕 《全唐詩》，卷548，薛逢〈觀競渡〉，頁6322。

〔註62〕 「早晚達瀟湘」請參閱《全唐詩》，卷147，劉長卿〈岳陽館中望洞庭湖〉，頁
　　　　1491。

〔註63〕 「孤舟有歸客」請參閱《全唐詩》，卷147，劉長卿〈岳陽館中望洞庭湖〉，頁
　　　　1491。

〔註64〕 《全唐詩》，卷319，麴信陵〈移居洞庭〉頁3593。

〔註65〕 「緬邈洞庭岫，蔥蒙水霧色。宛在太湖中，可望不可即」請參閱《全唐詩》，
　　　　卷86，張說〈遊洞庭湖湘〉，頁932。「江寒天一色，日靜水重紋」請參閱《全

魚〔註 66〕、豚〔註 67〕之外，沿岸的樹林或巖壁中還有猿、鷺群〔註 68〕、鶴〔註 69〕、水鳥〔註 70〕、雁〔註 71〕、鸂鶒〔註 72〕等動物，而以鳥類最多，有「眾島在波心」〔註 73〕之喻。從洞庭湖上過，可以聽見深山中傳來的猿叫聲，靠近江邊時，也聽得到鶴的叫聲〔註 74〕，巖上還有滴石香乳、崖邊也發現有靈草〔註 75〕。或許是因為洞庭湖中流叢山遍佈的關係，中流較難看到陽光〔註 76〕，也因為洞庭湖的景色豐富，韓愈在遊覽洞庭湖後，寫下洞庭湖的特色：

> 洞庭九州間，厥大誰與讓。南匯群崖水，北注何奔放。潛為七百里，
> 吞納各殊狀。自古澄不清，環混無歸向。炎風日搜攪，幽怪多冗長。
> 軒然大波起，宇宙隘而妨。〔註 77〕

在洞庭湖的山上還有一個小湖，白居易稱此湖為「小洞庭」，這裡也有鳥類棲息〔註 78〕。洞庭湖的湖面多半時候相當平穩無波，不過偶而也有強風使得湖面波動，影響船隻行進的穩定，只好暫時停靠休息等風小些再走〔註 79〕，若遇更

唐詩》，卷 88，張說〈遊洞庭湖〉，頁 974。

〔註 66〕「風恬魚自躍」請參閱《全唐詩》，卷 51，宋之問〈洞庭湖〉，頁 621。

〔註 67〕「江豚時出戲，驚波忽蕩瀁」請參閱《全唐詩》，卷 337，韓愈〈岳陽樓別竇司直〉，頁 3778。

〔註 68〕「樹坐參猿嘯，沙行入鷺群」請參閱《全唐詩》，卷 88，張說〈遊洞庭湖〉，頁 974。

〔註 69〕「巖壇有鶴過」請參閱《全唐詩》，卷 86，張說〈遊洞庭湖湘〉，頁 932。

〔註 70〕「水鳥行沙嶼」請參閱《全唐詩》，卷 623，陸龜蒙〈憶襲美洞庭觀步奉和次韻〉，頁 7165。

〔註 71〕「雲夕雁相呼」請參閱《全唐詩》，卷 51，宋之問〈洞庭湖〉，頁 621。「山城雁影多」請參閱《全唐詩》，卷 206，李嘉祐〈送岳州司馬弟之任〉，頁 2147。

〔註 72〕「鸂鶒眠沙曉驚起」請參閱《全唐詩》，卷 720，裴說〈遊洞庭湖〉，頁 8260。

〔註 73〕《全唐詩》，卷 763，楊巨〈送鄒尊師歸洞庭〉，頁 8660。

〔註 74〕「江近鶴時叫，山深猿屢鳴」請參閱《全唐詩》，卷 88，張說〈岳州夜坐〉，頁 975。

〔註 75〕「滴石香乳溜，垂崖靈草植」請參閱《全唐詩》，卷 86，張說〈遊洞庭湖湘〉，頁 932。

〔註 76〕「中流沒太陽」請參閱《全唐詩》，卷 147，劉長卿〈岳陽館中望洞庭湖〉，頁 1491。

〔註 77〕《全唐詩》，卷 337，韓愈〈岳陽樓別竇司直〉，頁 3778。

〔註 78〕「湖山上頭別有湖……鳥棲寒照月中鳥」請參閱《白居易詩集校注》，外集卷上，〈洞庭小湖〉，頁 2908。不過此詩在《全唐詩》中則記載其詩名為〈遊小洞庭〉，請參閱《全唐詩》，卷 883，白居易〈遊小洞庭〉，頁 9979。

〔註 79〕「風伯如何解迴怒，數宵檣倚碧蘆煙」請參閱《全唐詩》，卷 765，王周〈岳州眾湖阻風二首〉，頁 8676。

強風或者亂流，船隻仍有翻覆的危險〔註80〕。元稹便曾記載某一年因為洞庭湖水滿溢，舟行容易翻覆，造成上千人死於湖中的巨浪亂流，地點就在洞庭湖上的鹿角鎮這個地方〔註81〕。

　　洞庭湖拜天然環境之賜，特產是「洞庭魚」，當時岳州的魚列為土貢進獻給中央〔註82〕，其他如沒有進貢的魚類還有舶魚、鱣魚〔註83〕等也名列史冊。張說在岳州遊歷所留下來的詩文很多，也曾對洞庭湖的魚讚譽有嘉〔註84〕，洞庭魚的數量非常多：

　　　　洞庭魚可拾，不假更垂罾。鬧若雨前蟻，多於秋後蠅。〔註85〕

洞庭湖中除了魚，蝦的數量也不少〔註86〕。當時在岳州宴客時要吃到魚，比其他州別容易取得〔註87〕。

　　洞庭湖旁有一座岳陽樓〔註88〕，是江南三大樓〔註89〕之一，又稱為「南樓」。其開始有名氣始於張說從中書令為岳州刺史，常與才士登岳陽樓，並留下百餘篇的詩文〔註90〕，所以才逐漸的有名起來。在岳陽樓上可以臨高眺望洞庭湖的美景〔註91〕，也可以觀賞日出〔註92〕。然而岳陽本身就是一個擁有許

〔註80〕 「帆掛狂風起，茫茫既往時。波濤如未息，舟楫亦堪疑」請參閱《全唐詩》，卷515，朱慶餘〈過洞庭〉，頁5888。及「驚波常不定」請參閱《全唐詩》，卷603，許棠〈過洞庭湖〉，頁6962。

〔註81〕 「去年湖水滿，此地覆行舟。萬怪吹高浪，千人死亂流」請參閱《全唐詩》，卷399，元稹〈鹿角鎮〉，頁4477。

〔註82〕 《太平寰宇記》，卷113，〈江南西道十一・岳州〉，頁2299。

〔註83〕 《太平寰宇記》，卷113，〈江南西道十一・岳州〉，頁2299。

〔註84〕 「魚以嘉名采」請參閱《全唐詩》，卷88，張說〈岳州九日宴道觀西閣〉，頁974。

〔註85〕 《全唐詩》，卷540，李商隱〈洞庭魚〉，頁6193。

〔註86〕 「八月還平在，魚蝦不用愁」請參閱《全唐詩》，卷570，李群玉〈洞庭乾〉頁6606。

〔註87〕 「高齋長對酒，下客亦霑魚」請參閱《全唐詩》，卷511，張祜〈將離岳州留獻徐員外〉，頁5836。以及「久食主人魚」請參閱《全唐詩》，卷848，尚顏〈早春送人歸岳陽〉，頁9601。

〔註88〕 「洞庭湖上岳陽樓」請參閱《全唐詩》，卷539，李商隱〈岳陽樓〉，頁6160。

〔註89〕 江南三大樓為黃鶴樓、藤王閣及岳陽樓。

〔註90〕 「唐開元四年（716），張說自中書令為岳州刺史，常與才士登此樓，有詩百餘篇，列於樓室。」請參閱《太平寰宇記》，卷113，〈江南西道十一・岳州〉，頁2299。

〔註91〕 「山晚雲常碧，湖春草遍青」請參閱《全唐詩》，卷271，竇庠〈酬韓愈侍郎登岳陽樓見贈〉，頁3046。

〔註92〕 「南樓玩初旭」請參閱《全唐詩》，卷86，張說〈岳陽早霽南樓〉，頁933。

多奇特景致之地〔註93〕，結合了山水之美，與各種生物存在，交織成豐富的視覺畫面。岳陽的傍晚可以看到旅雁南歸，逐漸西下的太陽伴隨著彩霞的景色〔註94〕，使岳陽成為眾多文人願意為其描繪風景的地方。岳陽樓與黃鶴樓一樣，都有提供餐飲〔註95〕，可以在此宴請親友。

　　在岳陽可以休憩的地方，除了岳陽樓之外，若是官吏前往，還可以住在政府所提供的岳陽館、黃鶴驛、洞庭驛，也可以看到洞庭湖的景色〔註96〕。若是一般旅行，岳陽的開元寺〔註97〕也是住宿地點的選項之一。而岳陽因為山光水色風景絕佳，岳州刺史張說以為在岳陽的石門山、墨山兩山相連處，有一間禪堂可以觀此「天下絕境」：

> 囷輪江上山，近在華容縣。常涉巴丘首，天晴遙可見……草共林一色，雲與峰萬變……兩山勢爭雄，峰巘相顧眄。藥妙靈仙寶，境華巖壑選。清都西淵絕，金地東敞宴。池果接園畦，風煙遍臺殿。高尋去石頂，曠覽天宇遍。千山紛滿目，百川豁對面。騎來雲氣迎，人去鳥聲戀。長揖桃源士，舉世同企羨。〔註98〕

在岳州，無論是食、宿，都可以跟當地旅遊完整的配套。而岳陽百變的景致，也增添了該地的觀光價值。

（三）沔州郎官湖

　　沔州地區不大，居住在漢口的很多商人，經濟狀況富庶，當地有許多漁船、酒樓，成為詩人詞客經過沔州時留下歌頌的目標物〔註99〕。漢陽也是當時很大的渡口，晚上也有接送船舶的服務〔註100〕。沔州的大城市漢陽以青山

〔註93〕「岳陽多異境」請參閱《全唐詩》，卷848，尚顏〈早春送人歸岳陽〉，頁9601。

〔註94〕「晚景寒鴉集，秋風旅雁歸。水光浮日出，霞彩映江飛。洲白蘆花吐，園紅柿葉稀」請參閱《全唐詩》，卷90，張均〈岳陽晚景〉，頁985。

〔註95〕「開筵交履舄，爛漫倒家釀。杯行無留停，高柱送清唱。中盤進橙栗」請參閱《全唐詩》，卷337，韓愈〈岳陽樓別竇司直〉，頁3778。

〔註96〕《全唐詩》，卷147，劉長卿〈岳陽館中望洞庭湖〉，頁1491。

〔註97〕《全唐詩》，卷849，修睦〈宿岳陽開元寺〉，頁9615。

〔註98〕《全唐詩》，卷86，張說〈岳陽石門墨山二山相連有禪堂觀天下絕境〉，頁933。

〔註99〕「居雜商徒偏富庶，地多詞客自風流。聯翩半世騰騰過，不在漁船即酒樓」請參閱《全唐詩》，卷682，韓偓〈過漢口〉，頁7818。

〔註100〕「落月臨古渡，武昌城未開」請參閱《全唐詩》，卷701，王貞白〈晚泊漢陽渡〉，頁8062。

著名〔註101〕，漢陽位於長江邊，群山之外，還有群石聳立〔註102〕，江上種
著許多柳樹〔註103〕，也有鷗鳥飛過〔註104〕，風景美不勝收。春天時的江水
尚未完全融化，看起來帶點冷冽的綠色，飄著細雨的春天，桃花隨著小雨隨
意落下，也吸引遊客駐足〔註105〕。如漢陽江邊的太白樓，李群玉便曾形容太
白樓建築在一片青山綠水間〔註106〕。沔州的景點郎官湖，原本不見記載，乾
元年間八月秋，李白在郎官湖遇見故人尚書郎張公即將出使夏口，與當時的
沔州牧、漢陽宰一同遊於沔州城南的湖邊，該湖在夜色的襯托下，顯得十分
清澈〔註107〕，張公對李白說：

> 此湖，古來賢豪遊者非一，而枉見佳景，寂寥無聞。夫子可為我標
> 之嘉名，以傳不朽。〔註108〕

因為張公的提議，所以李白便將該湖命名為「郎官湖」〔註109〕，當時同行的
輔翼、岑靜便將李白的這首詩刻在郎官湖側面的石頭上，希望此湖的盛名可與
大別山一樣流傳下去〔註110〕。

〔註101〕 「江夏黃鶴樓，青山漢陽縣」請參閱《李太白全集》，卷14，〈江夏寄漢陽輔
錄事〉，頁688。

〔註102〕 「兩山鬥咽喉，群石蠹牙齒。行客無限愁，橫吞一江水」請參閱《全唐詩》，
卷765，王周〈金口步〉，頁8677。金口步為漢陽江北的軍隊名。

〔註103〕 「漢陽江上柳，望客引東枝。樹樹花如雪，紛紛亂若絲」請參閱《李太白全
集》，卷14，〈望漢陽柳色寄王宰〉，頁687。

〔註104〕 「漢陽無遠近……雲雨經春客，江山幾日程。終隨鷗鳥去，祗待海潮生」請
參閱《全唐詩》，卷311，鄭常〈謫居漢陽白沙口阻雨因題驛亭〉，頁3513。

〔註105〕 「春遊歡有客，夕寢賦無衣。江水帶冰綠，桃花隨雨飛」請參閱《全唐詩》，
卷139，儲光羲〈漢陽即事〉，頁1410。

〔註106〕 「江上層樓翠靄間，滿簾春水滿窗山。青楓綠草將愁去，遠入吳雲暝不還」
請參閱《全唐詩》，卷570，李群玉〈漢陽太白樓〉，頁6609。

〔註107〕 「方夜水月如練，清光可掇」請參閱《李太白全集》，卷20，〈泛沔州城南郎
官湖並序〉，頁950。

〔註108〕 《李太白全集》，卷20，〈泛沔州城南郎官湖並序〉，頁950。

〔註109〕 「郎官愛此水，因號郎官湖」請參閱《李太白全集》，卷20，〈泛沔州城南郎
官湖並序〉，頁950。

〔註110〕 「席上文士輔翼、岑靜以為知言，乃命賦詩紀事，刻石湖側，將與大別山共
相磨滅焉」、「風流若未減，名與此山俱」請參閱《李太白全集》，卷20，〈泛
沔州城南郎官湖並序〉，頁950。

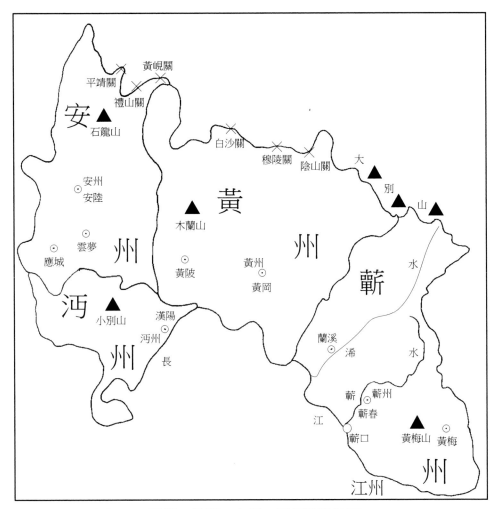

圖4-2：蘄州、黃州、安州、沔州旅遊地圖〔註111〕

（四）安州雲夢古城、玉女湯

　　安州的旅遊景點主要有雲夢古城、玉女湯。其餘如般若寺〔註112〕、浮雲寺、白兆山桃花巖〔註113〕，大致皆描寫寺廟中的花草樹木，以及文人休息乘

〔註111〕　此圖底圖來源為譚其驤，《中國歷史地圖集》，〈隋・唐・五代十國時期〉，〈江南西道〉，頁57～58。

〔註112〕　「翛然金園賞，遠近含晴光。樓臺成海氣，草木皆天香……水退池上熱，風生松下涼。」請參閱《李太白全集》，卷23，〈安州般若寺水閣納涼喜遇薛員外父〉，頁1061。以及《全唐詩》，卷520，杜牧〈題安州浮雲寺樓寄湖州張郎中〉，頁5945。

〔註113〕　「歸來桃花巖，得憩雲窗眠」請參閱《李太白全集》，卷13〈安陸白兆山桃花巖寄劉侍御綰〉，頁647。

涼之所。安陸因為常遇兵寇紛擾，戶口不多，留下的都是空山空城〔註114〕，所謂「孤城盡日空花落，三戶無人自鳥啼」〔註115〕，就是在形容安陸地區城空寂寥的景象。安州的雲夢古城〔註116〕便是一個常令文人駐足之地：

> 雲夢江頭見故城……馬蹄踐處東風急……嶽客出來尋古劍，野猿相聚叫孤塋。騰身飛上鳳凰閣……錦帳先生作牧州，干戈缺後見荒丘。兼無姓賈兒童在，空有還珠煙水流。江句行人吟刻石，月腸是處象登樓。旅魂頻此歸來否，千載雲山屬一遊。〔註117〕

安州還有一個玉女湯，可以泡溫泉，相傳玉女湯是一位仙女在此泡湯，並以此為名。而史冊對其並無記載，僅李白留下一詩：

> 神女歿幽境，湯池流大川。陰陽結炎炭，造化開靈泉。地底爍朱火，沙傍歊素煙。沸珠躍明月，皎鏡函空天。氣浮蘭芳滿，色漲桃花然。精覽萬殊入，潛行七澤連。愈疾功莫尚，變盈道乃全。濯濯氣清泚，晞髮弄潺湲。散下楚王國，分澆宋玉田。可以奉巡幸，奈何隔窮偏。獨隨朝宗水，赴海輸微涓。〔註118〕

安州提供食宿的地點，目前僅知「西樓」一處，唐詩中趙嘏記載其登安陸西樓時看到的：「樓上華筵日日開」、「雲雨暗更歌舞伴」〔註119〕，可知西樓提供的服務有宴席、歌舞表演，住宿應該是有的。至於提供給官吏休憩的官方館驛，目前仍未發現。

（五）蘄州

蘄州是鄂岳地區與長江下游距離最近的窗口。蘄州的蘭溪縣，在蘄州西面，因為景色優美，加上是交通必經之地，不止是送別才經過，還有專門來遊

〔註114〕「更堪中路阻兵戈，幾州戶口看成血」請參閱《全唐詩》，卷692，杜荀鶴〈將入關安陸遇兵寇〉，頁7954。及「滄洲失孤壘，白髮出重圍。苦節翻多難，空山自喜歸。悠悠清漢上，漁者日相依」請參閱《全唐詩》，卷674，鄭谷〈從叔郎中誡報自秋曹分符安陸屬群盜倡致熾流毒江壖竟以援兵不來城池失守例削今任卻敘省銜退居荊漢之間頗得琴尊之趣因有寄獻〉，頁7706～7707。

〔註115〕《全唐詩》，卷151，劉長卿〈使次安陸寄友人〉，頁1568。

〔註116〕「故國讒壚在，登臨想舊遊。一朝人事變，千載水空流。夢渚鴻聲晚，荊門樹色秋。片雲凝不散，遙掛望鄉愁」請參閱《全唐詩》，卷270，戎昱〈雲夢故城秋望〉頁3014。

〔註117〕《全唐詩》，卷705，黃滔〈經安州感故鄭郎中二首〉，頁8109～8110。

〔註118〕《李太白全集》，卷22，〈安州應城玉女湯作〉，頁1007～1008。

〔註119〕《全唐詩》，卷549，趙嘏〈登安陸西樓〉，頁6348。

覽〔註120〕。

> 蘭溪春盡碧決決，映水蘭花雨發香。楚國大夫憔悴日，應尋此路去
> 瀟湘。〔註121〕
>
> 涼月如眉掛柳灣，越中山色鏡中看。蘭溪三日桃花雨，半夜鯉魚來
> 上灘。〔註122〕

若是想住宿，目前所知在黃梅縣有「臨江驛」〔註123〕一處，為蘄州官方提供的住宿地點，而黃梅縣也是當時六祖悟道之地〔註124〕。

蘄州當地笛管〔註125〕、蘄簟〔註126〕是其特產，白居易就曾說「笛竹出蘄春，霜刀劈翠筠」〔註127〕，可見蘄春的竹笛非常有名，前述提及的黃鶴樓與岳陽樓等處吹笛消遣，很可能就是來自蘄春所製造的竹笛。在蘄簟方面，白居易曾寄蘄簟給元稹消暑：

> 織成雙鎖簟，寄與獨眠人。卷作筒中信，舒為席上珍。滑如鋪薤葉，
> 冷似臥龍鱗。清潤宜乘露，鮮華不受塵。通州炎瘴地，此物最關身。
> 〔註128〕

當時鰥居的元稹回信，形容蘄簟的確是天氣炎熱時的好物：

> 蘄簟未經春，君先拭翠筠。知為熱時物，預與瘴中人。碾玉連心潤，
> 編牙小片珍。霜凝青汗簡，冰透碧遊鱗。〔註129〕

這兩種當地特產提高了蘄春當地的旅遊價值，成為當地的旅遊商品。遊客在此購買竹笛與蘄簟，對於當地手工竹編業者增添了經濟收入。另外，在古代交通與傳播尚未如同今日這麼發達的時代，當地特產只能靠著到此一遊的遊客購買回去贈送親友，才能達到宣傳的效果。

〔註120〕《全唐詩》，卷316，武元衡〈送嚴紳遊蘭溪〉，頁3550。

〔註121〕《樊川文集》，卷3，〈蘭溪〉，頁50。

〔註122〕《全唐詩》，卷274，戴叔倫〈蘭溪棹歌〉，頁3105。

〔註123〕《全唐詩》，卷52，宋之問〈途中寒食題黃梅臨江驛寄崔融〉，頁640。

〔註124〕「當時六祖在黃梅，五百人中眼獨開。入室偈聞傳絕唱，昇堂客謾恃多才」請參閱《全唐詩》，卷844，齊己〈寄文浩百法〉，頁9538。

〔註125〕《太平寰宇記》，127，頁2508。

〔註126〕《元稹集》，卷15，〈酬樂天寄蘄州簟〉，頁178。

〔註127〕《白居易詩集校注》，卷16，〈寄蘄州簟與元九因題六韻〉，頁1286。

〔註128〕《白居易詩集校注》，卷16，〈寄蘄州簟與元九因題六韻〉，頁1286。

〔註129〕《元稹集》，卷15，〈酬樂天寄蘄州簟〉，頁178。

（六）黃州

黃州也是久戰之地，所謂「弭節齊安郡，孤城百戰殘」〔註130〕，其州北邊有白沙關、穆陵關、陰山關〔註131〕，都很荒涼。許棠過穆陵關時形容穆陵關為「荒關」：

> 荒關無守吏，亦恥白衣過。地廣人耕絕，天寒雁下多。〔註132〕

劉長卿也形容穆陵關經過戰火的摧殘，境內村落殘破的景象：

> 城池百戰後，耆舊幾家殘。處處蓬蒿遍，歸人掩淚看。〔註133〕

除了上述這些因為戰火而造成的荒蕪景致之外，黃州內還有二妃祠〔註134〕、黃陂夫人祠〔註135〕。因為境內主要是生產稻作，可以看到百頃的稻田〔註136〕黃澄澄的風光。

這些荒涼的景致雖看似沒有遊覽的價值，然而旅遊除了動態的食、玩樂之外，也包含了靜態的遊覽，無論是緬懷先人、古城，文人在這樣的景致下特別容易有感觸，所產生的心境也與其他遊玩方式不同，前述提到李松先生所認為從唐代開始有詩人特意對某些地方進行描繪與吹捧，如黃鶴樓、岳陽樓等，而安州、黃州所流傳下來的詩文，也是另一種不同的宣傳方式。

表4-1：鄂岳地區風景名勝一覽表

類　　別	景　　點	州別／縣名	食	宿	特　　產
樓	黃鶴樓	鄂州江夏縣	＊	＊	
	岳陽樓（南樓）	岳州巴陵縣	＊	＊	
	太白樓	沔州漢陽縣	＊	＊	
	西樓	安州	＊	＊	

〔註130〕《全唐詩》，卷649，方幹〈過黃州作〉，頁7460。

〔註131〕《元和郡縣圖志》，卷27，頁655。

〔註132〕《全唐詩》，卷604，許棠〈過穆陵關〉，頁6989。

〔註133〕《全唐詩》，卷147，劉長卿〈穆陵關北逢人歸漁陽〉，頁1492。

〔註134〕「秋日黃陂下，孤舟憶共誰。江山三分楚，風雨二妃祠」請參閱《全唐詩》，卷659，羅隱〈秋日懷孟夷庚〉，頁7564。

〔註135〕「蒼山雲雨逐明神，唯有香名萬歲春。東風三月黃陂水，只見桃花不見人」請參閱《全唐詩》，卷304，劉商〈題黃陂夫人祠〉，頁3461。

〔註136〕「罷亞百頃稻，西風吹半黃。」請參閱《全唐詩》，卷520，杜牧〈郡齋獨酌〉，頁5940。此詩為杜牧在黃州所作，詩中註解所謂「罷亞」，是一種稻米的品種名。

縣城、古城	夏口古城	鄂州江夏縣			
	雲夢古城	安州雲夢縣			
	武昌城	鄂州武昌縣			
	蘭溪縣城	蘄州蘭溪縣			竹笛、蘄簟
關口	白沙關	黃州			
	穆陵關	黃州			
	陰山關	黃州			
	平境關	安州			
	禮山關	安州			
	黃峴關	安州			
寺	修靜寺	鄂州江夏縣	＊	＊	
	頭陀寺	鄂州	＊	＊	
	龍興寺	鄂州	＊	＊	
	開元寺	岳州巴陵縣	＊	＊	
	般若寺	安州	＊	＊	
	浮雲寺	安州	＊	＊	
亭	雲夢亭	岳州			
	雙松亭	沔州漢陽			
祠	二妃祠	黃州			
	黃陂夫人祠	黃州黃陂縣			
山	頭陀山	鄂州			
	黃鶴山	鄂州江夏縣			
	白兆山	安州安陸縣			
湖	洞庭湖	岳州			魚、蝦
	小洞庭	岳州			
	青草湖	岳州			
	湖水	岳州			
	雲夢澤	岳州			
	巴丘湖	岳州			
	生江湖	岳州			
	青草湖	岳州			

	象湖	岳州			
	赤沙湖	岳州			
	赤鼻湖	岳州			
	浥湖	岳州			
	郎官湖	沔州城南			
洲	鸚鵡洲	鄂州江夏縣	*		
溫泉	玉女湯	安州應城			
其他	鹿角鎮	岳州洞庭湖上			

第二節　麻織業的分佈變動

　　紡織品包含有絲織品、麻織品、棉織品、草織品等項，其中以絲織品及麻織品為最重要。絲織品有絹、綾、錦、紬、紗、羅等，麻織品則有布〔註137〕。因為鄂岳地區主要出產麻織品，故本文主要討論鄂岳地區在唐代至宋初時，麻織品的分佈變動與質量變化。

一、在全國麻織業中之重要性

　　唐代官府的手工業管理上的最大部門為少府監，少府監中的織染署、綾錦坊由官府直接經營〔註138〕，其原料的來源主要透過兩種方式取得：一種是官府自己經營，另一種則是經由各地土貢所取得的原料。絲織品與麻織品在唐代之所以佔有重要的地位，不僅因其為製衣的原料，更重要的是織品乃是唐代賦稅的來源之一。唐代賦稅在庸調的部份，收絹、綿、布。開元二十五年（737）規定全國收取調的織品規定如下：

　　　　其調絹絁布，並隨鄉土所出。絹絁各二丈，布則二丈五尺。輸絹絁者綿三兩，輸布者麻三斤。〔註139〕

〔註137〕嚴耕望，〈唐代紡織工業之地理分佈〉，頁646。
〔註138〕《唐六典》，卷22，頁571～572、575及《新唐書》，卷48，〈百官志・少府〉，頁1269。「武德初，廢監，以諸署隸太府寺。貞觀元年（627）復置。龍朔二年（662）改曰內府監，武后垂拱元年（685）曰尚方監。有府二十七人，史十七人，計史三人，亭長八人，掌固六人，短蕃匠五千二十九人，綾錦坊巧兒三百六十五人，內作使綾匠八十三人，掖庭綾匠百五十人，內作巧兒四十二人，配京都諸司諸使雜匠百二十五人」。
〔註139〕《通典》，卷6，〈食貨志〉，頁107。

天寶中，全國絹、布、綿徵收數量如下：

> 按天寶中記帳，戶約有八百九十餘萬，其稅錢約得二百餘萬貫。其
> 地稅約得千二百四十餘萬石。課丁八百二十餘萬，其庸調租等約出
> 絲綿郡縣計三百七十餘萬丁，庸調輸絹約七百四十餘萬疋，綿則百
> 八十五萬屯……約出布郡縣計四百五十餘萬丁，庸調輸布約千三十
> 五萬餘端。其租：約百九十餘萬丁江南郡縣，折納布約五百七十餘
> 萬端。二百六十餘萬丁江北郡縣，納粟約五百二十餘萬石。大凡都
> 計租稅庸調，每歲錢粟絹綿布約得五千二百三十餘萬端疋屯貫石，
> 諸色資課及句剝所獲不在其中，其度支歲計……布絹綿則二千七百
> 餘萬端屯疋。〔註140〕

唐政府所收取的這些織品，來自全國各地，其中可以看到天寶中期時，全國庸
調輸布者，約有一千三十五萬餘端，租以布折納者，共五百七十餘萬端。但值
得注意的是，並非每一個州縣所生產的等級都相同，目前唐代記載土貢最早的
資料為《唐六典》，時間在開元二十六（738）年之前。《唐六典》中所記載的
絹布等級，將唐代的絹分成八等，而布分成九等：

> 凡絹、布出有方土，類有精粗。絹分為八等，布分為九等，所以遷
> 有無，和利用也。〔註141〕

當時全國貢布等級如下表所示：

表4-2：《唐六典》中全國麻布等級分佈表〔註142〕

等級	紵	火　麻	貲
1	復	宣、潤、【沔】	【黃】
2	常	舒、【蘄】、【黃】、【岳】、荊	廬、和、晉、泗
3	楊（揚？）、湖、【沔】	徐、楚、廬、壽	絳、楚、滁
4	蘇、越、杭、【蘄】、廬	澧、朗、潭	澤、潞、沁
5	衢、饒、洪、婺	×	京兆、太原、汾
6	鄆、江	×	襄、洋、同、岐
7	台、括、撫、睦、歙、虔、吉、溫	×	唐、慈、坊、寧

〔註140〕《通典》，卷6，〈食貨志〉，頁110～111。
〔註141〕《唐六典》，卷20，頁541。
〔註142〕【】符號內的文字，表示為鄂岳地區之州別。

| 8 | 泉、建、閩、袁 | × | 登、萊、鄧 |
| 9 | × | × | 金、均、合 |

從表 4-2 可以看到，鄂岳地區的麻布僅出現在前四等，第五等後皆沒有鄂岳地區的任一州別，可見鄂岳地區的麻布相當優質，在全國各地的排行榜中名列前茅。沔州的火麻及黃州的貲布列全國第一等，州別數量總計佔全國的 40%；蘄州、黃州、岳州的火麻列全國第二等，州別數量總計佔全國的 30%；沔州的紵布名列全國第三等，州別數量總計佔全國的 10%；蘄州的紵布也列全國第四等，州別數量總計佔全國的 9%。若是以單獨布種統計，鄂岳地區的火麻在全國絕對佔有相當重要的地位，全區六州中，就有沔州、蘄州、黃州、岳州擠進前二等，佔全國 50%，且名列第一等與第二等；黃州的貲布更是全國唯一僅有的第一等布料。紵布在鄂岳地區中的等級雖不算極高，但以全國紵布等級來看，鄂岳地區沔州與蘄州的紵布依然在全國前列。從前四等各類麻布的產地分佈可以發現，麻布的主要分佈區域，位於長江中游及下游，此二區所生產的麻布等級都十分精良，尤以鄂岳地區之麻布品質特別突出。

　　鄂岳地區之麻布質量不僅精良，就數量而言，也在全國前列。目前對全國各州貢布數量有較詳細記載之史籍為《通典》及《元和郡縣圖志》，經整理後如下表 4-3 及 4-4 所示：

表 4-3：《通典》所載天寶年間全國州郡貢布數量表〔註 143〕

項次	郡　名	土貢內容	數　量
1	臨淮郡（泗州）	貲布	十疋
2	淮陰郡（楚州）	貲布	十疋
3	竟陵郡（復州）	白紵布	一端
4	復水郡（郢州）	白紵布	十端
5	晉陵郡（常州）	細青紵布	十疋
6	吳興郡（湖州）	紵布	三十端
7	新安郡（歙州）	紵布	十五端
8	宣城郡（宣州）	白紵布	十疋
9	桂陽郡（郴州）	白紵布	十疋
10	廬陵郡（吉州）	白紵布	二十端

〔註 143〕 本表資料來源為：《通典》，卷 6，頁 112～131。

11	宜春郡（袁州）	白紵布	十疋
12	德陽郡（漢州）	紵布	十疋
13	懷澤郡（貴州）	細白紵布	十端
14	巴陵郡（岳州）	白紵布	十匹
15	蘄春郡（蘄州）	白紵布	十五端
16	漢陽郡（沔州）	麻貲布	十匹
17	齊安郡（黃州）	紫紵布	十端
18	安陸郡（安州）	青紵布	十五匹

表 4-4：《元和郡縣圖志》所載開元及元和年間全國貢布數量表〔註 144〕

項次	州　名	土貢內容	數　量	開元貢	元和貢
1	銀州	女稽布	無記載	∨	
2	勝州	女稽布	無記載	∨	
3	泗州	細貲布	無記載	∨	
4	申州	葛	十匹	∨	
5	光州	葛	十匹	∨	
6	齊州	葛	無記載	∨	
7	密州	細布	無記載	∨	
8	海州	楚布	無記載	∨	
9	隰州	胡女布	無記載	∨	
10	石州	胡女布	三端	∨	

〔註 144〕　各州別之資料來源頁數，將依表 4-4 之項次順序：《元和郡縣圖志》，頁 105
（銀州）、110（勝州）、231（泗州）、243（申州）、245（光州）、277（齊州）、
298（密州）、301（海州）、345（隰州）、398（石州）、426（邢州）、532（鄧
州）、536（復州）、538（郢州）、539（唐州）、561（洋州）、564（利州）、567
（鳳州）、599（常州）、605（湖州）、624（處州）、647（沔州）、650（安州）、
652（黃州）、655（蘄州）、656（岳州）、671（洪州）、672（饒州）、672（虔
州）、674（吉州）、676（江州）、678（袁州）、680（撫州）、681（宣州）、686
（歙州）、702（潭州）、707（彬州）、710（永州）、711（連州）、712（道州）、
714（邵州）、718（建州）、736（黔州）、737（涪州）、740（夷州）、741（思
州）、743（南州）、745（溱州）、767（成都府）、777（漢州）、780（邛州）、
785（資州）、790（戎州）、806（眉州）、823（巂州）、842（梓州）、857（普
州）、860（榮州）、862（陵州）、864（瀘州）、868（昌州）、886（廣州）、895
（潮州）、897（端州）、898（康州）、899（封州）、901（韶州）、922（賀州）、
947（貴州）、949（賓州）。

11	邢州	布	無記載	v	
12	鄧州	白紵、絲布	無記載	v	
13	復州	白紵布	十一匹	v	
14	郢州	白紵布	二十匹	v	
15	唐州	布	無記載	v	
16	洋州	火麻布、野紵布	無記載	v	
17	利州	絲布	無記載	v	
18	鳳州	土布	無記載		v
20	常州	細紵	無記載	v	
21	湖州	絲布	無記載	v	
		布	三十三端		v
22	處州	葛、紵布	無記載	v	
		紵布、麻布、樹皮布	無記載		v
23	沔州	白紵布	一端	v	
		麻貲布	一端		v
24	安州	紵布	一十八匹	v	
		紵布	一十匹		v
25	黃州	紵貲布	十匹	v	
26	蘄州	白紵細布	無記載	v	
		白紵布	一十五匹		v
27	岳州	細紵布	無記載	v	
		白紵練布	七匹		v
28	洪州	葛、紵布	無記載	v	
		細葛布	一十五匹		v
29	饒州	紵布	無記載	v	
30	虔州	白紵布	無記載	v	
		白紵布	無記載		v
31	吉州	白紵布	無記載	v	
32	江州	葛	無記載	v	
33	袁州	白紵布、麻布	無記載	v	
34	撫州	葛	十匹	v	
		葛	十匹		v

35	宣州	白紵布	無記載	∨	
36	歙州	麻布	無記載	∨	
		細紵布	無記載		∨
37	潭州	葛布	十五匹	∨	
		絲布	十五匹		∨
38	彬州	細白紵	無記載	∨	
		細白紵	無記載		∨
39	永州	細葛	無記載	∨	
40	連州	細布	無記載	∨	
41	道州	細紵布	無記載	∨	
		細紵布	無記載		∨
42	邵州	麻布	無記載	∨	
43	建州	金花練、焦葛布	無記載	∨	
		焦布	無記載		∨
44	黔州	竹布、紵麻布	無記載		∨
45	涪州	連頭十段布	一匹		∨
46	夷州	斑布	無記載	∨	
47	思州	葛	無記載	∨	
48	南州	斑布	無記載	∨	
49	溱州	楮皮布、紵布	無記載	∨	
50	成都府	布	八匹	∨	
		絲布	無記載		∨
51	漢州	布	二十匹	∨	
		彌牟布、紵布	無記載		∨
52	邛州	絲布	一十匹	∨	
		絲布	一十匹		∨
53	資州	麻布	無記載		∨
54	戎州	紵布	無記載	∨	
55	眉州	獠麻布	無記載	∨	
		獠麻布	無記載		∨
56	嶲州	絲布	無記載	∨	
57	梓州	絲布	無記載	∨	

58	普州	葛	八匹	∨	
59	榮州	班布	六匹	∨	
		班布	無記載		∨
60	陵州	細葛	四匹	∨	
		細葛	四匹		∨
61	瀘州	葛	無記載	∨	
		葛	無記載		∨
62	昌州	筒布	無記載	∨	
		筒布	無記載		∨
63	廣州	絲布、竹布、蕉布	無記載	∨	
64	潮州	蕉葛布	無記載	∨	
		細蕉布	無記載		∨
65	端州	麻布	無記載	∨	
66	康州	蕉布、麻布	無記載	∨	
67	封州	蕉布、麻布	無記載	∨	
68	韶州	麻布、竹布	竹布十五匹	∨	
69	賀州	蕉布、竹布	無記載	∨	
70	貴州	紵布	無記載	∨	
71	賓州	筒布、蕉布	無記載	∨	

綜合比較《唐六典》、《通典》及《元和郡縣圖志》後，可以看到《唐六典》中所記載的貢布資料有兩處，一處是前述提及的貢布等級資料，另一處是專門介紹全國土貢資料，兩者比對的結果，卻發現即使是《唐六典》在記載中也不免疏漏部分州別的土貢資料。如黃州在全國等級分佈中，僅列出火麻與貲布，而在全國的土貢內容中，卻還另外記載有紵布〔註145〕；以及沔州的紵布與火麻，在等級分類中分別名列第一與第三，然而其實沔州另外還生產貲布〔註146〕；而安州雖然在等級分類上並沒有出現任何貢布資料，但在全國土貢中所上貢的青紵布〔註147〕也被記載下來，另外鄂州在此時期並沒有上貢任何紡織品〔註148〕。

〔註145〕 《唐六典》，卷3，頁69。
〔註146〕 《唐六典》，卷3，頁69。
〔註147〕 《唐六典》，卷3，頁69。
〔註148〕 可參閱《唐六典》，卷3，頁70及《唐六典》，卷20，頁541。

　　到了稍晚的《元和郡縣圖志》記載開元貢，此時雖無等級記錄，但卻首次在部分州別中出現了貢布數量。如鄂岳地區的沔州貢白紵布一端、安州貢紵布十八匹、黃州貢紵貲布十匹、蘄州貢白紵細布、岳州貢細紵布。若以布料種類來看，《元和郡縣圖志》中所記載的鄂岳地區開元貢中，僅有安州沒有被《唐六典》列入評等。另外再比較上貢之布種，可以發現雖然《唐六典》記載鄂岳地區曾上貢火麻布，但在《元和郡縣圖志》中並沒有出現上貢火麻布之記載。雖然《元和郡縣圖志》在上貢數量上之記載並不全面，但仍可藉由此看出鄂岳地區在開元時期所上貢之數量，在全國貢布州中名列前茅。

　　緊接著天寶中期所記載的《通典》，對於全國各地的土貢內容在記錄上更為詳細，每郡所上貢的布匹數量皆有留存下來，更能看出鄂岳地區所上貢之布匹數量一樣在全國貢布州中，佔有相當重要之份量。

二、布的單位

　　除了從貢布數量及等級可知鄂岳地區麻織業在全國同產業中興盛之狀況，另外從其上貢之種類，以及長度單位「端」、「匹」，可更清楚鄂岳地區的麻布業，應是十分重要且興盛。如前述表格中所列之青紵、白紵、紫紵，都是指麻所織成的布匹顏色，而在數量上所顯示的「匹」或「端」，乃是指各類織品的單位，唐代對於各類織品的單位都有定義名稱：

　　　凡縑、帛之類，必定其長短廣狹之制，端、匹、屯、綟之差焉。〔註149〕

　　　絹曰匹，布曰端，綿曰屯，絲曰絇，麻曰綟。〔註150〕

但唐代對於這些織品並沒有嚴格的遵守其定義，若對照表 4-4 之《元和郡縣圖志》所載之數量，如黃州所貢的紵貲布便記載為十匹、安州紵布十八匹；天寶年間沔州所上貢的麻貲布、岳州白紵布、安州青紵布也皆以絹的單位記載，而非布的單位「端」。

　　歷代對布帛長度的定義都不同，在漢代時有兩種說法，一說六丈為端，另一說則以八丈為端〔註151〕；到了北魏時期，依舊制長度一端六十尺，一匹四十尺，寬度則皆為二尺二寸：

　　　舊制，民間所織絹、布，皆幅廣二尺二寸，長四十尺為一匹，六十

〔註149〕　《唐六典》，卷 3，頁 82。

〔註150〕　《唐六典》，卷 20，頁 540。

〔註151〕　（胡注）「布帛六丈曰端，一曰八丈曰端」請參閱《資治通鑑》，卷 60，〈漢紀〉，頁 1929。

尺為一端，令任服用。後乃漸至濫惡，不依尺度。高祖延興三年（473）
秋七月，更立嚴制，令一準前式，違者罪各有差，有司不檢察與同
罪。〔註152〕

唐代則依不同絹布種類，有了更詳細的規定：

羅、錦、綾、絹、紗、縠、絁、紬之屬以四丈為匹，布則以五丈為
端，綿則以六兩為屯，絲則以五兩為絇，麻布則以三斤為綟。〔註153〕

依據上述可得知「端」、「丈」、「尺」皆為長度單位，且長度大小順序應為「端」、
「丈」、「尺」。且「端」的長度大於「匹」的長度。但在《太平御覽》中，卻
記載「端」與「匹」相同：

二丈為一端，二端為一兩；所謂匹也，二兩，二匹。〔註154〕

《容齋隨筆》則反駁了此說，認為「端」不同於「匹」，一匹應等於兩端：

今人謂縑帛一匹為壹端，或總言端匹。案《左傳》「幣錦二兩」注云：
「二丈為一端，二端為一兩，所謂匹也，二兩，二匹也。」然則以
端為匹，非矣。《湘山野錄》載夏英公鎮襄陽，遇大禮赦恩，賜致仕
官束帛，以絹十匹與胡旦，旦笑曰：「奉還五匹，請檢韓詩外傳，及
諸儒韓康伯等所解『束帛戔戔』之義，自可見證。」英公檢之，果
見三代束帛、束脩之制。若束帛則卷其帛為二端，五匹遂見十端，
正合此說也。然周易正義及王弼注、韓詩外傳皆無其語。文瑩多妄
誕，不足取信。按春秋公羊傳「乘馬束帛」注云：「束帛謂玄三纁二，
玄三法天，纁二法地。」若文瑩以此為證，猶之可也。〔註155〕

如果以唐代記載之布長度為準，也就是五丈為一端，那麼以表4-3中蘄春郡土
貢十五端來算，也就是相當於七十五丈長。

三、貢布種類的轉變與特殊性

鄂岳地區所貢之布種，有何特殊性呢？茲將唐代鄂岳地區之貢布種類整
理如下表：

〔註152〕（北魏）魏收，《魏書》（北京：中華書局，2003年），卷110，〈食貨志〉，頁
2852。
〔註153〕《通典》，卷3，頁82。
〔註154〕（宋）李昉等撰，《太平御覽》（北京：中華書局，1998年），卷815，〈布帛
部二‧錦〉，頁3621。
〔註155〕《容齋隨筆‧五筆》，卷10，〈為端為匹〉，頁946。

表 4-5：唐代鄂岳地區貢布種類表 〔註 156〕

時　　間	麻布種類	鄂　州	岳　州	蘄　州	黃　州	沔　州	安　州
開元 A	紵布		●	●	●	●	●
	火麻		●	●	●	●	
	貲布				●	●	
開元 B	紵貲布				●		
	紵布						●
	細紵布		●				
	白紵布					●	
	白紵細布			●			
天寶	麻貲布					●	
	白紵布		●	●			
	青紵布						●
	紫紵布				●		
長慶	貲布	●			●		
	紵布		●				
	白紵布			●	●		
	青紵布						●
元和	麻貲布					●	
	紵布						●
	白紵布			●			
	白紵練布		●				

〔註 156〕 開元 A 的資料來源為《唐六典》，卷 3，頁 69～70 及《唐六典》，卷 20，頁 541；開元 B 的資料來源為《元和郡縣圖志》開元貢，頁 647（沔州）、650（安州）、652（黃州）、655（蘄州）、656（岳州）；天寶的資料來源為《通典》，卷 6，〈食貨志〉，頁 120（安州、蘄州、黃州、沔州）、125（岳州）；長慶的資料來源為《新唐書‧地理志》，卷 41，頁 1054（蘄州）、1055（安州、黃州）、1068（鄂州）、1069（岳州）；元和貢的資料來源為《元和郡縣圖志》，卷 27，頁 647（沔州）、650（安州）、655（蘄州）、656（岳州）；五代的資料來源為《太平寰宇記》，卷 112，〈江南西道〉，頁 2277（鄂州）、《太平寰宇記》，卷 113，〈江南西道〉，頁 2299（岳州）、《太平寰宇記》，卷 132，〈江南西道〉，頁 2594（安州）、《太平寰宇記》，卷 127，〈江南西道〉，頁 2508（蘄州）、《太平寰宇記》，卷 131，〈江南西道〉，頁 2582（黃州）。

五代	貲布				●		
	紵布	●					
	白紵布		●	●	●		
	青紵布						●

當比對《唐六典》、《元和郡縣圖志》與《通典》各書所載的資料，顯然鄂岳地區在短短幾十年之間的麻布品質，產生了變化。

首先，黃州在開元二十六年（738）後至天寶中期，曾經上貢過的紵布與紵貲布不再上貢，取而代之的是紫紵布，這也是整個唐五代唯一上貢紫紵布的地區。紫色，在唐代象徵地位尊崇。如在封禪的儀式中，「昊天上帝褥以蒼，地祇褥以黃，配褥皆以紫」〔註157〕，昊天上帝是以高祖、太宗配，故用紫色彰顯尊爵之意。當時能夠穿著紫衣、紫裙，只有皇帝、太子，可穿著紫褶〔註158〕、紫裙〔註159〕；或者是親王及三品、二王後〔註160〕；抑或是為了表演祝賀喜慶的舞蹈時舞者們所穿著的衣裳，如太宗時的九功舞者便著紫褶〔註161〕；高宗即位時所表演的慶善樂、承天樂，其舞者都穿著紫袍〔註162〕；中宗時的舞者也著紫大袖裙襦〔註163〕。以上這些舞者在表演時所穿著的衣裳顏色，皆是紫色，顯示紫色對於皇室而言，是尊貴的顏色象徵。紫色做為官服的基本顏色之一，規定三品官員才能穿著：

> 其後以紫為三品之服，金玉帶銙十三；緋為四品之服，金帶銙十一；
> 淺緋為五品之服，金帶銙十；深綠為六品之服，淺綠為七品之服，
> 皆銀帶銙九；深青為八品之服，淺青為九品之服。〔註164〕
>
> 三品服紫，四品五品朱，六品七品綠，八品九品青。〔註165〕

上述這些紫衣、紫裙、紫袍，所使用的材質依照穿著者的身份地位，而有不同材質與顏色的搭配，不同品級的官員，所穿著的服裝顏色、材質並不相同。一般士人最主要的製衣原料為麻布，這也被規定在官服品級上：

〔註157〕《新唐書》，卷14，〈禮樂志〉，頁351。
〔註158〕《新唐書》，卷24，〈禮樂志〉，頁516。
〔註159〕《新唐書》，卷24，〈禮樂志〉，頁518。
〔註160〕《新唐書》，卷24，〈禮樂志〉，頁527。
〔註161〕《新唐書》，卷21，〈禮樂志〉，頁468。
〔註162〕《新唐書》，卷21，〈禮樂志〉，頁471。
〔註163〕《新唐書》，卷22，〈禮樂志〉，頁479。
〔註164〕《新唐書》，卷24，〈禮樂志〉，頁529。
〔註165〕《新唐書》，卷98，〈馬周傳〉，頁3901。

太宗時，又命七品服龜甲雙巨十花綾，色用綠。九品服絲布雜綾，色
用青。是時士人以棠苧襴衫為上服，貴女功之始也。一命以黃，再命
以黑，三命以纁，四命以綠，五命以紫。士服短褐，庶人以白。〔註166〕
二品、三品度支、戶部、鹽鐵門官等服細葛布，無紋綾……未有官
者，服粗葛布、官絁，綠銅鐵帶，乘蜀馬、鐵鐙。行官服紫粗布、
絁，藍鐵帶。〔註167〕

如同絲綢也依精緻程度詳加區分為絹、絁、羅、綾等，麻布中也有粗布與細布
的差異。上述引文中的細葛布、粗葛布是指以葛草的纖維所織成的衣裳，而各
節鎮、州、府所設置的行官〔註168〕，往來京師與鄰道及巡內郡縣〔註169〕，身
上所穿著的便是由紫絁布織成的紫衣。雖然無法得知當時全國的行官總數量，
但行官身上所穿著的紫絁衣原料來源，黃州應無法缺席。因此黃州所上貢的紫
絁布，被記載於天寶中期時的《通典》中，可能與當時各地設置節度州府中有
行官的配置有關。

　　而黃州在開元之前所上貢的火麻，是比絁布品質更為粗糙的布料，通常製
作成喪服〔註170〕。《唐六典》中所記載的火麻等級前二者的產地中，鄂岳地區
的蘄州、黃州、沔州、岳州就佔了全國比重的50%，但到了長慶年間，全國上
貢火麻布的州別，卻僅剩潤州與洋州〔註171〕，顯示鄂岳地區的麻布生產種類
正在轉型，且較前期更為細緻。

　　沔州的火麻布在開元時與同樣貢火麻的宣州、潤州列全國第一等，沔州除
了火麻布之外，還有絁布也擠進全國第三等中，與揚州、湖州並列。以地區分
佈狀態來看，與沔州同等級的宣州、潤州、揚州、湖州四州，都是地處長江下
游，僅有沔州位處長江中游，顯示沔州在整個長江中游地區，絁布與火麻布的
重要性。至於安州所貢的青絁布，雖然在《唐六典》中沒有列入全國等級排名，

〔註166〕《新唐書》，卷24，〈禮樂志〉，頁527。
〔註167〕《新唐書》，卷24，〈禮樂志〉，頁531～532。
〔註168〕此為胡三省註釋，請參閱《資治通鑑》，卷223，〈唐紀〉，頁7162。
〔註169〕此為胡三省註釋，請參閱《資治通鑑》，卷216，〈唐紀〉，頁6887。
〔註170〕「大唐元陵儀注：『其日，百僚早集西內，入就位，侍中進辦，並如大祥之儀。
　　　　皇帝服大祥服，近侍扶就位哭，十五舉聲。禮儀使奏請再拜，皇帝再拜，贊
　　　　者承傳百僚在位者皆再拜。禮儀使奏請就次變服，皇帝就次，除大祥服，服
　　　　素服。』其文後對於素服的註釋為「細火麻衫」。請參閱《通典》，卷87，
　　　　〈凶禮〉，頁2385。
〔註171〕洋州的部分請參閱《新唐書》，卷40，〈地理志〉，頁1034。潤州的部分請參
　　　　閱《新唐書》，卷41，〈地理志〉，頁1056。

不過安州一直以來都是生產青紵布的地區。從《唐六典》、《通典》、《新唐書·地理志》、《太平寰宇記》等時間排比，安州一直到宋代仍然是土貢青紵布的地區。

　　至於絲織品在鄂岳地區並不興盛，僅《唐六典》中記載安州調以絁、絹〔註172〕，在開元時的絹分類列第五等〔註173〕，《新唐書·地理志》中對於淮南道所繳的賦為：絁、絹、綿、布〔註174〕四種，然而鄂岳地區的六個州別以絹為賦的機率應該不高，開元時期僅有安州，元和時期也只有黃州及岳州而已。整體來說，鄂岳地區的絲織業從唐代前期至中後期略有進步，但幅度並不大，麻織業才是鄂岳地區手工業最主要的項目。

第三節　金屬礦冶製造業

一、鄂州銀礦分佈

　　鄂岳地區的金屬礦產主要有三種，分別是鐵、銅、銀。雖然鄂岳地區並沒有生產比較稀有的鉛與錫，不過所擁有的這三種金屬礦藏，對全國而言都是相當重要的金屬礦。以銀產地分佈而言，當時全國銀礦主要集中在江南道及嶺南道，江南道共有13個州生產銀礦，鄂岳地區生產銀礦的縣分只有一個，就是鄂州的武昌縣〔註175〕，佔江南道7.6%、佔全國2.8%。

表4-6：唐五代鄂州武昌縣貢銀狀況一覽表〔註176〕

時　間	土　產	土　貢
開元	———	銀
元和	———	銀十五兩
長慶	銀	———
五代	銀	———

〔註172〕《唐六典》，卷3，頁69。
〔註173〕《唐六典》，卷20，頁541。
〔註174〕《新唐書·地理志》，卷31，頁1051。
〔註175〕《新唐書》，卷41，〈江南道〉，頁1069。
〔註176〕開元的資料來源為：《元和郡縣圖志》，卷27，頁644；元和的資料來源為：《元和郡縣圖志》，卷27，頁644；長慶的資料來自：《新唐書·地理志》，卷41，頁1069；五代的資料來自：《太平寰宇記》，卷112，頁2277。

銀礦在鄂岳地區是產量比較少的，從表 4-6 可以看到，在開元及元和年間，鄂州武昌縣都有貢銀的記載，到了長慶之後一直到五代，銀礦僅成為土產而已，已沒有再上貢的記錄。

二、鄂州銅、鐵礦分佈

　　與銀礦有所不同，銅、鐵在鄂岳地區來說，分佈得範圍比較廣泛，特別是鐵礦，只要鄂岳地區有出礦產的地方，一定有鐵礦，如鄂州江夏縣、永興縣、武昌縣、蘄州廣濟縣、蘄州蘄水縣、岳州巴陵縣這六個縣份。這六個縣份中，雖然鄂州永興縣也有生產銅，武昌縣也有生產銅與銀，不過相同的是這六個縣份全部生產鐵礦，因此鐵礦在鄂岳地區的金屬礦發展來說，是相當重要的礦產種類。參照表 3-1 就可以知道，其實鐵礦在全國的分佈也並不高，江南道有十六個，淮南道才一個，因此鄂岳地區的鐵礦即使在全國的鐵礦分佈，也絲毫並不遜色。

　　銅礦與鐵礦對此區來說，是相當重要的，而且鄂岳地區的銅、鐵開採時間都很早，早在三國黃武五年（226）時，孫權便曾在武昌山開採銅、鐵製劍：

> 採武昌山銅鐵，作十（千）口劍、萬口刀。各長三尺九吋，刀頭方。
>
> 〔註 177〕

鄂州武昌縣一直以來就是個以冶煉著名之地，從三國至唐代，當地所出的銅鐵一直在全國比重中佔有相當的地位：

> 此邦宴如。緡負雲集。居未二載。戶口三倍。其初銅鐵曾青。不擇
> 地而出。大冶鼓鑄。如天降神。既烹且爍。數盈萬億。公私其賴之。
>
> 〔註 178〕

唐代時李白說武昌縣的銅、鐵、曾青「不擇地而出」，應該是指武昌縣境內產銅、鐵的地方很多，還說武昌大冶「數盈萬億」，在產量上應該是很高的。那麼這些銅、鐵的生產地點在哪裡呢？先就銅礦來說，鄂岳地區的銅礦僅分佈在兩個縣份，分別是鄂州的武昌縣與鄂州的永興縣。武昌縣的部分是在白稚山，白稚山在武昌縣西北二百三十五里，開採的時間從東晉南朝以來皆沒有停止過：

> 白稚山，在（武昌）縣西北二百三十五里，山高一百二十五丈。其

〔註 177〕《太平御覽》，卷 343，〈兵部・劍中〉，頁 1707-1。
〔註 178〕《李太白全集》，卷 29，〈武昌宰韓君去思頌碑並序〉，頁 1380。

> 山有芙蓉峰，前有獅子嶺，後有金雞石，南有銅鉚，自晉、宋、梁、
> 陳以來，置爐烹煉。〔註179〕

在隋代時，當時的晉王廣又聽說鄂州的白紵山有銅礦，所以下令在此開十爐鑄
錢，所以從東晉南朝以來，延續至隋代，白紵山的銅礦冶煉，一直持續不斷：

> 是時江南人間錢少，晉王廣又聽於鄂州白紵山有銅鉚處，錮銅鑄錢。
> 於是詔聽置十鑪鑄錢。〔註180〕

到了唐代，在開元二十六年（738）以前，鄂州一共有十個官鑪數：

> 今絳州三十鑪，楊（揚？）、宣、鄂、蔚各十鑪，益、鄧、郴各五鑪，
> 洋州三鑪，定州一鑪。〔註181〕

到天佑二年（905）時，因為偽吳析置大冶青山場院，主鹽鐵，所以將白紵山
劃歸給大冶縣〔註182〕。而鄂州地區的監錢官便設置在江夏縣〔註183〕。

　　除了銅礦之外，武昌縣也生產鐵〔註184〕，但是唐代的史書並沒有說明生
產地點。從《晉書》中可得知南朝宋時，曾經在武昌縣新興這個地方設置鐵官
〔註185〕。《太平御覽》引《武昌記》云：

> 北濟湖本是新興冶塘湖，元嘉初，發水冶。水冶者，以水排冶。令
> 顏茂以塘數破壞，難為功力，因廢水冶，以人鼓排，謂之步冶。湖
> 日因破壞，不復修治，冬月則涸。〔註186〕

因為冶煉時需要大量的水，故一般各大冶煉處都會選擇設置在大河或者湖泊
旁。而武昌縣的北濟湖是新興冶塘湖，元嘉年間開始啟用其湖水冶鐵。不過這
項記載到了唐代便沒有持續被保留下來，因此可能此地的冶鐵工業逐漸沒落。

　　鄂州另外一個可能生產鐵礦的地方，是在冶塘山。冶塘山位於湖北的江夏
縣東南二十六里，而且開採的時間很早，在在晉、宋時就已經有開採的記錄：

> 冶唐山，在（江夏）縣東南二十六里。《舊記》云：「先是晉、宋之
> 時，依山置冶，故以為名。」〔註187〕

〔註179〕《太平寰宇記》，卷112，〈江南西道〉，頁2281。
〔註180〕《隋書》，卷24，〈食貨志〉，頁692。
〔註181〕《唐六典》，卷22，頁579。
〔註182〕《太平寰宇記》，卷113，〈江南西道〉，頁2309。
〔註183〕《新唐書·地理志》，卷41，頁1068。
〔註184〕《新唐書》，卷41，〈江南道〉，頁1069。
〔註185〕《晉書》，卷15，〈地理志〉，頁457。「鄂有新興、馬頭鐵官。」
〔註186〕《太平御覽》，卷833，頁3717。
〔註187〕《太平寰宇記》，卷112，頁2278。

文中所提到的在東晉劉宋之時，依山置冶，可見在唐代之前此地就已經被開
採。而由於冶塘的名稱也出現在安徽省的懷寧縣，因此到底冶塘是在安徽省懷
寧縣？抑或是湖北省武昌縣，便有了爭議。從最早記載冶塘冶鑄的《宋書》中
得知，晉朝時在江南只有兩個地方有冶鑄，就是梅根與冶塘：

> 晉江右掌冶鑄，領冶令三十九，戶五千三百五十，冶皆在江北，而
>
> 江南唯有梅根及冶塘二冶，皆屬揚州，不屬衛尉。〔註188〕

關於梅根冶的部分，第三章第三節已有闡述，而冶塘的部分，由於安徽省的
「冶塘湖」與湖北省的「冶塘山」名稱近似，而史料中又無記載上述冶塘的正
確地點，因此針對這項問題，裘士京先生認為冶塘應該位於鄂州武昌縣境內的
冶塘山，且為銅冶。理由是依照目前安徽省所發現的冶塘湖遺址初步認定為漢
代，而上述史書所載的時間點，是晉，故其推論晉朝時江南地區最大的兩個銅
冶地點，一個在安徽省的梅根，另一個在湖北省的冶塘山〔註189〕。然而筆者
與裘士京先生的意見相左，首先從晉朝時的地理區劃來看，鄂州武昌縣並不屬
於揚州的範圍，當時的武昌郡屬荊州〔註190〕，而非揚州，因此上述史料中所
提到的冶塘，便已先排除了武昌的冶塘山；第二，依據安徽省《懷寧府志》的
記載，該地的冶塘湖在漢代時曾經「鐵骨堆積如阜」，也就是說，安徽省懷寧
縣的冶塘湖，曾經發現大規模的冶鐵遺址，而且漢代時，安徽省還有設置鐵官
〔註191〕，因此筆者認為，晉朝時所記載的冶塘，應該是指安徽省的冶塘湖，
而非湖北武昌的冶塘山。然而由於史料的缺載，目前並無法確認武昌縣的冶塘
山是冶鐵或者冶銅。

　　鄂州的礦產是屬鄂岳地區中非常豐富的一州，包括有江夏縣生產鐵；永興
縣生產鐵、銅；武昌縣生產鐵、銅、銀〔註192〕等，都是豐富而重要的礦藏。
然而鄂岳地區的史料記載十分缺乏，鄂州的江夏縣及永興縣，在唐代之前所留
存下來的資料，也僅剩《新唐書‧地理志》，只有武昌縣的資料較多。鄂州江

〔註188〕《宋書》，卷39，〈百官志〉，頁1230。

〔註189〕裘士京，《江南銅研究》，頁214～215。

〔註190〕（唐）房玄齡，《晉書》（北京：中華書局，2003年），卷15，〈地理志〉，頁
　　　　454、457。

〔註191〕「皖，有鐵官」。請參閱（漢）班固撰、（唐）顏師古注，《漢書》（北京：中
　　　　華書局，2003年），卷28，〈地理志〉，頁1569；另《清史稿》，卷59，〈地理
　　　　志〉，頁2002中也記載懷寧縣西邊有冶塘湖，由皖口入江。

〔註192〕《新唐書‧地理志》，卷41，頁1068。

夏縣設有鳳山監錢官〔註193〕,選擇在江夏鑄錢的原因,應該是江夏距離鄂州治所較近,而鄂州在武昌及永興縣所冶煉出的銅、鐵,便往江夏輸送。下表為鄂岳地區的礦冶分佈表:

表 4-7:唐代鄂岳地區礦冶分佈一覽表〔註194〕

州　別	縣　份	礦　產
鄂州	江夏縣	鐵
鄂州	永興縣	鐵、銅
鄂州	武昌縣	鐵、銅、銀
岳州	巴陵縣	鐵
蘄州	廣濟縣	鐵
蘄州	蘄水縣	鐵

前述曾提及「宣、洪、蘄、鄂彊弩,號天下精兵」〔註195〕,在元和元年(806)時,鄂州建了武昌軍〔註196〕,因此鄂岳地區豐富的鐵礦,便帶給當地軍隊的武器提供上極大的便利。當時武昌軍軍隊人數有三萬人〔註197〕,對於軍器的需求應該不少。

〔註193〕《新唐書·地理志》,卷41,頁1068。
〔註194〕鄂州的資料來源可參閱:《新唐書·地理志》,卷41,頁1068。
〔註195〕《新唐書》,卷146,〈李吉甫傳〉,頁4738。
〔註196〕《新唐書》,卷41,〈地理志〉,頁1068。
〔註197〕《全唐文》,卷727,〈鄂政記〉,頁4419。

第五章　兩區經濟活動之綜合比較

第一節　商業活動發展比較

　　所謂商業活動，是指將農產品、手工製品等商品放在市場上買賣，以商品換取錢財的行為模式。商業活動的出現，意味著人們手中的農產品、手工製品，除了自用之外，還有剩餘，故能將多餘的產品經由市場交易，使物資轉換成錢財，並透過買賣行為賺取價差，獲取利潤。古代受限於各種條件不足，因此商業活動勢必建立在農業或者手工業興盛之上，必須是該地經濟發展到達一定的水準之後，才有商業活動的出現。當農業與手工業越興盛，市場上的商品越充足，商業發展也越繁榮，然而這僅是指內需市場，外地流入的商品仍未列入討論。宣歙地區的宣州、歙州、池州所發展出的商業活動型態，便出現三種不同的類型，以下將依序討論。故商業活動是否興盛，除了受到區域中各產業發達與否的影響之外，附帶的條件如交通暢通、城市人口數量等，都是影響該區域商業活動的主要因素。宣歙及鄂岳地區各有不同的商業模式，以下將闡述這兩個區域商業活動發展的態勢。

一、市集管理

　　唐代城市的經濟活動，前期主要以「坊市制」管理交易時間與買賣的區域範圍。何謂「坊」呢？「坊者方也，言人所在里為方，方者正也」[註1]，且

〔註 1〕（唐）蘇鶚，《蘇氏演義》（臺北市：宏業書局，1972 年），卷上，頁 6。

唐代規定「百戶為里，五里為鄉。兩京及州縣之郭內分為坊，郊外為村」〔註2〕，故可知「坊」是指人所居住之地。而「市」呢？就是指進行交易買賣的市集。坊市制的最大特點，便是將住宅區與商業區分離，同時在唐代前期時對於市集活動時間，有嚴格的管制措施，規定僅能白天買賣：

> 景龍元年（707）十一月勅：「諸非州縣之所，不得置市。其市當以
>
> 午時擊鼓二百下；而眾大會，日入前七刻，擊鉦三百下，散」。〔註3〕

所謂「諸非州縣之所，不得置市」，表示只能在州治或者縣治設市，故在比較大的都會區，其市集一般稱呼為「某州市」或者「某縣市」。因此以宣歙地區來說，當地較大的市集有宣州市、池州市、青陽縣市，鄂岳地區有巴陵市〔註4〕等等。而上述引文中也提到了市集開放與關閉的時間規定，但若「其州縣領務少處，不欲設鉦鼓，聽之」〔註5〕，說明瞭這種規定是依照地區的不同，而有彈性的變通。

另外還有一種稱為「草市」的市集，所謂「草市迎江貨，津橋稅海商」〔註6〕，因此草市對於商品貨物的交易應是相當重要，其與實行坊市制的市集有什麼差別呢？日本學者加藤繁〔註7〕、日野開三郎〔註8〕都曾經對「草市」的定義加以說明過，特別是日野開三郎更進一步修正了加藤繁的說法，清楚解釋草市與坊市制的市集最大的差別在於正式與非正式。除了上述的解釋之外，草市在個別區域中如何選擇地點設置呢？是否只有地方州縣有草市？抑或京城也有呢？如果京城與地方都有草市的設置，那麼設置地點的選擇差異在哪？同時，草市又與官方正式的市集對居民的生活，造成哪些不同的影響呢？先以設置地點來說，張劍光先生認為：草市是屬於江南地區農村的代表性集市〔註9〕。但其實草市並不僅存在於農村，甚至在首都長安的朱雀門外，都有草市的

〔註2〕《唐六典》，卷3，頁73。

〔註3〕《唐會要》，卷86，〈市〉，頁1874。

〔註4〕「夜釣洞庭月，朝辭巴陵市」《全唐詩》，卷847，齊己〈漁夫〉，頁9590。

〔註5〕《唐會要》，卷86，〈市〉，頁1874。

〔註6〕《全唐詩》，卷299，王建〈汴路即事〉，頁3391。

〔註7〕（日）加藤繁先生共有三篇文章討論唐代的草市，分別是〈唐宋時代的市〉、〈關於唐宋的草市〉、〈唐宋時代的草市及其發展〉，皆收錄於（日）加藤繁，《中國經濟史考證》（臺北：華世出版社，1981年）一書，請參閱該書頁308～376。

〔註8〕（日）日野開三郎，《唐代邸店研究續編》（福岡印刷株式會社，1970年），頁96。

〔註9〕《唐五代江南工商業佈局研究》，頁366。

設置〔註10〕；當草市發展到一定程度，提升當地人口聚集與經濟力後，甚至還能設置成縣，唐代的歸化縣便是一例〔註11〕。若與縣城內的市集比較，草市的設置地點多在城外〔註12〕，這是設置地點的差異。而就區域設置特性而言，江淮地區有許多草市，特別是選擇設置在長江與其他河水沿岸。杜牧在〈上李太尉江賊書〉中說：「凡江淮草市，盡近水際，富室大戶，多居其間」〔註13〕。從「盡近水際」推測選擇沿江邊設置草市的理由，應該與交通能銜接貨物的輸送有密切關係，而杜牧所說的「富室大戶」也能推測江淮地區各水際邊的草市，透過完整的貿易交通路線，與眾多商品的買賣，造就了相當多的富室大戶。另外，草市與官方市集對當地生活的居民有什麼影響呢？最主要是在開放時間上有了區別，因為草市並沒有嚴格的時間限制，通常在傍晚的時候便解散〔註14〕，這與嚴格執行開放、關閉的坊市制地區，有明顯的差別。假如在實行「坊市制」的市集關閉之後仍未離開，便觸犯了夜行禁令，稱之為「犯夜」。這種禁令並非自唐代才開始，晉朝時便有人因為犯夜而被拘提〔註15〕，唐元和三年（808）中使郭裏旻還因為酒醉犯夜，而處以杖殺之刑〔註16〕。夜行禁令的頒佈是有其必要的，因為在商業發達的地區，常伴隨著盜賊搶匪的群聚、行搶，如杜牧在〈上李太尉江賊書〉一文中所言：

> 亦有已聚徒黨，水劫不便，逢遇草市，泊舟津口，便行陸劫，白晝入市，殺人取財，多亦縱火，唱棹徐去。去年十月十九日。劫池州

〔註10〕 「朱雀門外乃舊之草市，有坡故號曰草場坡」。請參閱《宋元方志叢刊·類邊長安志》，卷7，〈草場坡〉，頁338-2。

〔註11〕 「歸化縣本是草市，請廢縣依舊屬德州」。請參閱《舊唐書》，卷150，〈烏重胤傳〉，頁4223。

〔註12〕 「城外草市，社如城內」（請參閱《宋元方志叢刊·淳熙三山志》，卷14，〈海船戶〉，頁7901-2）、「（胡三省註）臺城六門之外，各有草市」。（請參閱《資治通鑑·齊紀》，卷144，頁4492）。

〔註13〕 《樊川文集》，卷11，〈上李太尉江賊書〉，頁169。

〔註14〕 李白描述歙州黟縣的小桃源時，提到該地有草市，且「市向晡前散」，表示草市在傍晚之前解散。請參閱《全唐詩補編·外編·第三編》，〈全唐詩續補遺·卷三盛唐〉，李白〈小桃源〉，頁359。此詩筆者翻閱過《李太白全集》，在〈小桃源〉一詩中並無記載「市向晡前散」之詩句（請參閱《李太白全集》，卷30，〈小桃源〉，頁1423。），故此處引用《全唐詩補編》一書。

〔註15〕 「有犯夜者，為吏所拘」。請參閱（唐）房玄齡，《晉書》（北京：中華書局，2003年），卷75，〈王湛傳〉，頁1961。

〔註16〕 「中使郭裏旻酒醉犯夜，杖殺之」。請參閱《舊唐書》，卷14，〈憲宗本紀〉，頁425。

青陽縣市，凡殺六人，內取一人屠剖心腹，仰天祭拜。〔註17〕

上述文中所提及之「白晝入市，殺人取財」，池州青陽縣市既非首都，也非宣歙觀察使治所，在白晝都有匪徒劫殺搶掠，相較於青陽縣市與其他區域草市，京城地區治安環境的更須謹慎維持，故實施夜行禁令有其必要性。而在唐代關於區域市集資料過少的狀況下，杜牧的〈上李太尉江賊書〉一文所描繪的恰巧就是長江中游至長江下游的市集，對本節所討論的宣歙及鄂岳草市活動的部分，更是重要的來源依據。

但隨著城市商業的興盛，區域性的州縣市集對於時間控管的變通彈性也越來越顯著，大和五年（831）時，居民對於宵禁的執行明顯有了變化：「或鼓未動即先開，或夜已深猶未閉」〔註18〕，說明宵禁的執行力已逐漸下降。為什麼宵禁逐漸廢弛呢？因為在中晚唐時，夜市已經相當普及。夜市的出現，代表商業活動發展的程度已相當成熟。宣州、池州都有夜市〔註19〕，夜間營業性質的商店多是旅館、酒家、驛站等具有住宿、飲食性質的店家，且為了維持店內的獲利，多半開設於各大交通會衝處與經濟發達處。最後一點是草市名稱的差異，除了前述所提及的某縣市、某州縣市這種命名方式之外，甚至會以該市主要交易的物品命名，如臘市〔註20〕、水市〔註21〕、魚市〔註22〕等名稱。

二、宣歙商業活動

宣州是宣歙地區的政經中心，也是唐中後期宣歙觀察使的治所。宣州經濟活動旺盛，每年的稅收超過百餘萬〔註23〕，而其「地橫瑤阜」〔註24〕，物產富

〔註17〕《樊川文集》，卷11，〈上李太尉江賊書〉，頁169。

〔註18〕《唐會要》，卷86，〈街巷〉，頁1867。

〔註19〕宣州的夜市可參閱：《全唐詩》，卷638，張喬〈送友人歸宣州〉，頁7320。「暝火叢橋市」。

〔註20〕「津頭臘市九江人」。請參閱《全唐詩》，卷280，盧綸〈送崔琦赴宣州幕〉，頁3183。

〔註21〕《白居易詩集校注》，卷16，〈東南行一百韻寄通州元九侍御澧州李十一舍人果州崔二十二使君開州韋大員外庾三十二補闕杜十四拾遺李二十助教員外竇七校書〉，頁1245。

〔註22〕「有若山舊吏自浙西奉使淮南，於魚市中見若山鬻魚於肆」。請參閱《太平廣記》，卷27，頁176。

〔註23〕《元稹集》，〈外集·補遺五〉，卷5，〈授盧崿監察裏行宣州判官等制〉，頁668。

〔註24〕《文苑英華》，卷855，李嶠〈宣州大雲寺碑〉，頁4513。

饒珍奇〔註25〕、商品貿易之興盛，使得當代文人記載宣州「通商鬻貨，萬貨雲叢」〔註26〕，李白形容宣州的市集「魚鹽滿市井，布帛如雲煙」〔註27〕。同時宣州位於金陵之南〔註28〕，地控荊吳〔註29〕，走通莊於百越〔註30〕，屬闐道都會〔註31〕，區域內水道縱橫，與長江相通，地理環境的優勢伴隨交通發達，增加了商業貿易的有利條件。那麼宣歙地區的當地居民，都從事何種行業為生呢？除了農業之外，與商業有關的各種人力配置是如何呢？以宣州宣城來說，《太平廣記》記載其「嘗用巨舫載魚蟹，鬻於吳越間」〔註32〕，這是宣城郡當塗民劉成、李暉兩人常透過新安江水運，往來於宣城與丹陽之間，說明宣城有居民以漁業為生，另外宣城也有開設餅店〔註33〕、酒店〔註34〕、裁衣肆〔註35〕的記載，溧陽縣也有酒樓〔註36〕。而在在大都市中，自然有許多服務業的需求。《太平廣記》引《纂異記》中記載一則故事：浮梁張令於路途中碰到一位黃衫吏，此吏曰：「吾姓鍾，生為宣城縣腳力。亡於華陰，遂為幽冥所錄。遞符之役，勞苦如舊」〔註37〕。說明宣城縣這種大都市，有其服務業的需求。那什麼是「腳力」呢？據《酉陽雜俎》的記載：「元和末，鹽城腳力張儼遞牒入京」〔註38〕。又如五代天福二年（937）：

> 伏見諸道行遣公事，皆有前後通規，定知後所縣置遞符腳力，每遇

〔註25〕「物產珍奇，傾神州之韞櫝，東南之巨麗也」。請參閱《文苑英華》，卷855，李嶠〈宣州大雲寺碑〉，頁4513。
〔註26〕《全唐文》，卷990，闕名〈大唐宣州刺史薛公去思碑〉，頁6065。
〔註27〕《李太白全集》，卷12，〈贈宣城宇文太守兼呈崔侍御〉，頁611。
〔註28〕《全唐文》，卷879，徐鉉〈魏王宣州大都督制〉，頁5419。
〔註29〕《全唐文》，卷877，韓熙載〈宣州築新城記〉，頁5408。
〔註30〕《文苑英華》，卷855，李嶠〈宣州大雲寺碑〉，頁4513。
〔註31〕《全唐文》，卷990，闕名〈大唐宣州刺史薛公去思碑〉，頁6065。
〔註32〕《太平廣記》，卷470，頁3872。
〔註33〕「宣城……近街餅店，常有婦人抱嬰兒來買餅」。請參閱（宋）洪邁，《夷堅志》，收錄於《叢書集成初編》（北京：中華書局，1985年），卷2，〈宣城死婦〉，頁14。
〔註34〕《李太白全集》，卷25，〈哭宣城善釀紀叟〉，頁1202。
〔註35〕「宣城裁衣肆」請參閱《清異錄》，〈文用門‧四鐶鼓硯〉，頁90，以及（宋）龍袞，《江南野史》，卷10，〈劉茂忠傳〉，頁5230，收錄於《五代史書彙編》。
〔註36〕「溧陽酒樓三月春」。請參閱《李太白全集》，卷6，〈猛虎行〉，頁363。
〔註37〕《太平廣記》，卷350，頁2773～2775。
〔註38〕《太平廣記》，卷84，〈異人四‧張儼〉頁541。

緩急，嘗遣往來。〔註39〕

上述兩例所提到之「腳力」，從「遞牒」、「遞符」中可知是指傳遞文書的人。但在另外一則史料中，卻有不同的工作內容：

> 今月某日，已遣某職鮮於位奉啟狀謁賀新寵，至某日，復遣腳力某
>
> 乙奉啟。仰諮行李，願就坦夷。〔註40〕

上述文中的「腳力」，是指搬運行李、貨物的人。故綜合上述說法，「腳力」在唐五代時，是指傳遞文書或者搬運貨物的人。宣州既然是宣歙地區的政經中心，除了上述這些商業活動之外，宣州與友人宴會處，如宣州使院〔註41〕、干後溪〔註42〕、謝朓樓〔註43〕、東峰亭〔註44〕、北樓〔註45〕等處所，因此培養了許多了官妓〔註46〕，如張祜〈陪范宣城北樓夜讌〉中描述的官妓陪酒「華軒敞碧流，官妓擁諸侯」〔註47〕，便是在宣城的北樓。而宣州范中丞也曾與范侍御宴會於東峰亭，留下「吳姬對酒歌千曲，秦女留人酒百杯」〔註48〕之詩句為證。

池州位於長江邊，捕魚容易，便有以賣「鮓」為業者〔註49〕，什麼是「鮓」呢？《釋名》說：「鮓，亦滓也。以鹽、米釀之如葅，熟而食之也」〔註50〕。《齊民要術》中詳細說明瞭製作「鮓」的步驟：

> 凡作鮓，春秋為時，冬夏不佳。取新鯉魚，去鱗訖，則臠。臠形長
>
> 二寸，廣一寸，厚五分，皆使臠別有皮。手擲著盆水中，浸洗去血。
>
> 臠訖，漉出，更於清水中淨洗。漉著盤中，以白鹽散之。盛著籠中，
>
> 平板石上迮去水。水盡，炙一片，嘗鹹淡。〔註51〕

〔註39〕 《全唐文》，卷 972，闕名〈進苑恕策奏〉，頁 5961。

〔註40〕 《全唐文》，卷 776，李商隱〈為河東公復相國京兆公啟〉，頁 4772。

〔註41〕 《全唐詩》，卷 148，劉長卿〈赴宣州使院夜宴寂上人房留辭前蘇州韋使君〉，頁 1512。

〔註42〕 《全唐詩》，卷 148，劉長卿〈奉陪鄭中丞自宣州解印與諸姪宴餘干後溪〉，頁 1528。

〔註43〕 《李太白文集》，卷 18，〈宣州謝朓樓餞別校書叔雲〉，頁 861。

〔註44〕 《全唐詩》，卷 252，劉太真〈宣州東峰亭各賦一物得古壁苔〉，頁 2841。

〔註45〕 《全唐詩》，卷 510，張祜〈陪范宣城北樓夜讌〉，頁 5806。

〔註46〕 《全唐詩》，卷 510，張祜〈陪范宣城北樓夜讌〉，頁 5806。

〔註47〕 《全唐詩》，卷 510，張祜〈陪范宣城北樓夜讌〉，頁 5806。

〔註48〕 《全唐詩》，卷 307，鮑防〈人日陪宣州范中丞傳正與范侍御傳真宴東峰亭〉，頁 3485。

〔註49〕 《稽神錄》，卷 3，〈池州民〉，頁 179。

〔註50〕 《釋名》，卷 4，〈釋飲食第十三〉，頁 63。

〔註51〕 《齊民要術校釋》，卷 8，〈作魚鮓第七十四〉，頁 454。

因此，所謂「鮓」，是指用白鹽醃製成的食品。「魚鮓」，便是指醃漬的肉品本身是魚類的意思。魚鮓在唐代很受歡迎，一般都在市集中販售〔註52〕，並以荷葉包裹〔註53〕，而用來製作魚鮓的魚種繁多，如前述這位池州民所販售的魚鮓，便是以鯉魚〔註54〕製作，另外唐代史料中所載可見的有以石斑魚〔註55〕、鯖魚〔註56〕為鮓者，且為下酒菜之一〔註57〕。除了食物之外，池州市集中所販售的首飾〔註58〕，也是民眾購買的商品之一。池州屬於熱鬧的都會區，這一點可以從許多妓院、酒樓〔註59〕的設置看出來。

歙州也有少許的商業活動，如酒店〔註60〕，也有營妓〔註61〕陪酒。而歙州多山多林木的區域特性，也為鄰近的地區提供燒柴火所用的木材來源，如歙州的許宣平便「負薪以賣」〔註62〕，說明瞭歙州民以賣薪木為業。然而歙州最主要的經濟來源，還是以茶葉為主，所謂「江南百姓營生，多以種茶為業」〔註63〕，茶葉對於歙州居民來說，更是如此。前述曾提及宣歙地區的茶葉種植狀態，特別是歙州幾乎全區產茶，且產量與浮梁不相上下。歙州的茶葉在一定程度上，支撐了歙州的經濟發展，在中晚唐宣歙地區成為全國八大稅賦來源地之一時，無可諱言，歙州的茶稅也成為繳進中央國庫的重要來源。除了運輸勞動力之外，但歙州地區並未見到關於商業活動的記載，可以說歙州在宣歙地區中，是屬於農村，而宣州及池州兩地，除了本身的各種製造業，如文具業、金

〔註52〕 「賣鮓市中何許人，釣魚坐上誰家子」。請參閱《全唐詩》，卷243，韓翃〈贈別華陰道士〉，頁2735。

〔註53〕 「就荷葉上包魚鮓」。請參閱《白居易詩集校注》，卷28，〈橋亭卯飲〉，頁2201〜2202。

〔註54〕 「池州民楊氏以賣鮓為業，嘗烹鯉魚十頭，另兒守之」請參閱《稽神錄》，卷3，〈池州民〉，頁179。

〔註55〕 「石斑魚鮓香衝鼻」。請參閱《全唐詩》，卷587，李頻〈及第後還家過峴嶺〉，頁6812。

〔註56〕 「江鄉鯖鮓不寄來，秦人湯餅那堪許」。請參閱《全唐詩》，卷125，王維〈贈吳官〉，頁1259。

〔註57〕 「下人喫酒點鮓」。請參閱《全唐詩》，卷879，〈方幹李主簿改令〉，頁9953。

〔註58〕 「（胡澄）偶至市，見列肆賣首飾者，熟識之，乃妻送葬物也」。請參閱《稽神錄》，卷3，〈胡澄〉，頁174。

〔註59〕 《樊川文集》，卷3，〈見劉秀才與池州妓別〉，頁48。

〔註60〕 「沽酒日西歸」。請參閱《太平廣記》，卷24，〈許宣平〉，頁159。

〔註61〕 《太平廣記》，卷252，〈李暉〉，頁1955。

〔註62〕 《太平廣記》，卷24，〈許宣平〉，頁159。

〔註63〕 《全唐文》，卷967，闕名〈禁園戶盜賣私茶奏〉，頁5935。

屬礦冶業之外，還能發展出商業活動，表示宣州及池州兩地的經濟力較歙州優越。

表 5-1：宣歙地區市集一覽表

州　別	草市	詩　文	出　處
宣州	臘市	津頭臘市九江人	《全唐詩》卷 280，盧綸〈送崔琦赴宣州幕〉，頁 3183。
	草市	村邊草市橋	《全唐詩》卷 267，顧況〈青弋江〉，頁 2959。
宣州	夜市	暝火叢橋市，晴山疊郡樓	《全唐詩》，卷 638，張嶠〈送友人歸宣州〉，頁 7320。
歙州黟縣	草市	市向晡前散	《全唐詩補編·外編·第三編》，〈全唐詩續補遺·卷三盛唐〉，李白〈小桃源〉，頁 359。

三、鄂岳商業活動

　　草市作為相對於官方市集的一個買賣場所，一般常見被記載入各種文集中，而正史與地理志並不予以記錄。然而這項常例在唐代的《元和郡縣圖志》被打破，不僅打破歷來慣例，同時也開啟宋代以後的地理書逐漸將草市記載入書中的先鋒。在整個唐五代的草市中，唯一一個被記載入地理書者，是沔州漢川縣的赤壁草市。

　　　　赤壁草市，在（漢川）縣八十里，古今地書多言此是曹公敗處。〔註64〕
赤壁草市既然距離縣城有八十里之遙，應該屬於定期買賣交易的市集。但可惜的是由於長江中游史料的欠缺，因此赤壁草市並沒有更多的史料能夠說明。鄂岳地區還有另外一個草市，地點在武昌夏口，夏口原是一個軍事型的城市：

　　　　夏口至西南四百里，其山曰西塞，其鎮曰土洑。山鎮相距，可百餘
　　　　丈。崖岸中斷，呀然摩霄；大江浩浩，橫注其下。其餘控荊衡，走
　　　　揚越，氣雄勢傑，岡連水匯者，蓋數千里。此天用設險於吳楚也。
　　　　苟邊將不虔，化為豺狼，以一鼓之鐵，一邱之木，撐鬮鍵鏁，絕流
　　　　東溢，則江介之勝，吞八九於鎮中矣。在昔僭吳偏宋，或攻或守；
　　　　年代紛綸，莫可悉數。〔註65〕

〔註64〕《元和郡縣圖志》，卷 27，頁 649。
〔註65〕《全唐文》，卷 689，符載〈土洑鎮保寧記〉，頁 4167。

夏口當時設有土洑鎮，所謂「鎮」，起始於北魏，一直到唐代中期以前，「鎮」
都屬於軍事化的城市。但隨著商業活動的發展，夏口軍鎮到了代宗永泰中葉，
已經變成「士民工商，連檐如雲」〔註66〕，逐漸脫離軍鎮的性質，轉向城市經
濟的模式發展。鄂州黃鶴樓下也逐漸出現許多商船〔註67〕，而鄂州與沔州交界
處的漢陽，則是商業發展最具成果之地，具體表現在大城市內多酒樓，如漢陽
城下便有許多酒樓林立〔註68〕，李白曾描述在沔、鄂交界處的酒館中，有舞女
表演：

> 南湖秋月白，王宰夜相邀。錦帳郎官醉，羅衣舞女嬌。笛聲喧沔鄂，
>
> 歌曲上雲霄。〔註69〕

上文中之「夜相邀」，說明漢陽當地的酒館是有夜間營業的。以李白的年代位
於唐玄宗之際，可見在唐代中葉以前，夜市雖尚未普及，但酒館已有夜間營業
的性質出現。

雖然鄂岳地區的赤壁草市以及漢陽酒館，在唐代的史料記載中都十分著
名，但鄂岳地區的巴陵市〔註70〕，應該是商業往來最為繁榮之地。巴陵是岳州
之治所，洞庭湖又是九江之門〔註71〕，交通地位十分重要，來往巴陵買賣交易
的商船常停靠於駝鶴港：

> 岳陽樓舊岸有港，名駝鶴港，商人泊船於此地，勝千石載。〔註72〕

在第四章第一節中，曾經討論過岳州地區多產魚類，而當地居民以漁人〔註73〕
為業者，十分常見。尤其是華容縣，因「地皆面湖」，故居民「多以舟為居處」，
也因此當地以「漁舟為業者，十之四五」，而「所至為市，謂之潭戶」〔註74〕。
岳陽為一水鄉澤國，居民以捕魚為業，收入當然十分有限，關於當地的產值，
《岳陽風土記》記載華容當地的中民之產不過五十緡〔註75〕，因此岳州當地的

〔註66〕 《全唐文》，卷689，符載〈土洑鎮保寧記〉，頁4167。

〔註67〕 《太平廣記》，卷152，頁1089。

〔註68〕 《全唐詩》，卷655，羅隱〈憶夏口〉，頁7536。

〔註69〕 《李太白全集》，卷14，〈寄王漢陽〉，頁683。

〔註70〕 「夜釣洞庭月，朝辭巴陵市」。請參閱《全唐詩》，卷847，齊己〈漁夫〉，頁
9590。

〔註71〕 《山海經校注》（上海：上海古籍，1980），卷5，頁176。

〔註72〕 （宋）範致明撰，《岳陽風土記》，頁78～79。收錄於《全宋筆記・第二編》。

〔註73〕 《岳陽風土記》，頁87。

〔註74〕 《岳陽風土記》，頁90。

〔註75〕 《岳陽風土記》，頁90。

生活環境並不優渥，對於來往過客的貿易商人來說，當地的酒館、住宿等觀光服務業，才是屬於鄂岳地區創造經濟的本質。

四、兩者比較

　　雖然在正史與各種文集中，當代文人都曾對各地的商業活動做出如上述的詩文描繪，宣歙及鄂岳地區自然也不例外。描繪這兩個地區各種商業活動以及居民的職業，固然能夠做為當地商業活動的參考，但並非商業活動記載多的地區，就表示該區的商業活動一定較為旺盛，所留存的詩文較多，僅表示遊歷該地的文人所寫的詩文，被後世選擇留下的較多而已。因此，是否有更具說服力的史料能夠說明商業活動的興盛與否呢？一個城市商業活動的興盛，與人口數量無法脫離關係，尤其是在以手工業為主的時代中，人力始終是支撐產業活動的根本。如同第三章曾經討論過的宣歙文具業，由當地居民製造，而外地遊客採購成為著名的紀念品，抑或經由上貢、或者經由商人之手交易買賣，因此商業活動的根本在於產業與人口。

　　在第二章第二節中，曾經分析宣歙及鄂岳地區的人口變動狀態，在該節中已經討論出宣歙及鄂岳兩區懸殊的戶數及口數比，雖然鄂岳地區在中晚唐後急起直追，增加幅度名列全國第二，但如此懸殊的居民數，是否也在城市經濟中扮演重要的影響力呢？若以大中五年（851）所規定每縣設置市官的條件來看：

> 中縣戶滿三千以上，置市令一人、史二人；其不滿三千戶以上者，
> 並不得置市官。若要路須置，舊來交易繁者，聽依三千戶法置。仍
> 申省，諸縣在州郭下，並置市官。又准戶部格式，其市吏壁師之徒，
> 聽於當州縣供官人市買。〔註76〕

市令負責掌市內交易、禁察非為〔註77〕，而中縣戶若人數未滿三千人，無法設置市官這項規定，代表能夠設置市官的縣份，也必定是人口與經濟能力到達一定水準的地區。關於全國州縣等級，目前僅存《唐會要》及《元和郡縣圖志》留有記載，其中《唐會要》是記載從天寶十載（751）至會昌四年（844）曾經升級的縣份，並無記載該縣份升級前的等級，也無記載未升級之縣份，因此並不全面；而《元和郡縣圖志》則是全面記載元和年間全國州縣等級，故若與《唐會要》相互對照比較，便能對宣歙及鄂岳地區的人力有更準確的瞭解，同時透

〔註76〕《唐會要》，卷86，頁1876。
〔註77〕《唐會要》，卷86，〈市〉，頁1876。

過州縣是否曾經升級，也能更準確的判定當地經濟活動力是否上升或下降。在
開元十八年（730）時，對於全國各縣等級的規定如下：

> 以六千戶已上為上縣，三千戶已上為中縣，不滿三千戶為中下縣。
> 其赤、畿、望、緊等縣，不限戶數，並為上縣；去京五百里內，並緣
> 邊州縣，戶五千已上亦為上縣，二千已上為中縣，一千已上為中下
> 縣。〔註78〕

當時所謂的「中縣」，條件是當縣戶數滿三千以上，而「上縣」的戶數則需滿
六千以上，然而唐代對於戶數及口數的記載僅到州為止，故每一州下所轄之各
縣戶數及口數，僅能依照《唐會要》中所提供的各縣份升級望縣之資料進行瞭
解。筆者將唐代宣歙及鄂岳地區所轄之縣份升級狀態做成下列兩表：

表5-2：唐代宣歙地區州縣升級一覽表〔註79〕

州　名	縣　名	等　級	升級年份
宣州	宣城	望縣	天寶十載（751）
	南陵	緊縣	天寶十載（751）
	溧陽	緊縣	天寶十載（751）
	當塗	緊縣	天寶十載（751）
	寧國	緊縣	會昌四年（844）
歙州	歙縣	緊縣	會昌四年（844）
	婺源	上縣	元和六年（811）
	黟縣	上縣	元和六年（811）
池州	秋浦	緊縣	會昌四年（844）

表5-3：唐代鄂岳地區州縣升級一覽表〔註80〕

州　名	縣　名	等　級	升級年份
鄂州	江夏	望縣	貞元十一年（795）
	唐年	上縣	元和六年（811）
	蒲圻	上縣	元和六年（811）

〔註78〕《唐會要》，卷70，頁1457。
〔註79〕《唐會要》，卷70，頁1467～1468。
〔註80〕《唐會要》，卷70，頁1466～1468。

岳州	巴陵	上縣	元和六年（811）
	華容	上縣	大曆六年（771）
蘄州	蘄水	上縣	元和六年（811）

而元和年間的鄂岳及宣歙州縣等級，請分別參閱下表 5-4 及 5-5：

表 5-4：《元和郡縣圖志》記載之宣歙地區州縣等級一覽表 〔註81〕

州　名	等　級	縣　名	等　級
宣州	緊	宣城	望
		南陵	望
		涇縣	緊
		當塗	緊
		溧陽	緊
		溧水	上
		寧國	上
		廣德	緊
		旌德	上
歙州	上	歙縣	上
		黝（黟）縣	上
		休寧	上
		婺源	上
		績溪	中下
		祁門	中下
池州	下	秋浦	上
		青陽	上
		至德	中
		石埭	中

〔註81〕《元和郡縣圖志》，卷 28，頁 680～690。

表 5-5：《元和郡縣圖志》記載之鄂岳地區州縣等級一覽表〔註82〕

州　名	等　級	縣　名	等　級
鄂州	緊	江夏	望
		永興	緊
		武昌	緊
		唐年	上
		蒲圻	上
沔州	上	漢陽	中
		汉川	中
安州	中府	安陸	郭下
		應山	中
		雲夢	中
		孝昌	中
		吉陽	中
		應城	中
黃州	下	黃岡	郭下
		黃陂	中
		麻城	中
蘄州	上	蘄春	上
		黃梅	上
		蘄水	上
		廣濟	中
岳州	下	巴陵	上
		華容	中
		湘陰	中下
		沅江	中下
		昌江	中下

由於此處僅討論市令的設置條件，因此在不考慮望、緊縣等重要性時，望縣與緊縣的戶數是比照上縣計算。以宣歙地區來說，宣州各縣在元和年間時，等級有望、緊、上，而從天寶十載（751）至會昌四年（844），有五個縣份曾升級

〔註82〕《元和郡縣圖志》，卷 27，頁 643～659。

調整，經過變動後，有四個緊縣、一個望縣，故宣州各縣皆可以六千戶計算；而歙州各縣經過交叉比對之後，有四個縣份屬於六千戶範圍，分別是歙縣、黟縣、休寧、婺源，只有績溪與祁門兩縣在元和年間屬於未滿三千戶的中下縣；而池州唯一有變動的縣份是秋浦，它在會昌四年（844）時從元和年間的上縣，升級到了緊縣，青陽也屬於上縣，故池州有秋浦及青陽兩縣能設置市令，而至德及石埭則只到達中縣三千戶的標準而已。而鄂岳地區的縣份經過表 5-3 及 5-5 之交叉比對後，鄂州共有一個望縣、兩個緊縣、兩個上縣，全數均有達到設置市官之標準。而岳州的巴陵在升級前或後均屬於上縣；華容則從大曆六年（771）的上縣，到元和年間調降為中縣；其餘的湘陰、沅江、昌江則屬於中下縣；蘄州的蘄春、黃梅、蘄水在元和年間都屬於上縣；但鄂岳地區共有三個州全數縣份無法設置市官，分別是沔州、安州、黃州三州。若再對照表 2-17，同時期的沔州全部縣份僅有五千二百八十六戶，更可以深刻體會鄂岳地區的戶數稀少之狀況。因此設置市官的必要條件下，可以看出宣歙地區佔完全領先的地位。綜合分析上述各項商業活動，雖然同樣歌頌宣歙及鄂岳地區酒樓茶館等詩文不相上下，甚至鄂岳地區在代宗永泰中葉，已經變成「士民工商，連檣如雲」〔註83〕，而沔州漢陽也多酒樓，不過在當地戶數、口數都與宣歙地區差距過大的條件下，以唐五代的兩地城市商業發展來說，以宣歙地區較為突出。

第二節　科舉比較

　　經濟是教育的基礎，而教育便是經濟發展後的成果展現。隋代開始的科舉，到唐代前期時，北方進士人數大於南方，安史亂後，南方人數便逐漸追上北方，這期間除了是法令的推行結果，同時也是經濟力的展現，宣歙與鄂岳地區的科舉錄取人數，也在中晚唐之後逐漸嶄露頭角。唐五代科舉考試的研究論文繁多，其中針對狀元所做的研究較為豐富，如淺水先生便曾從唐代七十二位狀元中討論過其出身家世背景〔註84〕，許有根先生也曾對唐代狀元做過詳盡的研究〔註85〕，而周臘生先生則是析論過五代的狀元譜及奇談軼事〔註86〕，

〔註83〕《全唐文》，卷 689，符載〈土洑鎮保寧記〉，頁 4167。
〔註84〕淺水，〈從 74 位狀元的家世看唐代科舉的實際選才範圍〉，頁 45～49，收錄於《孝感職業技術學院學報》，第 5 卷第 4 期，2002 年 12 月。
〔註85〕許有根，《唐代狀元研究》，長春：吉林人民出版社，2004 年。
〔註86〕周臘生，《五代狀元奇談‧五代狀元譜》，北京：紫禁城出版社，2003 年。

以上諸位先生所研究的樣本資料皆是考取狀元者，照常理來說，狀元的家世背景以及為官經歷應有較為詳細的史料留存，但可惜的是並沒有足夠的史料提供後世分析，也由於史籍留存的狀元資料最為豐富，因此研究導向多往家世背景與社會上層內部權力的再分配解釋，因此上述幾位先生除了針對狀元進行考辯、地理分佈、傳記、文學成就之外，尚未見到曾經將科舉與經濟發展做出相應的文章，而區域經濟史中也罕見將科舉與經濟做出連結並進而分析原因，故筆者將試圖提出影響唐五代文人考取進士的原因，並將宣歙及鄂岳兩地區在唐五代考取進士的文人考證出來，從根本的討論起是何種原因影響了唐五代的科舉考取人數，這除了可以對唐五代影響科舉考取的原因更為清楚之外，也能進而瞭解宣歙及鄂岳地區的經濟發展狀態，因為經濟是教育的基礎，而教育便是經濟發展後的成果展現，對大部分的唐人家庭來說，有了穩定的經濟，才能無後顧之憂的安心求取功名，故經濟與教育本是互為因果。

一、宣歙及鄂岳地區考取名額

　　唐代取士的途徑主要有二：一是蔭任、一是科舉〔註87〕。蔭任的來源多掌握在既有權勢者身上；至於科舉，又分為三種方式，分別是生徒、鄉貢、制舉〔註88〕。這三種方式的考生來源，制舉是指吏部考試，生徒來自中央與地方官學校，而鄉貢則來自各州縣的私學校或者自學而成者，因此最主要可分為官學與私學兩大類。然而無論是官學或私學，能考取前述各類考試者，已屬社會上擁有經濟力量的家庭。

　　宣歙地區位於今日的皖南，安徽省在唐代分成九個州，在這九個州中，根據簡梅青女士的統計，以宣州、歙州、池州三州所錄取的進士數量最多〔註89〕。

〔註87〕「有唐已來，出身入仕者，著令有秀才、明經、進士、明法、書算。其次以流外入流。若以門資入仕，則先授親勳翊衛，六番隨文武簡入選例。又有齋郎、品子、勳官及五等封爵、屯官之屬，亦有番第，許同揀選」。詳請參閱《舊唐書・職官志》，卷42，頁1804。

〔註88〕「唐制，取士之科，多因隋舊，然其大要有三。由學館者曰生徒，由州縣者曰鄉貢，皆升於有司而進退之。其科之目，有秀才，有明經，有俊士，有進士，有明法，有明字，有明算，有一史，有三史，有開元禮，有道舉，有童子。而明經之別，有五經，有三經，有二經，有學究一經，有三禮，有三傳，有史科。此歲舉之常選也。其天子自詔者曰制舉，所以待非常之才焉」。詳請參閱《新唐書・選舉志》，卷44，頁1159。

〔註89〕簡梅青，〈唐代安徽的教育與科舉述論〉，頁124。收錄於《阜陽師範學院學報》（社會科學版），2007年4期。

從今日省分的角度觀之，可知宣、歙、池這三州是安徽省境內在唐代教育發展最佳的州別。

由於唐五代為科舉發展初期，目前所有史籍記載人數殘缺頗多，無法完全準確。故筆者以《登科記考補正》一書為底本，經查閱後，將宣歙地區考取各類考試者，將名單列如下表所示：

表5-6：唐五代宣歙地區高中進士／明經名單一覽表

項次	姓　名	州別	縣別	上榜年份	科　別	出　處
1	胡楚賓〔註90〕	宣州	秋浦	高宗	選舉甲科	《登科記考補正》卷27，頁1154。
2	吳鞏〔註91〕	歙州	休寧	開元十七年（729）	進士	《登科記考補正》卷27，頁1175。
3	程諫〔註92〕	歙州	休寧	開元二十七年（739）	進士	《登科記考補正》卷8，頁335。
4	張惟儉〔註93〕	宣州	當塗	大曆六年（771）	進士	《登科記考補正》卷10，頁434。

〔註90〕 胡楚賓，兩《唐書》皆有傳，《舊唐書》記載：「胡楚賓者，宣州秋浦人。屬文敏速，每飲半酣而後操筆。高宗每令作文，必以金銀杯盛酒令飲……自殷王文學拜右史、崇賢直學士而卒」。詳請參閱《舊唐書》，卷190，〈胡楚賓傳〉，頁5011～5012。而《新唐書》所載與《舊唐書》相差無幾，可參閱《新唐書》，卷201，〈胡楚賓傳〉，頁5744。但關於胡楚賓考取進士之年份，兩《唐書》並未記載，而另據萬曆《池州府志》記載胡楚賓為高宗朝人，也並無記載其何年考取進士，故無法得知考取進士之年份。

〔註91〕 吳鞏，據《舊唐書・吳少微傳》記載：「微子鞏，開元中為中書舍人」。請參閱《舊唐書》，卷190，〈吳少微傳〉，頁5014。而據（明）戴廷明、程尚寬等撰；朱萬曙等點校，《新安名族志》（合肥：黃山書社，2007年）記載：「少微子鞏，開元中第進士，為中書舍人」。請參閱《新安名族志》，下卷，〈吳姓・休寧・城北〉，頁390。而確實考取進士的年份，據《登科記考補正》記載為開元十七年（729），詳請參閱《登科記考補正》，卷7，頁297。

〔註92〕 程諫，兩《唐書》無傳，據《登科記考補正》引《萬姓統譜》卷53記載：「程諫，字仲幾，休寧人。靈洗七世孫。開元二十七年（739）進士，再選藍田尉、累遷著作郎、大理司直、邠州巡官，入為衛尉卿、京兆尹，終密州刺史」。詳請參閱《登科記考補正》，卷8，頁335。

〔註93〕 張惟儉，兩《唐書》無傳，據《登科記考補正》引柳宗元〈仙友記〉：「惟儉，宣城當塗人」。韓注：「大曆六年（771）進士」。詳請參閱《登科記考補正》卷10，頁434。

5	費冠卿〔註94〕	池州	未知	元和二年（807）	進士	《登科記考補正》卷17，頁709。
6	盧嗣立〔註95〕	池州	秋浦	會昌五年（845）	進士	《登科記考補正》卷22，頁896。
7	朱革〔註96〕	歙州	祁門	大中二年（848）	進士	《登科記考補正》卷22，頁904。
8	王季文〔註97〕	池州	青陽	咸通二年（861）	進士	《登科記考補正》卷23，頁938。
9	汪遵〔註98〕	宣州	涇縣	咸通七年（866）	進士	《登科記考補正》卷23，頁952。
10	胡學〔註99〕	歙州	婺源	咸通九年（868）	進士	《登科記考補正》卷23，頁957。
11	許棠〔註100〕	宣州	涇縣	咸通十二年（871）	進士	《登科記考補正》卷23，頁961。

〔註94〕費冠卿，兩《唐書》無傳，《唐詩紀事》言：「冠卿字子軍，池州人……登元和二年（807）第，母卒，既葬而歸……遂隱池州九華山。長慶中，殿院李行修舉其孝節，拜右拾遺……冠卿竟不應命」。詳請參閱《唐詩紀事》，卷60，頁908。

〔註95〕盧嗣立，兩《唐書》無傳，《登科記考補正》云：「《永樂大典》引《池州府志》：『盧嗣立，字敏紹，秋浦人。杜牧守池州，同舉於朝，同登進士第』。又引《秋浦新志》：「會昌五年（845），高元裕以詩舉陳商云：『中丞為國拔英才』」。詳請參閱《登科記考補正》卷22，頁896。

〔註96〕朱革，兩《唐書》無傳，《登科記考補正》引《祁門縣志・氏族考》：「朱溪朱氏……唐有諱革者，於宣宗大中二年（848）舉進士第」。請參閱《登科記考補正》，卷22，頁904。

〔註97〕王季文，兩《唐書》無傳，《唐詩紀事》記載其「字宗素，池陽人，少厭名利，居九華，遇異人……登咸通中進士第，授秘書郎。尋謝病歸九華」。詳請參閱《唐詩紀事》，卷29，頁458。而關於王季文考取的時間，《登科記考補正》引萬曆《池州府志》、道光《安徽通志》、光緒《青陽縣志》均言其於咸通二年（861）考取進士，詳請參閱《登科記考補正》，卷23，頁938。

〔註98〕汪遵，兩《唐書》無傳，《唐詩紀事》記載：「遵，宣城人，登咸通七年（866）進士第」。請參閱《唐詩紀事》，卷59，頁896。

〔註99〕胡學，兩《唐書》無傳，《登科記考補正》引嘉靖《徽州府志》言：「胡學，字真，瞳之子，由祁門遷居婺源清華。登咸通九年（868）進士，累官府州司戶」。請參閱《登科記考補正》，卷23，頁957。

〔註100〕許棠，兩《唐書》無傳，《唐詩紀事》記載：「（許）棠，字文化，宣州涇縣人。登咸通十二年（871）進士第」。詳請參閱《唐詩紀事》，卷70，頁1037。

12	周繇〔註101〕	池州	青陽	咸通十三年（872）	進士	《登科記考補正》卷23，頁964。
13	駱用錫〔註102〕	宣州	南陵	乾符六年（879）	進士	《登科記考補正》卷23，頁983。
14	康軿〔註103〕	池州	未知	乾符六年（879）	博學宏詞科	《登科記考補正》卷23，頁983。
15	汪極〔註104〕	歙州	未知	大順三年（891）即景福元年	進士	《登科記考補正》卷24，頁1009。
16	韋彖〔註105〕	池州	貴池	乾寧四年（897）	進士	《登科記考補正》卷24，頁1030。
17	殷文圭〔註106〕	池州	青陽	乾寧五年（898）	進士	《登科記考補正》卷24，頁1032。
18	胡昌翼〔註107〕	歙州	婺源	同光四年（926）	明經	《登科記考補正》卷25，頁1074。

〔註101〕周繇，兩《唐書》無傳，《唐詩紀事》記載：「（周）繇，字為憲，池州人。及咸通進士第……調池之建德令」。詳請參閱《唐詩紀事》，卷54，頁824。而關於周繇之及第年份，據《唐才子傳》（（元）辛文房撰，北京：中華書局，1991年）記載：「（周）繇，江南人。咸通十三年（872）鄭昌圖榜進士」。請參閱《唐才子傳》，卷8，頁118。另外關於周繇是池州哪裡人呢？據《唐摭言》記載：「周繁，池州青陽人也。兄繇，以詩篇中第」。請參閱《唐摭言》，卷10，頁113。

〔註102〕駱用錫，兩《唐書》無傳，關於駱用錫考取進士的年份以及籍貫，《登科記考補正》引光緒《安徽通志》言：「乾符己亥張讀榜：駱用錫，南陵人」。可知駱用錫為乾符六年（879）進士。詳請參閱《登科記考補正》，卷23，頁983。

〔註103〕康軿，字駕言，兩《唐書》無傳，留下《劇談錄》三卷傳世，詳請參閱《新唐書》，卷59，〈藝文志〉，頁1542。另《登科記考補正》云：「《永樂大典》引《池州府志》言：『康軿中乾符六年（879）博學宏詞科』」，可知其考取進士時間，詳請參閱《登科記考補正》卷23，頁983。

〔註104〕汪極，兩《唐書》無傳，據《全唐詩》汪極小傳言：「汪極，字極甫，歙人，大順三年（891）進士」。請參閱《全唐詩》，卷690，頁7923。

〔註105〕韋彖，兩《唐書》無傳，《登科記考補正》引《唐登科記》記載：「乾寧四年（897），禮部侍郎薛昭緯下進士二十人，韋彖舉選。彖字象先，貴池人」。請參閱《登科記考補正》卷24，頁1030。

〔註106〕殷文圭，兩《唐書》無傳，據《唐才子傳》記載：「殷文圭字表儒，池州青陽人。乾寧五年（898）禮部侍郎裴贄下進士」。詳請參閱《唐才子傳》，卷10，頁139。

〔註107〕胡昌翼，兩《唐書》無傳，今僅存縣志記載其人事蹟。據《登科記考補正》引《弘治徽州府志》：「婺源人，以明經登後唐同光乙酉進士第」。可知胡昌翼考取明經的年份為後唐同光四年（926）。詳請參閱《登科記考補正》卷25，頁1074。

| 19 | 曹翔
〔註108〕 | 歙州 | 歙縣 | 未記載，推測晚唐，請參閱註釋。 | 進士 | 《登科記考補正》卷27，頁1256。 |
| 20 | 胡則
〔註109〕 | 歙州 | 祁門 | 南唐 | 進士 | 《登科記考補正》卷27，頁1165。 |

如果以州別比例來看，從表 5-6 可得知：宣、歙、池三州，在唐五代所考取的人數頗為平均，宣州共五人，歙州共八人，池州共七人；若從時間來看，這三州在唐代共有十七人考取，五代有五人；若是再按縣份統計，宣州集中在涇縣、當塗、南陵三縣，歙州則集中在祁門、婺源、休寧、歙縣四縣，池州集中在青陽、貴池、秋浦三縣。上述統計簡化後如下表所示：

表 5-7：唐五代宣歙地區各縣份考取之進士人數簡表

州別	縣　份	唐代前期 （618～762）	唐代後期 （763～907）	唐代總數	五代總數	唐五代合計
宣州	宣城					
	涇縣	2		2		2
	溧水					
	溧陽					
	寧國					
	南陵	1		1		1
	當塗	1		1		1

〔註108〕 關於曹翔之生平，兩《唐書》無傳，據《登科記考補正》引《新安名族志》：「在邑（歙縣）東南百里。唐招討使全戵生二子，長子翊……次曰翔，登第，南州推官，追曹封河南節度使」。以上可參閱《登科記考補正》，卷27，頁1256，以及（明）戴廷明、程尚寬編撰，《新安名族志》，後卷，〈曹姓·歙·佳源〉，頁564，合肥：黃山書社，2007年。另，《唐方鎮年表》記載曹翔曾「檢校兵部尚書，兼徐州刺使。存參《寶刻類編》：《宣聖廟記》，曹翔撰，咸通十年（869）克」。可推知曹翔考取進士的時間應在晚唐。詳請參閱吳廷燮撰，《唐方鎮年表》，卷3，頁300，北京：中華書局，1980年。

〔註109〕 胡則，兩《唐書》無傳，據《新安名族志》，前卷，〈胡姓·祁門·城東〉記載：「在邑中街。其先松江華亭人，有諱則者，由進士仕南唐，歷實池州刺史，陞江州總管軍民都指揮使，子曰傑，授翰林孔目，父子守節而死。」可知胡則為祁門人，並在南唐考取進士為官。請參閱《新安名族志》，前卷，〈胡姓·祁門·城東〉，頁310。

	廣德					
歙州	歙縣		1	1		1
	祁門		1	1	1	2
	婺源		1	1	1	2
	休寧	2		2		2
	黟縣					
	未記載		1	1		1
池州	青陽		3	3		3
	至德					
	秋浦	1	1	2		2
	貴池		1	1		1
	未記載		2	2		2
合計		3	15	18	2	20

而唐五代鄂岳地區考中的進士名單如下表所示：

表 5-8：唐五代鄂岳地區高中進士名單一覽表

項次	姓　名	州別	縣別	考中年月	科別	出　處
1	郝處俊〔註110〕	安州	安陸	貞觀中	進士	《登科記考補正》卷27，頁1147。
2	冉祖雍〔註111〕	鄂州	江夏	推測為武后時	進士	《登科記考補正》卷27，頁1155。

〔註110〕郝處俊，《舊唐書》記載：「郝處俊，安州安陸人也。父相貴，隋末，與妻父許紹據硤州，歸國，以功授滁州刺史，封甑山縣公。處俊年十歲餘，其父卒於滁州，父之故吏賻送甚厚，僅滿千餘匹，悉辭不受。及長，好讀漢書，略能暗誦。貞觀中，本州進士舉，吏部尚書高士廉甚奇之，解褐授著作佐郎，襲爵甑山縣公。兄弟篤睦，事諸舅甚謹。再轉滕王友，恥為王官，遂棄官歸耕」。詳請參閱《舊唐書》，卷84，〈郝處俊傳〉，頁2797。

〔註111〕冉祖雍，兩《唐書》雖然無傳，但《新唐書·宋之問傳》曾記載其些許生平事蹟：「會武三思復用事，仲之與王同晈謀殺三思安王室，之問得其實，令兄子曇與冉祖雍上急變，因丐贖罪，由是擢鴻臚主簿，天下醜其行……祖雍，江夏王道宗甥，及進士第，有名於時。請參閱《新唐書》，卷202，〈宋之問傳〉，頁5750～5751。從《新唐書·宋之問傳》中的記載可推知冉祖雍為武后時人。

| 3 | 元結
〔註112〕 | 鄂州 | 武昌 | 天寶十二載（753） | 進士 | 《登科記考補正》卷9，頁380。 |
| 4 | 何□（釋普門子）
〔註113〕 | 岳州 | 岳陽 | 未記載 | 進士 | 《登科記考補正》卷27，頁1179。 |

由於鄂岳地區在唐五代中僅有四人考上進士，因此便不再以簡表呈現各縣份之人數。從縣份來說，武昌有兩人，在鄂岳地區來說比重是最高的，而安陸縣及岳陽縣各有一人考取，與宣歙地區不同的狀況是，鄂岳地區考取的縣份都是州治所，城鄉差距較宣歙地區更為明顯，集中在州治所的原因，可能與治所的經濟發展較佳、生活較為富裕、且更容易取得唸書所需之文具、書籍與學堂有關。

二、唐五代各朝考取比例

　　由於每一位皇帝在位期間所規定錄取的人數不同，因此若依照唐五代每一個皇帝在位期間，宣歙及鄂岳地區的考生考取人數，佔其當朝的比例，應較貼近實際之狀態。宣歙地區考取進士在高宗朝一位、玄宗朝兩位、代宗朝一位、憲宗朝一位、武宗朝一位、宣宗朝一位、懿宗朝五位、僖宗朝兩位、昭宗朝三位，南唐則有兩位。

〔註112〕元結，《新唐書》對其家世是這麼描述的：「元結，後魏常山王遵十五代孫。曾祖仁基，字惟固，從太宗征遼東……拜寧塞令，襲常山公……父延祖，三歲而孤……逮長，不仕，年過四十，親婭彊勸之，再調春陵丞，輒棄官去……卒年七十六，門人私謚曰太先生。結少不羈，十七乃折節向學，事元德秀。天寶十二載（753）舉進士，禮部侍郎陽浚見其文，曰：「一第恩子耳，有司得子是賴！」果擢上第。復舉制科。會天下亂，沈浮人間。國子司業蘇源明見肅宗，問天下士，薦結可用。請參閱《舊唐書》，卷143，〈元結傳〉，頁4681～4682。而《唐才子傳》說：「（元）結，字次山，武昌人……天寶十三年（載，754）進士」。可參閱《唐才子傳》，卷3，頁33。《唐才子傳》對元結考取進士的時間與《新唐書》相差一年，故以《新唐書》為準。

〔註113〕何□（釋普門子），兩《唐書》無傳，《全唐文》記載：「普門子，俗姓何氏，岳陽人。登進士第，後為沙門，住南岳寺。貞元八年（792）卒」。請參閱《全唐文》，卷919，〈普門子小傳〉，頁5646。

表 5-9：唐五代各朝全國考取進士名額與宣歙地區對照表〔註114〕

	高宗	玄宗	代宗	憲宗	武宗	宣宗	懿宗	僖宗	昭宗	南唐
全國	565	1215	405	389	150	404	330	407	343	150
宣歙	1	2	1	1	1	1	5	2	3	2

以宣州來說，在州級表中都屬於望州或緊州，就戶口數來看，宣州應屬歲貢三人之州別。歙州在《新唐書》及《元和郡縣圖志》皆劃歸於上州，故暫將歙州以上州觀之，歲貢也可舉三人。池州的轉折較大，唐初屬下州、中唐屬上州、元和屬下州，到會昌四年（844）又升為上州。宣歙地區無論從何時來看，每年的歲貢最少應可達到七人，最多九人，但從上表可知其並未達貢舉的標準，未達全國平均標準。而鄂岳地區也一樣未達全國平均標準：

表 5-10：唐五代各朝全國考取進士名額與鄂岳地區對照表〔註115〕

	貞　　觀	武　　后	玄　　宗	未　　知
全國	205	451	1215	
鄂岳	1	1	1	1

三、影響考取人數原因

雖然此節中所使用的《登科記考補正》底本中，並不完全僅記載進士科考取之人數，但根據前述所統計出來的結果，宣歙及鄂岳地區所考取的類別，進士科佔九成以上，故以下將以進士為主要討論的對象。

影響唐代各區域進士比例不均的原因，大致可分為政治與經濟兩大面向。玄宗開元年間對於各州所送的人數規定「上州歲貢三人、中州二人、下州一人」，但「若有茂才異等，亦不抑以常數」〔註116〕；到了武宗會昌五年（845），對於公卿子弟以及原住在京畿內後到其他州府的士人，在錄取名額上有了更

〔註114〕本表資料來源之基準為《登科記考補正》，每一朝所考取之進士數量，已比對實際考取人數與當年詔令之異。如高宗永徽四年（653）雖詔不貢舉，但《登科記考補正》考證出進士科錄取 1 位，因此筆者將以 1 位計算；又如調露二年（680）雖記載進士 1 人，但《登科記考補正》考證出進士科錄取 4 人，因此當年便以 4 人計算。另外，由於本表之製作目的，主要將宣歙地區考取之進士人數，與全國考取之數比較，因此，如宣歙地區在武后朝沒有人考取進士，故本表便不列出武后朝進士科所錄取之總人數。

〔註115〕本表資料來源之基準與說明同前註。

〔註116〕《唐六典》，卷 30，頁 748。

詳細的規定：

> 公卿百寮子弟及京畿內士人寄客外州府舉士人等修明經、進士業者，並隸名所在監及官學，仍精加考試。所送人數：其國子監明經，舊格每年送三百五十人，今請送三百人；進士，依舊格送三十人；其隸名明經，亦請送二百人；其宗正寺進士，送二十人；其東監同華、河中所送進士，不得過三十人，明經不得過五十人。其鳳翔、山南西道東道、荊南、鄂岳、湖南、鄭滑、浙西、浙東、廊坊、宜商、涇邠、江南、江西、淮南、西川、東川、陝虢等道，所送進士不得過一十五人，明經不得過二十人……其諸支郡所送人數，請申觀察使為解都送，不得諸州各自申解。〔註117〕

上述引文可看出兩點：第一，政府對於這些公卿百僚的子弟，以及原來居住在京畿後來轉到其他州府的士人們，所分配考取的進士科、明經科人數，以京畿為中心向外圈遞減；第二，這段引文所適用的對像是公卿百僚的子弟，以及原來居住在京畿後來轉到其他州府的士人們，因此並非是全國士人通用；如此規定的原因可能與多數的公卿百僚以及住在京畿地區的人搬遷到各地的路途遠近有關，因此越靠近京畿地區者，所分配到的名額越多，而江南、淮南、鄂岳的進士科及明經科，分別僅分配到十五人及二十人。

　　雖然上述分析了政治因素影響了科舉名額，但追根究底，經濟因素仍是最重要的考量。在許多論文中，都曾提到唐代科舉制度大大推動了下層平民為官的機會。然而，真是如此嗎？想要科舉考試，最基本的條件是會讀書識字，然而當時能讀書識字者，僅是社會金字塔頂層之人。那麼，我們再從這些人去分析，這些人的出身家庭背景，進而得到考上唐代科舉狀元者，其家世較往後歷朝都顯赫的結論〔註118〕，因為在科舉發展的初期，這些少數人都承接了魏晉南北朝以來的家學淵源，而這些家世背景之所以如此重要，最直接根本的原因，就是經濟得以支撐家族中的男丁一直讀書而不需外出工作。那麼在唐代要維持一個家庭一整年最基本的生活開支，需要多少文錢呢？以下將舉大曆年間之僧人衣食花費為例：

> （大曆中）一僧衣食歲計約三萬有餘，五丁所出，不能致此。舉一

〔註117〕 《唐摭言》，卷1，〈會昌五年舉格節文〉，頁2。
〔註118〕 可參閱：淺水，〈從74位狀元家世看唐代科舉的實際選才範圍〉，收錄於《孝感職業技術學院學報》，第5卷第4期，2002年12月。

僧以計天下，其費可知。〔註119〕

上述例子，可以看出大曆年間一位僧人一年的衣食費用合計需要三萬錢。由於唐代內官的俸祿收入較為穩定，加之上述僧人一年的衣食花費為大曆年間資料，故在此便以大曆時內官的俸料錢舉例說明之。下表 5-11 即是大曆十二年（777）內官俸料錢整理表：

表5-11：大曆十二年（777）內官每月俸料錢表　　　單位：文

一　品	二　品	三　品	四　品	五　品
120000	80000	60000	45000	25000
六　品	七　品	八　品	九　品	
18000	15000	12000	1900	

大曆十二年（777），當時經濟環境通貨緊縮，幣值縮水，故顯現在官員的月俸上之數值也較前期多。若以一品的太師、太傅、太保、中書令而言，每月可以領一百二十貫，一年就有一百四十四萬文錢；而六品的員外郎、起居舍人等，月俸則有十八貫，一年就有二十一萬六千文；如果是九品官，一年只能領到兩萬兩千八百文，還低於僧人的花費。

從唐代大曆年間之內官俸料錢可知，八品官及九品官一年的俸料錢都低於三萬錢。雖然官員除了俸料錢之外，仍有祿米及職田，且皇帝也不定時的給予賞賜，但仍可以看出來大曆年間的八、九品內官們生活費用相當吃緊，如何能照料一個家庭之生活開支？官員如此，一般平民百姓在唐五代時期，想要進入官學、私學的難度，都高過後來的其他朝代。這也是由於唐五代時期，書本的來源依然以手抄為主，無法同後來的宋代刻板印刷相提並論，造成了唐五代科舉上榜之人的家世，更為集中在少數家世顯赫者，故以科舉考取人數來比較宣歙及鄂岳兩區之教育狀況，可看出宣歙地區的教育事業比鄂岳地區發展水平高出許多，背後所支撐的經濟力更為強大。

〔註119〕《舊唐書》，卷127，〈彭偃傳〉，頁3580。

第六章　結　論

　　在唐五代的區域版圖中，要找到像宣歙及鄂岳地區一樣，擁有接近的緯度位置、版圖大小、氣候條件、水系分佈、地理環境、經濟條件、經濟活動，並且在政治上同屬觀察使區，唐代後期也重疊屬江南西道、賦稅同上繳唐中央、五代也多屬同一國度者，實不多見。

　　然而兩區的發展自古以來便截然不同！宣歙地區在唐代以前並不為人所注意，就連戰爭也只打到北方的壽春、淝水即止。歙州是山區，地狹穀少的天然條件，無法發展農業，但由於山坡地眾多、加上氣候適宜，於是便發展出茶葉製造，與浮梁齊名，達到「萬國來求」的境界。宣州及歙州也不斷的從漢朝以來，發展文具業，終於在唐五代有了亮眼的成績。但這份成績單中的排名次序，並不如一般學界所認為的一帆風順，如今舉世聞名的宣紙，在唐代一開始是由歙州所製造，名稱稱呼為「硾紙」，也是上貢的紙類用品中，最特殊的一種紙類名稱。查其由來，便知其為書畫用紙，而宣州後來也跟進其技術，逐漸發展出更潔白的紙張，持續聞名至今。宣歙地區位處五嶺以南，擁有各類豐富的金屬礦藏，不但能提供鑄錢造佛像的材料來源，也提供丹青、石綠等製造金丹、治病的藥材。由於李白在宣歙地區遊歷多年，留下數十首有關當地的遊覽風情，透過這些詩文，後世才能瞭解宣歙當地的旅遊發展狀態。可說宣歙地區的轉變，從漢朝、三國、魏晉至唐五代，一步一步的崛起，整體來說十分穩健，以致於有後來徽商的出現，便是唐五代時期，所奠定的經濟基礎。

　　但鄂岳地區就不同了，鄂岳從三國以來，屬於大荊州的範圍，以地區史來

看，三國以至漢，荊州地理位置非常重要，為兵家必爭之地。荊州在魏晉南北朝以前，能夠豢養如此眾多的人口，經濟力不可謂不強。但到唐代，荊州範圍一夕縮小，鄂岳地區也被劃歸出去，獨立成為單獨州郡。如果沒有三國時代大荊州打下的經濟基礎，也沒有後來唐五代鄂岳地區所能依靠的經濟條件與軍事實力。大荊州地區的沒落，反應在鄂岳地區在唐代初期，最明顯便是在人口數量上的減少，一直到元和年間才逐步恢復，可以說在唐代中葉以前，鄂岳地區一直屬於休養生息的狀態，也因此，鄂岳地區多半成為貶官後的去處，空曠寂寥的鄂岳地區湧進了文人雅士，開始了此區旅遊觀光業的發展，著名的黃鶴樓歌詠，便是從此一時期開始。鄂岳也位處五嶺以南，也擁有豐富的金屬礦藏，麻織業更是全國一級品的供應地。

　　兩空間依照本身地域條件的發展，到唐五代時所表現出來的主力產業分佈與發展狀態，直接影響到了當地的商業與教育。因為商業與教育，在唐五代以前，必須建立在經濟狀況良好的地區，特別是古代教育業，能念得起書的自然並非貧窮人家，雖然文人多在文章中自謙其家貧，然而累代為官的人家，即使家貧也比一般民眾的經濟程度好上許多。可以說商業與教育，就是檢驗各地產業發達與否的驗收品。雖然整體而言，宣歙地區的經濟發展比鄂岳地區進步，但宣歙地區從唐初的上升，到中晚唐時持續上升，但在五代末時已有下降的趨勢，這是因為宣州附近金陵城的崛起，使得宣歙地區在五代末葉時，經濟稍微往下滑落，這可以從宣歙地區最具特色的文具業中發現，特別是硯坑的開採，到五代時多半已經停採，墨的品質也不如以往優質。另一方面，鄂岳地區雖然在唐初的經濟發展不佳，但是憑藉著人文交通與當地旅遊發展，甚至金屬礦藏的發現，到北宋初年，鄂岳地區就已設置錢監，已較唐代前期進步，同時從人口升降數字來觀察，可知宣歙地區至五代時經濟發展趨緩，逐漸走下坡，而鄂岳地區完全相反，從唐代中葉後逐步攀升，到五代末反而較唐代進步。

　　而本論文也在經過討論後，得出了下列幾點，與前輩學者意見不同之處，並做了部分的修正：

　　一、在人口研究部分，陳勇先生對宣歙地區之人口研究十分詳細，但陳勇在提到宣歙地區人口的變動狀態時，提出宣歙地區在貞觀十三年（639）至天寶元年（742）這段期間內為長江下游地區戶數成長「速度最快」的說法，與筆者意見相左。筆者認為陳勇先生的分析方式忽略了唐代史書所記載的資料，

其起始計算數字之基準點不同的問題。筆者以陳勇先生在其書表 9-2「貞觀十三年（639）、天寶元年（742）長江下游地區各州戶口數和每戶平均口數表」〔註1〕所提供之淮南區、浙西區、浙東區、宣歙區之戶數，計算其「年平均增戶數」，得出從貞觀十三年（639）至天寶元年（742）這一百零三年之間，淮南區平均每年增加二千二百六十四戶、浙西區平均每年增加三千六百九十三戶、浙東區平均每年增加四千一百八十九戶、宣歙區平均每年增加一千二百七十一戶，因此宣歙區應是此四區中增加戶數最慢的地區，而非最快。

二、在宣筆兔毛所用為平原兔毛或高山兔毛的部分，陳寅恪先生認為不一定是用平原兔毛。張劍光先生也認為，以兔子生活在平原與山地來認定兔毛品質的觀點無法成立。關於此一看法，筆者提出晉朝時王羲之的〈筆經〉中逐一說明，提出製筆所用的毛髮條件中，「長」及「銳」是最重要。因此筆者以為張耒所撰之文字並無不妥，雖然平原兔也會因鑽地洞損傷毛，但無論是王羲之或者張耒提到的應該都是指一種普遍現象，而非個案。單就平原兔與高山兔而論，高山兔所生存的環境，的確比平原兔來得艱鉅，所獲得的兔毛品質，從機率上看來，也不會比平原兔來得優質。再者，當時筆工也沒有動機撒謊，這只表示隨著宣筆製作的精良，產量提高後，宣州當地的兔毫已不敷供應，因此宋代之後，才需要從陳州、亳州、宿州購買兔毫原料。而且張耒所生活的年代是北宋初年，因此可推論最早在五代時，宣州兔毫已經不夠使用。

三、在「定名筆」是否為宣州筆之爭論上，謝德萍與孫敦秀兩人認為考場外賣的筆是宣州諸葛筆，他們認為只有價如金貴的諸葛筆才能賣到這個價格。而張劍光先生雖然不認同其見解，但也僅附引文於註釋，未說明原因。筆者認為該「定名筆」不是宣州筆的原因有二點：以台灣考場而言，第一，在考場外面所販售的筆，就如同今日考場外所販售的文具商品，小販哄抬價格賣筆的可能性很高，因此價格高昂與筆的品質精良與否，不一定能劃上等號。第二，雖然當時能夠唸書的家庭經濟都有一定水準，但一隻要價十金的諸葛筆恐怕不是每個人都能輕易買得起。更何況上述也提過，諸葛氏賣諸葛筆會選擇買賣對象，怎麼可能去考場外吆喝且隨意販賣高價的諸葛筆？或者請小販到考場外託售諸葛筆？筆者以為，這只是考場外兜售文具的小販，抬高價格販賣而已，不能以所販售的筆價比平常高出十倍，就以此認定是宣州筆。

四、在「砑紙」的部分，唐五代時期僅有歙州進貢「砑紙」，所謂「砑」，

〔註1〕陳勇，《唐代長江下游經濟發展研究》，頁 340～341。

是指一種將東西擣碎的動作。而「硾紙」，便是指古代造紙時，為了要讓造出來的紙質堅硬不容易破裂，必須將初造好的紙捲在木桿上，用重椎不斷的敲擊，讓在造紙過程中所產生的雜質去除，那麼造出來的紙就會又白又堅固，不容易破損，這便是宣紙的由來。

　　五、在冶塘山與冶塘湖之考證方面，由於安徽省的「冶塘湖」與湖北省的「冶塘山」名稱近似，而史料中又無記載上述冶塘的正確地點，因此針對這項問題，裘士京先生認為冶塘應該位於鄂州武昌縣境內的冶塘山，且為銅冶。理由是依照目前安徽省所發現的冶塘湖遺址初步認定為漢代，而上述史書所載的時間點為晉朝，故其推論晉朝時江南地區最大的兩個銅冶地點，一個在安徽省的梅根，另一個在湖北省的冶塘山。然而筆者與裘士京先生的意見不同，首先從晉朝時的地理區劃來看，鄂州武昌縣並不屬於揚州的範圍，當時的武昌郡屬荊州，而非揚州，因此上述史料中所提到的冶塘，便已先排除了武昌的冶塘山；第二，依據安徽省《懷寧府志》的記載，該地的冶塘湖在漢代時曾經「鐵骨堆積如阜」，也就是說，安徽省懷寧縣的冶塘湖，曾經發現大規模的冶鐵遺址，而且漢代時，安徽省還有設置鐵官，因此筆者認為，晉朝時所記載的冶塘，應該是指安徽省的冶塘湖，而非湖北武昌的冶塘山。然而由於史料的缺載，目前並無法確認武昌縣的冶塘山是冶鐵或者冶銅。

　　最後從長江流域發展的角度來看，宣歙地區位於長江下游，鄂岳地區位於長江中游，兩者同屬於該流域中經濟發展較為遲緩的地區，因此本文以宣歙及鄂岳地區做為比較長江中游及長江下游之模型，得出的結論與大趨勢之走向恰好相反。一般學界普遍認為長江下游的經濟力自魏晉以來逐步增強，安史亂後湧入大量移民導致經濟力上升，而長江中游的經濟並不十分發達。站在大趨勢的角度來看，當然是正確的，但各區域內部之經濟發展，並不一定跟得上大環境之趨勢變化，宣歙及鄂岳地區正是兩個例外，雖然處於同一個時代，但此兩區內部經濟發展軌跡，與長江下游或中游的其他區域相較，有很明顯的不同，因此也導致最後研究的結論與大趨勢走向相反。在唐五代的發展過程中，宣歙到宋初時，經濟逐漸下滑，而鄂岳卻逐漸攀升。雖然鄂岳地區的經濟活動顯然至五代時仍比不上宣歙地區，但就兩地經濟發展趨勢而言，卻是完全相反的走向。區域經濟史迷人之處，便是在同時期、不同區域之間的各自發展，不一定與大趨勢結果相同，以宣歙及鄂岳地區為模型檢視，正可說明此點。

附表 1：唐代宣歙及鄂岳地區戶口數量表 〔註2〕

朝代	時　期	地區別	郡／州	戶　數	口　數	資料來源
唐	貞觀十三年（629）	宣歙地區	宣州	22,537	95,753	A.卷 40，頁 1602
			歙州	6,021	26,617	A.卷 40，頁 1595
		鄂岳地區	鄂州	3,754	14,615	A.卷 40，頁 1610
			岳州	4,002	17,556	A.卷 40，頁 1611
			蘄州	10,612	39,678	A.卷 40，頁 1579
			黃州	4,896	22,060	A.卷 40，頁 1580
			安州	6,338	26,519	A.卷 40，頁 1581
			沔州	1,517	6,959	A.卷 40，頁 1611
	開元 17 年（729）	宣歙地區	宣州	87,231	無	C.卷 28，頁 680
			歙州	31,961	無	C.卷 28，頁 680
		鄂岳地區	鄂州	19,190	無	C.卷 27，頁 643
			岳州	9,165	無	C.卷 27，頁 656
			蘄州	26,809	無	C.卷 27，頁 654
			黃州	13,073	無	C.卷 27，頁 652
			安州	22,222	無	C.卷 27，頁 649
			沔州	5,286	無	C.卷 27，頁 647
	天寶元年（742）	宣歙地區	宣城郡	117,195	879,444	B.卷 181，頁 4813
			歙州	39,757	264,032	B.卷 182，頁 4831
			秋浦郡	1,900	87,967	B.卷 181，頁 4814
		鄂岳地區	鄂州	19,417	113,000	B.卷 183，頁 4871
			岳州	11,676	47,032	B.卷 183，頁 4875
			蘄州	25,620	170,198	B.卷 181，頁 4811
			黃州	14,787	84,182	B.卷 183，頁 4870
			安州	21,835	132,149	B.卷 183，頁 4869
			沔州	6,252	38,129	B.卷 183，頁 4869

〔註 2〕為簡化表格，A. 表《舊唐書》、B. 表《通典》、C. 表《元和郡縣圖志》。

天寶 11 載 （752）	宣歙地區	宣州	121,204	884,985	A.卷 40，頁 1602
		歙州	38,330 〔註 3〕	269,109	A.卷 40，頁 1595
		池州	19,000	87,967	A.卷 40，頁 1603
	鄂岳地區	鄂州	19,190	84,563	A.卷 40，頁 1610
		岳州	11,740	50,298	A.卷 40，頁 1611
		蘄州	26,809	186,849	A.卷 40，頁 1579
		黃州	15,512	96,368	A.卷 40，頁 1580
		安州	22,221	171,202	A.卷 40，頁 1581
		沔州	6,252	38,129	B.卷 183，頁 4871
元和四年 （809）	宣歙地區	宣州	57,350	無	C.卷 28，頁 680
		歙州	16,754	無	C.卷 28，頁 686
		池州	17,591	無	C.卷 28，頁 688
	鄂岳地區	鄂州	38,618	無	C.卷 27，頁 643
		岳州	1,535	無	C.卷 27，頁 656
		蘄州	16,462	無	C.卷 27，頁 654
		黃州	5,054	無	C.卷 27，頁 652
		安州	9,819	無	C.卷 27，頁 649
		沔州	2,262	無	C.卷 27，頁 647

〔註 3〕（後晉）劉昫，《舊唐書・地理志》，卷 40，頁 1595。新唐書也有，但《新唐書・地理志》，卷 41，頁 1067，記載戶數為：38320。今採《舊唐書・地理志》之數。

徵引書目

一、史料類

1. 中華書局編輯部編：《宋元方志叢刊》，北京：中華書局，1990 年。

2. 元稹（唐）：《元稹集》，北京：中華書局，1982 年。

3. 王存（宋）：《元豐九域志》，王文楚、魏嵩山點校，北京：中華書局，2005 年。

4. 王定保（五代）：《唐摭言》，蔣光煦（清）校，臺北：世界書局，1995 年。

5. 王欽若等編（北宋）：《冊府元龜》，北京：中華書局，2003 年。

6. 王溥（宋）：《唐會要》，上海：上海古籍出版社，2006 年。

7. 王敷（唐）：《敦煌變文集》，北京：人民文學出版社，1984 年。

8. 王闢之（宋）：《澠水燕談錄》，呂友仁點校，北京：中華書局，1997 年。

9. 司馬光（宋）：《資治通鑑》，北京：中華書局，2005 年。

10. 司馬遷（漢）：《史記三家注》，臺北：七略出版社，1985 年。

11. 平原陸友纂，《墨史》，收錄於《墨記（及其他兩種）》，北京：中華書局，1985 年。

12. 白居易（唐）：《白居易詩集校注》，北京：中華書局，2006 年。

13. 白居易撰（唐）、孔傳續撰（宋）：《唐宋白孔六帖》，據明嘉靖年間覆宋刻本影印，臺北市：新興出版，1969 年。

14. 白雲觀長春真人編纂，《正統道藏》，臺北市：新文豐出版社，1985 年。

15. 休寧縣地方誌編纂委員會編：《休寧縣志》，合肥：安徽教育出版社發行，1990 年。

16. 米芾（宋）：《書史》，收錄於《全宋筆記》第二編（四），鄭州市：大象出版社，2006 年。

17. 何薳（宋）：《春渚紀聞》，張明華點校，北京：中華書局，1983 年。

18. 吳任臣（清）：《十國春秋》，收錄於傅璇琮、徐海榮、徐吉軍主編，《五代史書彙編》，杭州：杭州出版社，2004 年。

19. 吳曾（宋）：《能改齋漫錄》，北京：中華書局，1985 年。

20. 吳鋼主編；陝西省古籍整理辦公室編：《全唐文補遺》第四輯，陝西：三秦出版社，1996 年。

21. 李白（唐）：《李太白全集》，北京：中華書局，2006 年。

22. 李吉甫（唐）：《元和郡縣圖志》，賀次君點校，北京：中華書局，2005 年。

23. 李林甫等（唐）：《唐六典》，陳仲夫點校，北京：中華書局，1992 年。

24. 李昉等（宋）：《太平御覽》，北京：中華書局，1998 年。

25. 李昉等編（宋）：《太平廣記》，北京：中華書局，2006 年。

26. 李昉等編（宋）：《文苑英華》，北京：中華書局，2003 年。

27. 李時珍（明）：《本草綱目》，北京：人民衛生出版社，1975 年。

28. 李肇（唐）：《唐國史補》，收錄於楊家駱主編，《唐國史補等八種》，臺北：世界書局，1981 年。

29. 杜佑（唐）：《通典》，北京：中華書局，1988 年。

30. 杜牧（唐）：《樊川文集》，臺北：九思出版有限公司，1979 年。

31. 沈繼孫（明）：《墨法集要》，收錄於《墨法集要（及其他五種）》，北京：中華書局，1985 年。

32. 周密（宋）：《澄懷錄》，收錄於《四庫全書存目叢書·子部》，臺北：莊嚴文化事業有限公司，1995 年。

33. 宗懍（梁）：《荊楚歲時記校注》，王毓榮校注，臺北：文津出版社，1992 年。

34. 房玄齡（唐）：《晉書》，北京：中華書局，2003 年。

35. 邵博（宋）：《邵氏聞見後錄》，劉德權、李劍雄點校，北京：中華書局，1997 年。

36. 長孫無忌（唐）：《唐律疏議》，臺北：商務印書館，1965 年。

37. 宣城地區地方誌編纂委員會編：《宣城地區志》，北京市：方志出版社出版，1998 年。

38. 封演（唐）：《封氏見聞記校注》，趙貞信校注，北京：中華書局，2005 年。

39. 段公路（唐）：《北戶錄》，龜圖註，收錄於《南方草木狀》，上海：上海古籍出版社，1993 年。

40. 段成式（唐）：《酉陽雜俎》，臺北縣：漢京出版社，1983 年。

41. 洪適輯，《辯歙石說》，收錄於《硯史（及其他四種）》，北京：中華書局，1985 年。

42. 洪邁（宋）：《夷堅志》，收錄於《叢書集成初編》，北京：中華書局，1985 年。

43. 洪邁（宋）：《容齋隨筆》，孔凡禮點校，北京：中華書局，2006 年。

44. 范致明（宋）：《岳陽風土記》，收錄於《全宋筆記》，鄭州市：大象出版社，2006 年。

45. 計有功（宋）：《唐詩紀事》，上海：上海古籍出版社，1987 年。

46. 唐積（宋）：《歙州硯譜》，收錄於《硯史（及其他四種）》，北京：中華書局，1985 年。

47. 孫思邈（唐）：《千金翼方》，臺北市：中國醫藥研究所，1974 年。

48. 孫思邈（唐）：《備急千金要方》，臺北：臺北中國醫藥研究所，1990 年。

49. 徐松（清）：《登科記考補正》，孟二冬補正，北京：燕山出版社，2003 年。

50. 徐松輯（清）：《宋會要輯稿》，北京：中華書局，1957 年。

51. 徐鉉（宋）：《稽神錄》，收錄於《宋元筆記小說大觀》第一冊，上海：上海古籍出版社，2007 年。

52. 晁氏（宋）：《墨經》，收錄於《叢書集成新編·四八》，臺北：新文豐出版公司印行，1985 年。

53. 班固（漢）：《漢書》，顏師古（唐）注，北京：中華書局，2003 年。

54. 祝穆（宋）：《方輿勝覽》，祝洙增訂、施和金點校，北京：中華書局，2003 年。

55. 祝穆（宋）：《新編古今事文類聚》，（元）富大用增補，明建陽知縣鄒可張校刊本。

56. 袁於令評政（明）：《隋史遺文》，李又文、曾良校點，成都市：巴蜀書社，1999 年。

57. 高濂編撰（明）：《遵生八箋》，王大淳點校，成都：巴蜀書社，1992 年。

58. 張耒（宋）：《明道雜誌》，收錄於鄭村聲、俞鋼整理，《全宋筆記》，第二

編（七），鄭州市：大象出版社，2006 年。

59. 張彥遠（唐）：《歷代名畫記譯注》，（日）岡村繁譯注、俞慰剛譯，上海：上海古籍出版社，2002 年。

60. 曹繼善（宋）：《歙硯說》，洪適輯，收錄於《硯史（及其他四種）》，北京：中華書局，1985 年。

61. 梁同書（清）：《筆史》，收錄於《叢書集成新編·四八》，臺北市：新文豐出版公司印行，1985 年。

62. 梅堯臣（宋）：《宛陵集》，臺北：新文豐出版印行，1979 年。

63. 脫脫等（元）：《宋史》，北京：中華書局，1977 年。

64. 許慎（漢），《說文解字》，北京：中華書局，2007 年。

65. 郭璞（晉）：《山海經注證》，郭郛注，北京市：中國社會科學出版社，2004 年。

66. 陳元龍（清）：《格致鏡原》，收錄於《景印文淵閣四庫全書·子部》，臺北：台灣商務印書館發行，1986 年。

67. 陳尚君輯校，《全唐詩補編》，北京：中華書局，1992 年。

68. 陳壽（晉）：《三國志》，北京：中華書局，1982 年。

69. 陸羽（唐）：《茶經》，收錄於《叢書集成新編·四七·應用科學類》，臺北：新文豐出版公司印行，1985 年。

70. 陸游（宋）：《南唐書》，收錄於傅璿琮、徐海榮、徐吉軍主編，《五代史書彙編》，杭州：杭州出版社，2004 年。

71. 陶穀（宋）：《清異錄》，收錄於《全宋筆記》，鄭州市：大象出版社，2006 年。

72. 麻三衡纂（明）：《墨志》，北京：中華書局，1985 年。

73. 傅璿琮（宋）：《五代史書彙編》，徐海榮、徐吉軍主編，杭州：杭州出版社，2004 年。

74. 彭定求等編（清）：《全唐詩》，北京：中華書局，2003 年。

75. 彭澤、汪舜民等纂修（明），《徽州府志》，弘治十五年（1502）刊本，臺北：莊嚴文化出版，1996 年。

76. 貴池市地方誌編纂委員會編：《貴池縣志》，合肥：黃山書社出版發行，1994 年。

77. 黃暉：《論衡校釋》，北京：中華書局，1990 年。

78. 逯欽立輯校，《先秦漢魏晉南北朝詩》，北京：中華書局，1983 年。

79. 圓仁（日）：《入唐求法巡禮行記》，顧承甫、何泉達點校，上海：上海古籍出版社，1986 年。

80. 楊曄（唐）：《膳夫經手錄》，收錄於《續修四庫全書・子部》，上海：上海古籍出版社，2002 年。

81. 葉夢得（宋）：《石林燕語》，（宋）宇文紹奕考異、侯忠義點校，北京：中華書局，1997 年。

82. 董誥等編（清）：《全唐文》，山西：山西教育出版社，2002 年。

83. 解縉（明）：《永樂大典》，北京市：中華書局，1986 年。

84. 賈思勰（北魏）：《齊民要術校釋》，繆啟愉校釋、繆桂龍參校，北京市：農業出版社，1982 年。

85. 趙璘（唐）：《因話錄》，收錄於《唐國史補等八種》，臺北：世界書局，1981 年。

86. 劉珍等（東漢）：《東觀漢記校注》，吳樹平校注，鄭州市：中州古籍出版社，1987 年。

87. 劉昫（後晉）：《舊唐書》，北京：中華書局，2002 年。

88. 劉熙（東漢）：《釋名》，（清）王謨輯，北京：中華書局，1985 年。

89. 樂史（宋）：《太平寰宇記》，王文楚等點校，北京：中華書局，2007 年。

90. 歐陽修、宋祁（宋）：《新唐書》，北京：中華書局，2003 年。

91. 蔣廷錫等（清）：《清初殿版銅活字印古今圖書集成樣本》，清雍正銅活字本，上海市：中華書局，1934 年。

92. 蔡絛（宋）：《鐵圍山叢談》，馮惠民、沈錫麟點校，北京：中華書局，1997 年。

93. 魯銓、鍾英修（明）：《嘉慶寧國府志》，洪亮吉、施晉纂，據民國八年影印清嘉慶二十年刻本，收錄於《續修四庫全書》，上海：上海古籍出版社，2002 年。

94. 魯銓等修（清）：《寧國府志》，洪亮吉等纂，嘉慶 20 年補修，民國八年重印本。

95. 歙縣地方誌編纂委員會編：《歙縣志》，北京：中華書局，1995 年。

96. 蕭子顯（梁）：《南齊書》，北京：中華書局，2007 年。

97. 蕭統編（梁）：《文選》，（唐）李善注，上海：上海古籍出版社，1986 年。

98. 錢泳（清）：《履園叢話》，張偉點校，北京：中華書局，1997 年。

99. 龍袞（宋）：《江南野史》，收錄於《五代史書彙編》，杭州：杭州出版社，2004 年。

100. 戴廷明、程尚寬（明）：《新安名族志》，朱萬曙等點校，合肥：黃山書社，2007 年。

101. 薛居正等（宋）：《舊五代史》，北京：中華書局，2003 年。

102. 韓鄂（唐）：《四時纂要》，繆啟愉校釋本，北京：農業出版社，1981 年。

103. 韓愈（唐）：《韓愈古文校注彙集》，羅聯添校注，臺北市：國立編譯館，2003 年。

104. 魏收（北魏）：《魏書》，北京：中華書局，2003 年。

105. 魏徵、令狐德棻（唐）：《隋書》，北京：中華書局，2002 年。

106. 藝文印書館編：《歲時習俗資料彙編》，臺北市：藝文印書館印行，1970 年。

107. 嚴可均校輯（清）：《全上古三代秦漢三國六朝文》，北京：中華書局，1991 年。

108. 蘇易簡輯（宋）：《文房四譜》，收錄於《叢書集成初編》，北京：中華書局，1885 年。

109. 蘇軾（宋）：《蘇軾文集》，孔凡禮點校，北京：中華書局，1986 年。

110. 蘇軾（宋）：《蘇軾詩集》，王文誥輯注、孔凡禮點校，北京：中華書局，2009 年。

111. 蘇鶚（唐）：《蘇氏演義》，臺北市：宏業書局，1972 年。

112. 權德輿（唐）：《權德輿詩文集》，郭廣偉校點，北京：中華書局，2008 年。

113. 酈道元注（北魏）：《水經注疏》，楊守敬、熊會貞疏，江蘇：江蘇古籍出版社，2001 年。

二、專書類

（一）中文論著

1. C. S. Ramage：《季風氣象學》，戚啟勳譯，臺北市：國立編譯館，1973 年。

2. 中國農科院茶葉研究所主編：《中國茶樹栽培學》，上海：上海科技出版社，1986 年。

3. 王怡辰：《魏晉南北朝貨幣交易和發行》，臺北：文津出版社，2007 年。

4. 王淑良：《中國旅遊史》，旅遊教育出版社，1998 年。

5. 牟發松：《唐代長江中游的經濟與社會》，武昌：武漢大學出版社發行，1989 年。

6. 李文瀾：《湖北通史・隋唐五代卷》，湖北：華中師範大學出版社，1999 年。

7. 李劍農：《中國古代經濟史稿》，武昌：武漢大學出版，2005 年。

8. 周臘生：《五代狀元奇談・五代狀元譜》，北京：紫禁城出版社，2003 年。

9. 孟德斯鳩：《論法的精神》，臺北：華立文化出版，2003 年。

10. 凍國棟：《中國人口史・隋唐五代卷》，上海：復旦大學出版社，2002 年。

11. 孫洪升：《唐宋茶葉經濟》，北京：社會科學文獻出版社，2001 年。

12. 翁昭雄：《唐代人口與區域經濟》，臺北市：新文豐出版，1993 年。

13. 翁昭雄：《唐初政區與人口》，北京：北京師範學院出版社，1990 年 8 月。

14. 翁昭雄：《唐後期政區與人口》，北京：首都師範大學出版社，1999 年 12 月。

15. 翁昭雄：《唐朝鼎盛時期政區與人口》，北京：首都師範大學出版社，1995 年。

16. 張秉倫、方兆本主編：《淮河和長江中下游旱澇災害年表與旱澇規律研究》，安徽：安徽教育出版社，1998 年。

17. 張劍光：《唐五代江南工商業佈局研究》，江蘇古籍出版社，2003 年。

18. 張澤咸：《唐代工商業》，北京：中國社會科學出版社，1995 年。

19. 張澤咸：《隋唐時期農業》，臺北：文津出版社，1999 年。

20. 許有根：《唐代狀元研究》，長春：吉林人民出版社，2004 年。

21. 陳伯海編：《唐詩論評類編》，山東教育育出版社，1993 年。

22. 陳勇：《唐代長江下游經濟發展研究》，上海：上海人民出版社，2006 年。

23. 陳寅恪：《元白詩箋證稿》，上海：上海古籍出版社，1982 年。

24. 黃台香主編：《博覽中國・4・華中》，臺北市：中國百科出版社，1988 年。

25. 楊遠：《唐代的礦產》，臺北市：台灣學生書局印行，1982 年。

26. 裘士京：《江南銅研究》，合肥：黃山書社，2004 年。

27. 趙文潤、趙吉惠主編：《兩唐書辭典》，濟南市：山東教育出版社，2004 年。

28. 齊東方：《隋唐考古》，北京：文物出版社，2002 年。

29. 劉昭民：《中國歷史上氣候之變遷》，臺北市：台灣商務出版社，1982 年。

30. 盧守耕：《稻作學》，臺北：正中書局，1960 年。

31. 錢存訓：《中國紙和印刷文化史》，桂林：廣西師範大學出版社，2004 年。

32. 謝德萍、孫敦秀：《文房四寶縱橫談》，北京：天津出版社，1990 年。

33. 譚其驤：《中國歷史地圖集》，第五冊，北京：中國地圖出版社，1996 年。

34. 嚴耕望：《唐代交通圖考》，第六卷〈河南淮南區〉，臺北：中央研究院歷史語言研究所專刊之八十三，2003 年。

（二）日文（譯）論著

1.（日）加藤繁：《中國經濟史考證》，臺北：華世出版社，1981 年。

2.（日）日野開三郎：《唐代邸店研究續編》，日本：福岡印刷株式會社，1970 年。

三、論文

（一）中文單篇論文

1. 〈遼寧昭盟喀喇沁旗發現唐代鎏金銀器〉，《考古》，1977 年第 5 期。

2. 〈彌足珍貴的天寶遺物——西安市郊發現楊國忠進貢銀鋌〉，《文物參考資料》，1957 年第 4 期

3. 方健：〈唐宋茶產地和產量考〉，收錄於鄭廣銘、王雲海主編《宋史研究論文集》，開封：河南大學出版社，1993 年。

4. 王永興：〈唐代土貢資料系年〉，《北京大學學報》，1982 年第 4 期。

5. 王怡辰：〈由武宗會昌錢看經濟領域的割據〉，《中國歷史學會史學集刊》，第 37 期，臺北：中國歷史學會，民國 94 年（2005）7 月。

6. 王怡辰：〈論唐代的惡錢〉，《華岡文科學報》，第 27 期，中華民國 94 年 5 月。

7. 王洪軍：〈唐代的茶葉生產〉，《齊魯學刊》，1987 年第 6 期。

8. 王曉如：〈唐代長安的旅遊〉，《唐都學刊》，2002 年第 2 期。

9. 王賽時：〈唐代宣歙地區經濟探略〉，收錄於《安徽大學學報（哲學社會科學版）》，1990 年第 4 期。

10. 王賽時：〈略論唐代的茶葉產地與製作〉：《古今農業》，2000 年第 1 期。

11. 安徽省文物考古研究所、銅陵市文物管理所：〈安徽銅陵市古代銅礦遺址

調查〉,《考古》,1993 年第 6 期。

12. 牟發忪:〈唐代草市略論——以長江中游地區為重點〉,《中國經濟史研究》,1986 年第 4 期。

13. 何劍明,〈南唐時期安徽區域經濟發展論要〉,《揚州大學學報(人文社會科學版)》,第 9 卷第 1 期,2005 年 1 月。

14. 吳宏岐、黨安榮:〈隋唐時期氣候冷暖特徵與氣候波動〉,《第四紀研究》,1998 年 2 月。

15. 宋銀萍:〈試論唐代旅遊活動中的仲介體〉,《產業與科技論壇》,2008 年第 7 卷第 10 期。

16. 李松:〈唐代知識份子的旅遊生活〉,收錄於《安徽廣播電視大學》,2004 年第 2 期。

17. 杜文玉、王鳳翔:〈唐五代時期茶葉產區分佈考述〉,《陝西師範大學學報(哲學社會科學版)》,2007 年 5 月,第 36 卷第 3 期。

18. 汪守林:〈唐代安徽地區的農業經濟發展述論〉,《巢湖學院學報》,2005 年第 4 期。

19. 周尚兵:〈唐代長江流域土地利用形式及自然災害原因〉,《中南民族學院學報(人文社會科學版)》,第 21 卷第 5 期,2001 年 9 月。

20. 周懷宇:〈安徽隋唐時期歷史發展的特點〉,《安徽廣播電視大學學報》,2008 年第 1 期。

21. 周懷宇:〈唐代皖江水運與商業貿易〉,《安徽師大學報》,第 20 卷第 2 期,1992 年。

22. 周懷宇:〈隋唐時期安徽水運交通新格局考論〉,《安慶師範學院學報》,第 4 期,1991 年。

23. 周懷宇:〈論隋唐統一對淮河流域手工業的促進〉,《安徽史學》,2001 年第 2 期,頁 7～11。

24. 周懷宇:〈論隋唐開發淮河流域交通的國策〉,《安徽大學學報(哲學社會科學版)》,第 23 卷第 5 期,1999 年。

25. 竺可楨:〈中國近五千年來氣候變遷的初步研究〉,《竺可楨文集》,頁 475～498,北京:科學出版社出版,1979 年。

26. 張有堂、徐銀梅:〈唐代水旱災害對社會經濟的影響〉,《寧夏大學學報(社會科學版)》,第 19 卷,1997 年第 3 期。

27. 張憲華：〈唐代安徽進士考〉，收錄於《學術界》，1987 年第 3 期。

28. 張憲華：〈唐代安徽進士考補〉，收錄於《學術界》，1989 年第 5 期。

29. 張澤咸：〈漢唐時期的茶葉〉，《文史》，第 11 輯，1981 年 3 月。

30. 曹天生：〈《辭海》「宣紙」條目應重新定義〉，《江淮論壇》，2007 年第 6 期。

31. 梁華東：〈隋唐五代時期皖南地區工礦業發展概述〉，《巢湖學院學報》，2003 年第 5 卷第 1 期。

32. 淺水：〈從 74 位狀元的家世看唐代科舉的實際選才範圍〉，《孝感職業技術學院學報》，第 5 卷第 4 期，2002 年 12 月。

33. 陳羽剛：〈試論唐代湖北交通〉，《武漢交通管理幹部學院學報》，第 1 卷第 4 期，1999 年。

34. 陳勇、劉秀蘭：〈唐後期長江下游戶口考〉，《中國史研究》，1997 年 4 期。

35. 陳勇：〈唐後期的人口南遷與長江下游的經濟發展〉，《魏晉南北朝隋唐史》，1997 年 1 月。

36. 陳香：〈唐代淮南道麻及麻織品的地理分佈〉，《農業考古》，2004 年 04 期。

37. 陳熙遠：〈人去樓坍水自流——試論座落在文化史上的黃鶴樓〉，《中國的城市生活》，臺北：聯經出版社，2005 年，頁 367～416。

38. 曾京京、朱自振：〈中唐至五代歙州經濟發展初探〉，《古今農業》，1995 年第 1 期。

39. 費傑、周傑、安節生：〈歷史文獻記錄的唐五代時期（618～959AD）氣候冷暖變化〉，《海洋地質與第四紀地質》，2004 年 5 月。

40. 黃盛璋：〈唐代戶口的分佈與變遷〉，《歷史研究》，1980 年第 6 期。

41. 楊希義：〈唐代絲綢織染業述論〉，收錄於《中國社會經濟史研究》，1990 年 11 月。

42. 裴士京：〈唐宋詩人筆下的皖南銅礦冶鑄業〉，《安徽師範大學學報（人文社會科學版）》，第 33 卷第 2 期。

43. 劉小泉：〈唐代科舉人才區域分佈概況及原因〉，《西華師範大學學報（哲社版）》，2003 年第 5 期。

44. 劉菊湘：〈唐代旅遊研究〉，收錄於《寧夏社會科學》，第 6 期（總第 133 期），2005 年 11 月。

45. 韓國磐：〈五代時南中國的經濟發展及期限度〉，收錄於《廈門大學學報》。

46. 韓國磐：〈唐代宣歙鎮之雄富〉，《江海學刊》（南京），1992 年第 3 期。

47. 簡梅青：〈唐代安徽的教育與科舉述論〉，《阜陽師範學院學報（社會科學版）》，2007 年 4 期。

48. 藍勇：〈唐代氣候變化與唐代歷史興衰〉，《中國歷史地理論叢》，2001 年 3 月。

49. 譚其驤：〈鄂君啟節銘文釋地〉，收錄於《中華文史論叢》，1962 年第 2 輯。

50. 嚴耕望：〈《元和志》戶籍與實際戶數之比勘〉，臺北：中央研究院歷史語言研究所集刊，第六十七本，第一分，1996 年。

51. 嚴耕望：〈附篇七·唐代紡織工業之地理分佈〉，《唐史研究叢稿》，香港：新亞研究所，1969 年。

（二）中文學位論文

1. 呂侯霖，《唐代絲織業南移和發展》，佛光大學歷史學系碩士論文，2009 年。

2. 李松，《唐代旅遊研究》，安徽師範大學碩士學位論文。2005 年。

3. 汪守林，《唐代皖南地區的經濟開發》，安徽師範大學碩士學位論文，2006 年。

4. 趙權利，《中國古代繪畫技法、材料、工具史綱》，中國藝術研究院博士學位論文，2001 年。

5. 劉洋，《唐代黃河、長江流域的水患與蝗災》，首都師範大學碩士學位論文，2004 年。

6. 謝春江，《論融儒道精神於一體的唐朝文人旅遊》，湘潭大學碩士學業論文，2004 年。

（三）日文（譯）論文

1. （日）日野開三郎〈唐代先進地帶的莊園〉，收錄於《產業經濟》24 卷 3 號。《敦煌資料》第一輯第五章。

2. （日）比野丈夫，〈新唐書地理志的土貢〉，《東方學報》17，京都，1949 年。

3. （日）加藤繁，〈唐宋時代的市〉，《中國經濟史考證》，臺北：華世出版社，1981 年。

4. （日）加藤繁，〈關於唐宋的草市〉，《中國經濟史考證》，臺北：華世出版

社，1981 年。

5. （日）加藤繁，〈唐宋時代的草市及其發展〉，《中國經濟史考證》，臺北：
   華世出版社，1981 年。

四、電子資料

1. Google 提供的全球衛星地圖，網址為：http://maps.google.com.tw/maps?
   tab=ml

2. 教育部線上國語字典，網址為：http://dict.revised.moe.edu.tw/index.html